4. Inhaltsseiten

Die linke Seite enthält das **Grundwissen**.
Das musst du unbedingt lernen.
Die fett gedruckten Wörter sind die **Grundbegriffe**.
Ihre Bedeutung musst du so wie Vokabeln ebenfalls lernen. Sie sind am Ende des Buches im **Minilexikon** alphabetisch angeordnet und werden dort noch einmal erklärt.
Die **Info-Kästen** enthalten interessante Informationen.

Die rechte Seite enthält **Raumbeispiele** Material zur **Vertiefung und Übung** und zahlreiche Aufgaben.
Die Aufgaben mit einem Pfeil ↗ sind etwas schwieriger zu lösen.

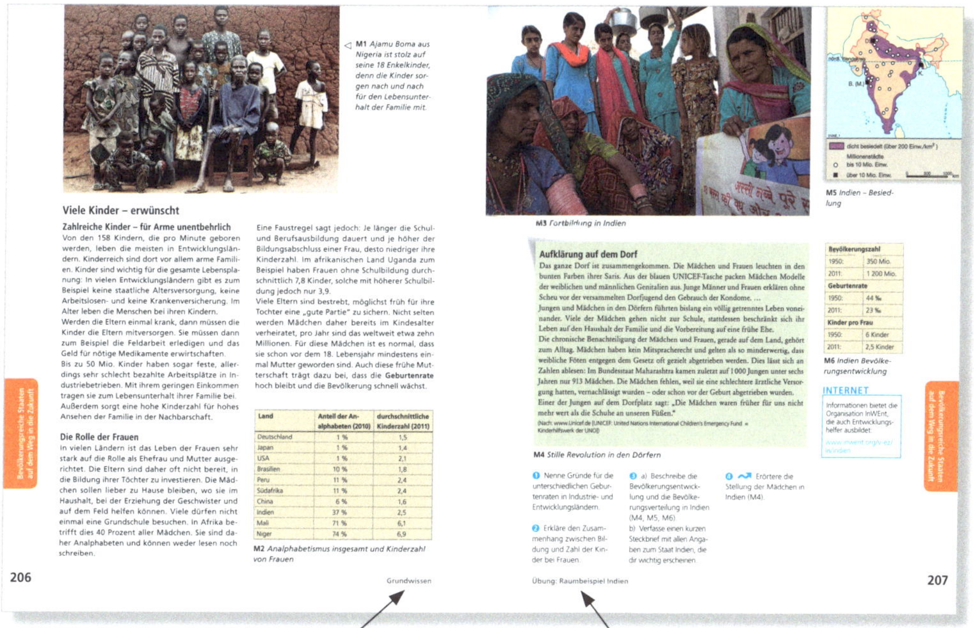

◁ **M1** *Ajamu Boma aus Nigeria ist stolz auf seine 18 Enkelkinder, denn die Kinder sorgen nach und nach für den Lebensunterhalt der Familie mit.*

Viele Kinder – erwünscht

Zahlreiche Kinder – für Arme unentbehrlich
Von den 158 Kindern, die pro Minute geboren werden, leben die meisten in Entwicklungsländern. Kinderreich sind dort vor allem arme Familien. Kinder sind wichtig für die gesamte Lebensplanung: In vielen Entwicklungsländern gibt es zum Beispiel keine staatliche Altersversorgung, keine Arbeitslosen- und keine Krankenversicherung. Im Alter leben die Menschen bei ihren Kindern.
Werden die Eltern einmal krank, dann müssen die Kinder die Eltern mitversorgen. Sie müssen dann zum Beispiel die Feldarbeit erledigen und das Geld für nötige Medikamente erwirtschaften.
Bis zu 50 Mio. Kinder haben sogar feste, allerdings sehr schlecht bezahlte Arbeitsplätze in Industriebetrieben. Mit ihrem geringen Einkommen tragen sie zum Lebensunterhalt ihrer Familie bei. Außerdem sorgt eine hohe Kinderzahl für hohes Ansehen der Familie in der Nachbarschaft.

Die Rolle der Frauen
In vielen Ländern ist das Leben der Frauen sehr stark auf die Rolle als Ehefrau und Mutter ausgerichtet. Die Eltern sind daher oft nicht bereit, in die Bildung ihrer Töchter zu investieren. Die Mädchen sollen lieber zu Hause bleiben, wo sie im Haushalt, bei der Erziehung der Geschwister und auf dem Feld helfen können. Viele dürfen nicht einmal eine Grundschule besuchen. In Afrika betrifft dies 40 Prozent aller Mädchen. Sie sind daher Analphabeten und können weder lesen noch schreiben.

Eine Faustregel sagt jedoch: Je länger die Schul- und Berufsausbildung dauert und je höher der Bildungsabschluss einer Frau, desto niedriger ihre Kinderzahl. Im afrikanischen Land Uganda zum Beispiel haben Frauen ohne Schulbildung durchschnittlich 7,8 Kinder, solche mit höherer Schulbildung jedoch nur 3,9.
Viele Eltern sind bestrebt, möglichst früh für ihre Tochter eine „gute Partie" zu sichern. Nicht selten werden Mädchen daher bereits im Kindesalter verheiratet, pro Jahr sind das weltweit etwa zehn Millionen. Für diese Mädchen ist es normal, dass sie schon vor dem 18. Lebensjahr mindestens einmal Mutter geworden sind. Auch diese frühe Mutterschaft trägt dazu bei, dass die **Geburtenrate** hoch bleibt und die Bevölkerung schnell wächst.

Land	Anteil der Analphabeten (2010)	durchschnittliche Kinderzahl (2011)
Deutschland	1 %	1,5
Japan	1 %	1,4
USA	1 %	2,1
Brasilien	10 %	1,8
Peru	11 %	2,4
Südafrika	11 %	2,4
China	6 %	1,6
Indien	37 %	2,5
Mali	71 %	6,1
Niger	74 %	6,9

M2 *Analphabetismus insgesamt und Kinderzahl von Frauen*

Bevölkerungsreiche Staaten auf dem Weg in die Zukunft

206 Grundwissen

M3 *Fortbildung in Indien*

dicht besiedelt (über 200 Einw./km²)
Millionenstädte
bis 10 Mio. Einw.
über 10 Mio. Einw.

M5 *Indien – Besiedlung*

Aufklärung auf dem Dorf
Das ganze Dorf ist zusammengekommen. Die Mädchen und Frauen leuchten in den bunten Farben ihrer Saris. Aus der blauen UNICEF-Tasche packen Mädchen Modelle der weiblichen und männlichen Genitalien aus. Junge Männer und Frauen erklären ohne Scheu vor der versammelten Dorfjugend den Gebrauch der Kondome. …
Jungen und Mädchen in den Dörfern führten bislang ein völlig getrenntes Leben voneinander. Viele der Mädchen gehen nicht zur Schule, stattdessen beschränkt sich ihr Leben auf den Haushalt der Familie und die Vorbereitung auf eine frühe Ehe.
Die chronische Benachteiligung der Mädchen und Frauen, gerade auf dem Land, gehört zum Alltag. Mädchen haben kein Mitspracherecht und gelten als so minderwertig, dass weibliche Föten entgegen dem Gesetz oft gezielt abgetrieben werden. Dies lässt sich an Zahlen ablesen: Im Bundesstaat Maharashtra kamen zuletzt auf 1 000 Jungen unter sechs Jahren nur 913 Mädchen. Die Mädchen fehlen, weil sie eine schlechtere ärztliche Versorgung hatten, vernachlässigt wurden – oder schon vor der Geburt abgetrieben wurden.
Einer der Jungen auf dem Dorfplatz sagt: „Die Mädchen waren früher für uns nicht mehr wert als die Schuhe an unseren Füßen."
(Nach: www.Unicef.de [UNICEF: United Nations International Children's Emergency Fund = Kinderhilfswerk der UNO])

M4 *Stille Revolution in den Dörfern*

Bevölkerungszahl	
1950:	350 Mio.
2011:	1 200 Mio.
Geburtenrate	
1950:	44 ‰
2011:	23 ‰
Kinder pro Frau	
1950:	6 Kinder
2011:	2,5 Kinder

M6 *Indien Bevölkerungsentwicklung*

INTERNET
Informationen bietet die Organisation InWEnt, die auch Entwicklungshelfer ausbildet:
www.inwent.org/v-ez/lis/indien

1 Nenne Gründe für die unterschiedlichen Geburtenraten in Industrie- und Entwicklungsländern.

2 Erkläre den Zusammenhang zwischen Bildung und Zahl der Kinder bei Frauen.

3 a) Beschreibe die Bevölkerungsentwicklung und die Bevölkerungsverteilung in Indien (M4, M5, M6).
b) Verfasse einen kurzen Steckbrief mit allen Angaben zum Staat Indien, die dir wichtig erscheinen.

4 ↗ Erörtere die Stellung der Mädchen in Indien (M4).

Übung: Raumbeispiel Indien 207

Bevölkerungsreiche Staaten auf dem Weg in die Zukunft

linke Buchseite:
Grundwissen

rechte Buchseite:
Raumbeispiel/Vertiefung/Übung

Lernen mit Web-Codes

D3-018
www.diercke.de

Durch Eingabe des Web-Codes unter der Adresse **www.diercke.de** gelangt man auf die passende Doppelseite im aktuellen Diercke Drei Universalatlas.
Dort erhält man Hinweise zu ergänzenden Atlaskarten mit Informationen zu den Karten sowie weiterführende Materialien.

Gesellschaft 7/8
Hamburg

Stadtteilschule

Moderator:
Ulrich Brameier

Autorin und Autoren:
Ulrich Brameier
Peter Kirch
Norma Kreuzberger
Jürgen Nebel

Einbandfoto: Flüchtlinge im Tschad

Druck A³ / Jahr 2016
Alle Drucke der Serie A sind im Unterricht parallel verwendbar.

Lektorat: Lektorat Eck, Berlin: Thomas Eck
Umschlaggestaltung: Thomas Schröder
Herstellung: Lektorat Eck, Berlin: Meike Lorenz
Druck und Bindung: westermann druck GmbH, Braunschweig

ISBN 978-3-14-**114677**-6

Inhaltsverzeichnis

Leben und Herrschaft im Mittelalter

Die Burg Altena im Sauerland/Nordrhein-Westfalen

Das Mittelalter

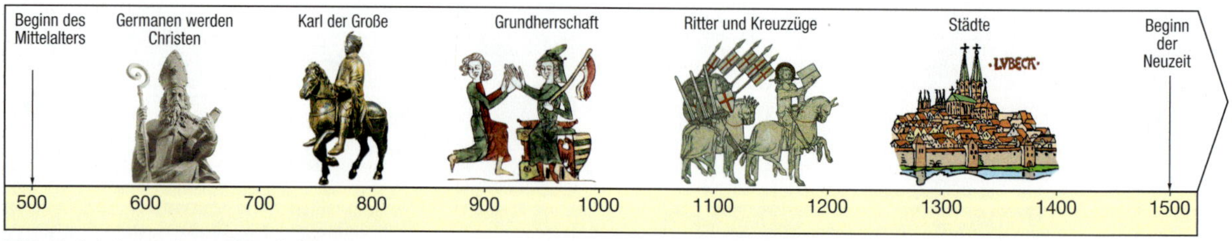

M1 *Zeitleiste des Mittelalters*

Ständeordnung im Mittelalter

Das **Mittelalter** ist ein Abschnitt der Geschichte Europas. Geschichtswissenschaftler (Historiker) bezeichnen damit die Zeit von 500 bis 1500 nach Christus. Das ist ungefähr die Zeitspanne zwischen dem Untergang des Römischen Reiches und dem Eintreffen von Kolumbus in Amerika. Der Zeitabschnitt vor dem Mittelalter wird Altertum oder Antike genannt. Nach dem Mittelalter beginnt die Neuzeit.

Im Mittelalter gab es nicht die Gleichheit aller Menschen vor dem Gesetz, sondern Gruppen mit unterschiedlichen Rechten.

Man nennt diese Gruppen **Stände**. Dem Ersten Stand gehörten die Geistlichen an. Der Zweite Stand umfasste die Adligen. Im Dritten Stand befanden sich alle anderen Menschen, also die große Mehrheit der Bevölkerung.

Man wurde in seinen Stand hineingeboren und konnte ihn nicht ohne Weiteres verlassen. Nur in den Ersten Stand stieg man auf: Die Geistlichen kamen aus dem Zweiten Stand (hohe Ämter) oder aus dem Dritten Stand (Dorfpfarrer).

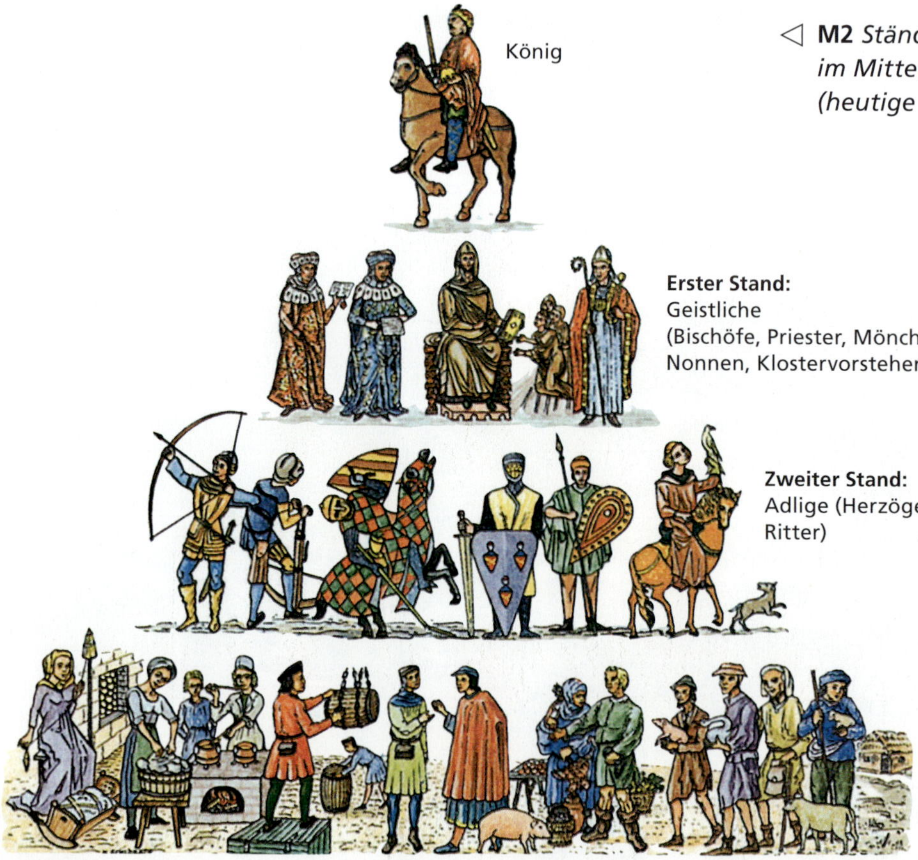

◁ **M2** *Ständeordnung im Mittelalter (heutige Zeichnung)*

M3 *Die Ständeordnung (Holzschnitt von 1492) Christus auf dem Regenbogen befiehlt den drei Ständen: Du bete demütig! (links); Du schütze! (rechts); Du arbeite! (unten)*

„Ich benenne das Beispiel von den Schafen, den Ochsen und den Hunden. Die Schafe sind da, um Milch und Wolle zu geben, die Ochsen, um die Erde zu pflügen, die Hunde, um die Schafe und die Ochsen gegen die Wölfe zu verteidigen. Erfüllt jede dieser Tiergattungen ihre Aufgabe, so beschützt Gott sie.
Ebenso erhält er die Stände, denen er die verschiedenen Ämter dieser Welt übertragen hat:
Die Geistlichen und die Mönche hat er bestellt, auf dass sie für die anderen beten, sie voller Sanftmut – wie die Schafe – mit der Milch der Verkündigung tränken und ihnen durch die Wolle des guten Beispiels eine glühende Liebe zu Gott einflößen.
Die Bauern hat er bestellt, auf dass sie – wie die Ochsen – durch ihre Arbeit für den Lebensunterhalt ihrer selbst und der anderen Sorge tragen.
Andere schließlich – die Krieger – hat er bestellt, auf dass sie im Maß des Notwendigen Macht zur Schau tragen und diejenigen, die beten und arbeiten, vor Feinden wie vor Wölfen schützen."

(Nach: Jacques Le Goff: Die Kultur des europäischen Mittelalters. München 1970, S. 426)

M5 *Der Mönch Eadmer aus dem englischen Canterbury (11. Jahrhundert)*

M4 *Hauptkirche St. Jacobi. Die Kirche ist eine der wenigen erhaltenen mittelalterlichen Bauten in der Stadtmitte Hamburgs.*

1 Erläutere anhand von M2 die mittelalterliche Ständeordnung.

2 Erkläre, wie der Mönch Eadmer die Machtverteilung in der mittelalterlichen Gesellschaft rechtfertigt (M5).

3 Stellt Vermutungen über einen möglichen Machtmissbrauch in der Ständegesellschaft an. Diskutiert darüber in der Klasse.

4 Beschreibe und interpretiere M3 (äußere Kennzeichen der Gruppen, Stellung der Gruppen zueinander).

5 a) St. Jacobi (M4) zählt zu den fünf Hauptkirchen Hamburgs. Nenne die anderen Hauptkirchen.
b) Trage Informationen über die Geschichte der Kirche St. Jacobi zusammen und berichte über das heutige Gemeindeleben (www.jacobus.de).

Eine Geschichtskarte auswerten

① **Der Kartentitel**

② **Die Beschriftung**

③ **Die Signaturen (Kartenzeichen)**

④ **Die Legende**

⑤ **Die Flächenfarben**

⑥ **Die Maßstabsleiste**

Das Frankenreich hat sich unter Karl dem Großen von 768 bis 814 von seinem Kernraum im heutigen Frankreich bis nach Italien, Bayern und Sachsen ausgeweitet. Das Einflussgebiet Karls ging weit darüber hinaus. Von Norden drangen die Wikinger (Normannen) in Karls Reich ein.

M1 *Auswertung der Karte „Europa am Ende der Herrschaft Karls des Großen um 814"*

INFO

Geschichtskarte

Eine Geschichtskarte gibt Auskunft über einen geschichtlichen Zeitraum. Die Legende hilft bei der Auswertung.

1 Erkläre die Begriffe der Textüberschrift: „Verteidigungsanlage" und „Zeichen für Macht und Herrschaft".

2 Stell dir vor, du lebst im Mittelalter. Suche in der Umgebung deines Wohnortes ein geeignetes Gelände für den Bau einer Burg. Begründe deine Wahl.

Von Rittern und Edelfrauen

Der junge Ritter

Der 21-jährige Kuno soll heute zum Ritter geschlagen werden. Auf die Burg seines Onkels, des Ritters Arno von Drachenfels, kam er mit sieben Jahren. Hier lernte er zuerst als Page und später – mit 14 Jahren – als Knappe, all das, was ein Ritter können muss: reiten, jagen, den Umgang mit Schwert und Lanze, höfliches Benehmen, bei Tisch bedienen, eine Unterhaltung führen sowie Schach spielen. Lesen und Schreiben hat er aber nicht gelernt, denn „das ist nichts für Krieger, eher etwas für Pfaffen (Geistliche) und Frauen", wie er sagt.

Die Glocke der Burgkapelle reißt ihn aus seinen Gedanken.

Kuno eilt in die Waffenkammer, wo ihm seine neue Rüstung angelegt wird. Dann beginnt die Zeremonie. Kuno kniet vor seinem Onkel nieder. Der Burgkaplan spricht ein Gebet: „Gott hat dir den Gebrauch des Schwertes gestattet, um die Schuldigen zu bestrafen."

M1 *Ritterweihe (Mittelalterliche Buchmalerei)*

Kuno schwört, seinem Herrn treu zu sein, Witwen und Waisen zu schützen, Frauen zu ehren und nach den christlichen Geboten zu leben. Daraufhin berührt der Burgherr Kunos Schulter mit seinem Schwert und erklärt ihn zum Ritter. Kuno nimmt sich vor, seine Macht nicht zu missbrauchen, wie manche „Raubritter", die dem Namen „Ritter" Schande machen.

Danach beginnt das mit Spannung erwartete **Turnier** und der Tag endet mit einem großartigen Fest.

INFO

Das Rittertum

Ritter waren Berufskrieger. Zur Zeit Karls des Großen waren nur reiche Adlige Ritter, denn Ausrüstung, Pferd und Waffen waren teuer. Später machten die Herrscher auch nichtadlige Dienstleute und Hofbeamte zu Rittern, um ein großes Ritterheer aufzustellen. Auch diese Ritter erhielten Lehen. So entwickelte sich neben dem alten Geburtsadel eine neue Gruppe von Adligen, der Dienstadel.

Die edle „frouwe"

Hildegardis ist Kunos Schwester. Sie wurde für ihre Rolle als zukünftige Burgherrin gut vorbereitet. Neben Kochen, Spinnen und Weben hat sie gelernt, einen großen Haushalt und ihr Personal zu führen. Sie versteht etwas von Kräuterkunde und Krankenpflege, denn Krankheiten und Verletzungen gehören zum Alltag. In schweren Fällen sind die Menschen des Mittelalters allerdings hilflos, die Burgherren ebenso wie ihre Bauern. Schon ein eitriger Zahn kann tödliche Folgen haben. Hildegardis kann lesen und schreiben, sie spielt Harfe und Schach. Sie kann die auf Latein geschriebenen religiösen Texte lesen und auch die modernen französischen Heldensagen. Selbstverständlich liest sie auch die Lieder der deutschen fahrenden Sänger, der „Troubadoure". Bei der Ritterweihe ihres Bruders tragen diese ihre Lieder im prächtigen Festsaal der Burg vor. Auch bei Hildegardis' Hochzeit werden sie dabei sein; und sie hofft, dass ihre Eltern ihr einen liebenswerten Ehemann aussuchen. Denn die meisten Eltern planen die Ehe ihrer Tochter, um ein politisches Bündnis zu festigen oder ihr Herrschaftsgebiet zu vergrößern.

M2 *Burgherrin mit ihrer Zofe (Manesse-Handschrift um 1300)*

Wenn der Burgherr auf Kriegszug ist, übernimmt seine Frau die Verwaltung der Burg. Sie muss dann auch die Verteidigung der Burg organisieren und für den Schutz der Bauern sorgen. Denn von deren Arbeit, ihren Abgaben und Steuern und dem Ertrag ihrer Felder leben die Burgbesitzer.

M3 *Burgfräulein beobachten ein Turnier. (Manesse-Handschrift um 1300)*

Leben und Herrschaft im Mittelalter

M4 *Die Krieger sind vom Pferd gestiegen und kämpfen auf Leben und Tod (Buchmalerei aus dem 12. Jahrhundert)*

„Die Burg ist nicht als angenehmer Aufenthalt, sondern als Festung gebaut. Sie ist von Mauer und Gräben umgeben, innen ist sie eng und durch Stallungen für Vieh und Pferde zusammengedrängt. Daneben liegen dunkle Kammern, vollgepfropft mit Geschützen, Pech, Schwefel und sonstigem Zubehör. Überall stinkt es nach Schießpulver. Und dann die Hunde und ihr Dreck, auch das – ich muss es schon sagen – ein lieblicher Duft! ... Man hört das Blöken der Schafe, das Brüllen der Rinder, das Bellen der Hunde, das Knarren und Rattern der Fuhrwerke. Ja sogar das Heulen der Wölfe hört man, weil unsere Burg nahe am Wald liegt."

(Nach: Arno Borst. Lebensformen im Mittelalter. Frankfurt/M 1979, S. 174)

M7 *Der Ritter Ulrich von Hutten über das Leben auf einer Burg um 1500*

Tannhäuser war ein fahrender Sänger, der von Burg zu Burg zog. Um 1250 schrieb er seine „höfische Tischzucht":

- Niemand soll sich während des Essens über die Schüssel legen und dabei wie ein Schwein schmatzen und schnaufen.
- Man folge nicht der bäurischen Sitte, angebissenes Brot wieder in die Schüssel zu tunken.
- Man soll nicht gleichzeitig essen und reden.
- Niemand trinke, wenn er den Mund noch voll hat.
- Ehe man trinkt, wische man den Mund ab, damit nicht Fett an den Trank komme.
- Man stochere nicht mit dem Messer in den Zähnen herum.
- Auch lockere niemand bei Tisch den Gürtel.
- Man schneuze nicht die Nase mit der Hand.
- Man esse nicht so gierig, dass man sich in die Finger beißt.

(Nach: Gottfried Guggenbühl und Hans C. Huber: Quellen zur Geschichte des Mittelalters. Zürich 1972, 5. Aufl., S. 255)

M5 *Benimm-Regeln aus dem Mittelalter*

M6 *Knaben bedienen bei diesem Festmahl am Königshof (Buchmalerei aus dem 13. Jahrhundert)*

1 Versetze dich in die Rolle eines Ritters und erkläre deinem Knappen, was er lernen muss und warum.

2 Suche aus den Materialien und dem Text heraus, wie die Ritter sich selbst, ihre Aufgaben und ihre Stellung in der Gesellschaft sahen.

3 Überlege, warum die Burgherrin viel gebildeter ist als ihr Mann.

4 „Höflich" und „ritterlich" sein. Diskutiert, ob das heute noch Erziehungsziele sind und wenn ja, in welchen Situationen.

Leben auf dem Land

Bäuerlicher Alltag

Im Mittelalter lebte die größte Zahl der Menschen als Bäuerinnen und Bauern. Es gab nur wenige freie Bauern. Die meisten waren Hörige und lebten in der Abhängigkeit von einem adligen **Grundherrn** oder einem Kloster. Ihr Leben war hart und eintönig.

Der Arbeitsalltag einer Bauernfamilie begann, sobald es hell wurde, und endete erst mit Einbruch der Dunkelheit. Es gab in den Dörfern keine Geschäfte; die Familien versorgten sich selbst. Die Frauen verspannen Wolle, webten daraus Stoff und nähten die Kleidung. Sie backten Brot und verarbeiteten Milch zu Käse und Butter. Der Garten lieferte Obst, Gemüse und Kräuter. Pferde spielten als Arbeitstiere eine große Rolle. Rinder, Schweine und Ziegen lieferten Nahrung und Dünger. Schafe hielt man vor allem wegen ihrer Wolle. Die Lebensmittel machte man durch Räuchern bzw. durch Einsalzen (Pökeln) haltbar. Aber Salz war teuer!

Der Bauer fertigte alle Arbeitsgeräte und Möbel aus Holz an, zum Beispiel hölzerne Löffel und Schüsseln. Eiserne Geräte wie Töpfe, Messer und Äxte besorgte man beim Schmied oder den anderen Handwerkern. Diese wohnten am Herrenhof und in den Dörfern. Die Jungen arbeiteten mit dem Vater, die Mädchen mit der Mutter und lernten so, was sie für ihr späteres Leben als Bauer und Bäuerin brauchten. Zeit zum Spielen blieb kaum. Viele Menschen ernährten sich tagein tagaus nur von Haferbrei oder dunklem Brot, verdünnter Milch, Kohl oder Hülsenfrüchten. Sie trugen oft schäbige Kleidung und wohnten in kleinen, strohgedeckten Lehmhütten.

Die Menschen wurden nicht sehr alt. Die Kindersterblichkeit war hoch. Das Leben war auch häufig bedroht durch Kriege der Adligen gegeneinander. Es gab wenig Abwechslung: einige religiöse Feste mit einem Jahrmarkt und hin und wieder eine Hochzeit oder Taufe. Bei dieser Gelegenheit wurden auch Fleisch, Fisch oder Geflügel gegessen. Falls sich eine Burg in der Nähe befand, versprach ein Turnier Unterhaltung.

M1 *Heutige Zeichnung eines Hauses von einem reichen Bauern. Die meisten Bauern lebten in viel ärmlicheren Häusern und Hütten.*

INFO

Grundherrschaft
Das ist die Herrschaft eines Adligen über das Land und die dort arbeitenden Menschen. Die Bauern bearbeiteten die Felder des Herrn und mussten ihm einen Teil der Ernte abgeben. Die Kirche bekam zusätzlich den zehnten Teil aller Erzeugnisse. Weiterhin mussten Bäuerin und Bauer **Frondienste** (unbezahlte Arbeit) leisten. Ohne Erlaubnis des Grundherren durften sie weder heiraten noch wegziehen. Der Herr konnte sein Land verkaufen oder der Kirche schenken. Die Bauern gehörten dann ihrem neuen Herrn.

Zu Beginn des Mittelalters waren Bauern in der Regel frei. Das bedeutet, ihnen gehörte das Land und der Hof, von dem sie lebten.
Allerdings waren Männer verpflichtet, Kriegsdienst zu leisten. Für einen Bauern war es jedoch unmöglich, seinen Hof zu verlassen, besonders in der Erntezeit. Ansonsten würde seine Familie verhungern. Deshalb machten sich Bauern freiwillig abhängig von einem Grundherrn: Sie überließen ihm ihr Land und traten in die Grundherrschaft ein.
Auch bot die Grundherrschaft den einzelnen Bauernfamilien Sicherheit, etwa angesichts von Missernten und Hungersnöten. Auch deshalb gab es gegen Ende des Mittelalters kaum noch freie Bauern.

M2 *Warum Bauern unfrei wurden*

M4 *Im Herbst, nach der Ernte, bringen Bauern dem Grundherren ihre Abgaben: Geld und Nutztiere. (Holzschnitt aus Augsburg von 1479)*

1. Arbeit auf den Feldern des Grundherren
2. Wachdienste
3. Magddienste der Bäuerin
4. Kornzehnt am 13. Juli
5. Fleischzehnt von Rind, Kalb, Ziege und Geflügel am 24. Juni
6. Lämmerzehnt am 1. Mai
7. Obst- und Weinzehnt am 25. Mai
8. Gänsezehnt am 15. August
9. Das beste Stück Vieh, wenn der Bauer stirbt
10. Heirat nur mit Erlaubnis des Grundherrn
11. Bauer darf nicht im Wald jagen

M3 *Frondienste und Abgaben der hörigen Bauern*

Der Bauer wird wie das dumme Vieh in aller Unwissenheit erzogen. Er muss von morgens bis abends auf dem Acker arbeiten. Nachts muss er auf dem Feld wachen, damit das Wild nicht die Saat frisst. Zusätzlich wird er unaufhörlich mit Diensten, Botengängen, als Treiber auf der Jagd sowie mit Arbeiten auf der Burg geängstigt.
(Nach: Günther Franz: Quellen zur Geschichte des deutschen Bauernstandes im Mittelalter. Darmstadt 1963, S. 262)

M5 *Ein hartes Leben!*

1. Beschreibe den Tagesablauf eines Bauernmädchens/eines Bauernjungen und vergleiche ihn mit deinem Alltag.

2. Beschreibe das Haus eines wohlhabenden Bauern (M1).

3. a) Stellt M4 als Standbild nach. Beachtet die Körperhaltung der Personen.
b) Welche Aussagen macht der Holzschnitt über das Verhältnis von Grundherren zu Bauern? Erläutere.

Fortschritte im Ackerbau

Zwischen dem 7. und dem 14. Jh. gab es wenig Seuchen in Europa. Die Bevölkerung wuchs, aber sie musste auch ernährt werden. Dies war nur möglich durch höhere Ernten und mehr Ackerland. Die Ernte erbrachte das Dreifache der Aussaat. Davon mussten alle Abgaben bezahlt werden und die Familie leben. Unwetter, Ungeziefer und Kriege führten oft zu Missernten und zum Hungertod.

Die **Dreifelderwirtschaft** mit dem Fruchtwechsel steigerte die Ernte: Früher ließ man die Hälfte des Bodens brachliegen, damit er sich erholen konnte. Nun teilte man die Felder in drei Teile und bepflanzte zwei davon; nur noch ein Drittel blieb ohne Anbau. Im Herbst säten die Bauern die Winterfrucht (Weizen, Dinkel, Roggen), im Frühjahr die Sommerfrucht (Hafer, Gerste und Gemüse).

Um neues Ackerland zu gewinnen, rodeten die Menschen Waldgebiete und legten Sümpfe und Moore trocken. Eine große Hilfe bei der Bearbeitung des Bodens war die Erfindung des Räderpfluges. Er ließ sich lenken, so konnten auch schwere Böden bearbeiten werden. Mit dem Kummet, einem gepolsterten Kragen, konnte man jetzt ein Pferd vor den Pflug spannen. Mit den teuren eisernen Hufeisen beschlagen, zog es viermal so viel Lasten wie ein Ochse.

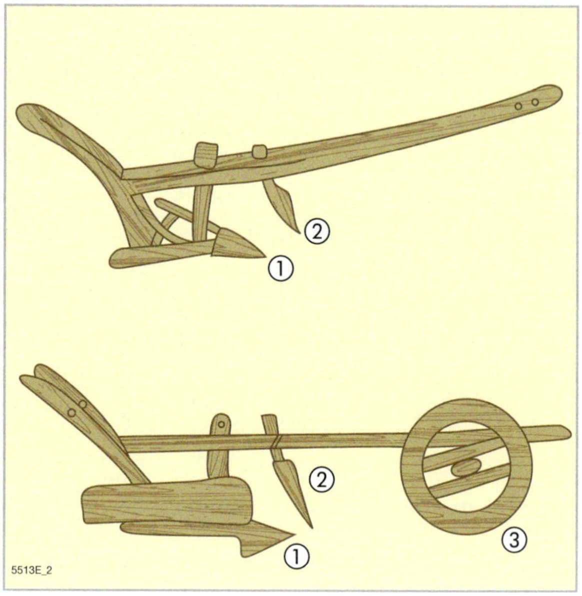

M2 *Erfindungen erleichtern die Arbeit und steigern den Ertrag.*
Oben im Bild: Hakenpflug; unten: Räderpflug
① *Pflugschar*
② *Messer*
③ *eisernes Rad*

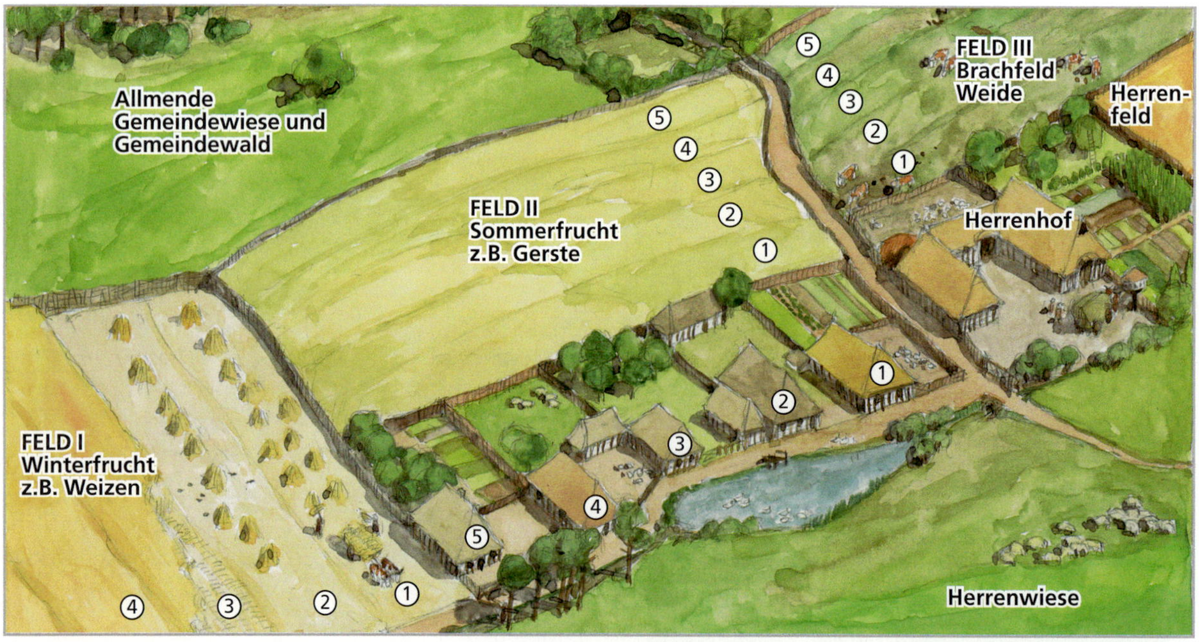

M1 *Die Dreifelderwirtschaft: Bauernhof 1 bewirtschaftet alle Felder 1, Bauernhof 2 alle Felder 2 usw. Die* ***Allmende*** *ist der gemeinsam genutzte Besitz eines Dorfes. Sie besteht aus Wiesen und Wäldern; manchmal gehören auch Felder dazu.*

D3-057
www.diercke.de

M3 *Leben und Arbeiten von Bäuerin und Bauer während des Jahres (Zeichnung von 1480)*

Im Jahre 1343 war in Unterbayern eine solche Teuerung ausgebrochen, dass die Einwohner die Rinden von den Bäumen abschälten. Sie zerrieben dieselben, mischten sie mit viel ebenfalls zerriebenem Heu, machten einen Teig wie zu Brot daraus und aßen ihn. Oder sie zerstampften jene Sachen in der Mühle, mengten sie unter abgekochten, mit Wasser und Salz bespritzten Wegerich, verzehrten dies und bezwangen die Qual eines grauenhaft herrschenden Hungers.

(Nach: Johannes von Winterthur: Auf dem Lande. Aus dem mittelalterlichen Leben. Bern 1989, S. 83)

M4 *Hunger!*

1 Erkläre anhand von M1 die Dreifelderwirtschaft.

2 Lege eine Tabelle an und notiere die jeweilige Arbeit der Bauern zu dem passenden Monat (M3).

3 Vergleiche die Arbeit von Bauern im Mittelalter mit der Arbeit der heutigen Landwirte.

4 Suche und benenne neben dem Pflug weitere Beispiele für Fortschritte in der mittelalterlichen Landwirtschaft (Internet).

5 Im Mittelalter waren etwa 90 Prozent der Menschen in der Landwirtschaft tätig, um die Bevölkerung zu ernähren. Finde heraus, wie viele Menschen ein Landwirt in Deutschland heute ernährt (Internet).

Das Leben im Kloster

Bete und arbeite

Im Jahr 529 gründete Benedikt von Nursia südlich von Rom ein **Kloster**. Er gab der Mönchsgemeinschaft die Regel des heiligen Benedikt (M2). Sie bestimmte das Leben der Benediktiner, des ersten abendländischen Mönchsordens, und später auch vieler anderer **Orden**.
Benedikts Schwester Scholastika entschied sich ebenfalls für ein Leben im Kloster. Sie leitete die Nonnengemeinschaft ebenfalls nach der Regel ihres Bruders.
„Ora et labora" („bete und arbeite") ist der Kern der Benediktiner-Regel. Sie enthält viele Vorschriften, die den Tagesablauf streng gliedern, zum Beispiel durch vorgeschriebene Gebetszeiten. Mit ihrer Arbeit sollen Mönche und Nonnen das Leben ihrer Gemeinschaften sichern: unter anderem auf den Feldern, im Garten, in der Küche, der Schreibstube oder im Krankensaal.

Beim Eintritt in ein Kloster legen Mönche oder Nonnen ein feierliches Versprechen ab: Sie geloben Armut (Verzicht auf eigenen Besitz), Keuschheit (Ehelosigkeit und sexuelle Enthaltsamkeit) und Gehorsam gegenüber dem Abt oder der Äbtissin. Männern schor man auf einer kreisförmigen Fläche die Haare (Tonsur) und Frauen mussten eine Haube aufsetzen. Die Art der Kutte zeigte die Zugehörigkeit zum jeweiligen Orden an.
Männer und Frauen traten in Klöster ein, weil sie in einer Gemeinschaft Gott dienen und zu ihm beten wollten. Zugleich waren sie im Kloster ihr Leben lang versorgt. Dies war besonders wichtig für Adlige, denen kein Erbe zustand.
Ordensleute konnten zum Abt oder zur Äbtissin aufsteigen. Frauen konnten im Kloster Lesen und Schreiben lernen, Wissenschaft betreiben oder Schutz finden.

M1 *Mönche in ihrer Ordenstracht; von links: Karmeliter, Franziskaner, Dominikaner, Benediktiner (Medaillons aus einer Handschrift um 1450)*

cap. 2: Der Abt, der würdig ist, einem Kloster vorzustehen, muss immer bedenken, wie man ihn anredet („abbas": „Vater"), und er verwirkliche durch sein Tun, was diese Anrede für einen Oberen bedeutet. Der Glaube sagt: Er vertritt im Kloster die Stelle Christi.
cap. 3: Sooft etwas Wichtiges im Kloster zu behandeln ist, soll der Abt die ganze Gemeinschaft zusammenrufen und selbst darlegen, worum es geht. Er soll den Rat der Brüder anhören. Die Entscheidung liegt im Ermessen des Abtes: Was er für heilsamer hält, darin sollen ihm alle gehorchen.
cap. 5: Der erste Schritt zur Demut ist Gehorsam ohne Zögern. Er ist die Haltung derer, denen die Liebe zu Christus über alles geht.
cap. 33: Niemand maße sich an, ohne Erlaubnis des Abtes etwas zu geben oder anzunehmen. Keiner habe etwas als Eigentum, überhaupt nichts, kein Buch, keine Schreibtafel, keinen Griffel, gar nichts. Den Brüdern ist es nicht einmal erlaubt, nach eigener Entscheidung über ihren Leib und ihren Willen zu verfügen. Alles Notwendige dürfen sie aber vom Vater des Klosters erwarten. „Alles sei allen gemeinsam", wie es in der Schrift heißt.
cap. 48: Müßiggang ist der Seele Feind. Deshalb sollen die Brüder zu bestimmten Zeiten mit Handarbeit, zu bestimmten Stunden mit heiliger Lesung beschäftigt sein.
(Auszüge aus der Benediktus-Regel. Hrsg. im Auftrag der Salzburger Äbtekonferenz. Beuron 1996)

M2 *Aus der Regel des Benedikt von Nursia*

Es sei bekannt, dass ich, Konrad (Herzog von Zähringen), auf meinem eigenen Besitz, im Jahre des Herrn 1120 einen Markt eingerichtet habe. Jedem Kaufmann habe ich ein Hausgrundstück zu eigen gegeben. Aufgrund der Bitten dieser Kaufleute sind folgende Bestimmungen festgesetzt worden:

1. Allen denen, die zu meinem Markt kommen, gewähre ich Frieden und Schutz.
2. Wenn einer meiner Bürger stirbt, so sollen sein Weib und seine Kinder alles ohne jeden Einspruch besitzen, was er hinterlassen hat.
3. Allen Kaufleuten wird der Zoll erlassen.
4. Den Bürgern will ich keinen anderen Gerichtsbeamten und Priester geben als den, welchen sie sich selbst erwählt haben.
5. Wenn ein Streit unter den Bürgern entsteht, soll nicht von mir oder meinem Richter darüber gerichtet werden, sondern nach Gewohnheit und Recht aller Kaufleute.

11. Jeder, der in diese Stadt kommt, darf sich hier frei und unbehelligt niederlassen. Wer aber über Jahr und Tag in der Stadt gewohnt hat, ohne dass irgendein Herr ihn als seinen Leibeigenen gefordert hat, der genießt von da an sicher und unangefochten die Freiheit.
12. Bürger dieser Stadt ist, wer ein freies Erbeigentum in der Höhe von mindestens einer Mark Wert besitzt.

(Nach: Karl Kroeschel: Deutsche Rechtsgeschichte 1. Hamburg 1972, S. 161)

M4 *Die Gründung Freiburgs*

Wir verordnen, dass außerhalb des öffentlichen Marktes kein Verkauf stattfinden darf. Wer dagegen verstößt, soll der Stadt 6 Schillinge … zahlen. Hat er kein Geld, so wird ihm die Hand abgeschlagen.
Wir ordnen ferner an, dass zwei mittelgroße Würste für 1 Pfennig verkauft werden. Sie dürfen nur aus reinem Schweinefleisch hergestellt werden. … Wer dagegen verstößt, soll 1 Pfund Pfennige zahlen und für die Dauer eines Jahres vom Handwerk ausgeschlossen werden. Lotterbuben aller Art und fahrende Schüler mit langem Haar halten wir fern.

(Nach: Quellen zur Wirtschafts- und Sozialgeschichte mittel- und süddeutscher Städte im Spätmittelalter. Übersetzt von Gisela Möncke. Darmstadt 1982, S. 49ff.)

M5 *Marktordnung des Herzogs für Landshut (1256)*

M6 *Marktszene (heutige Zeichnung)*

1 Erkläre den Satz „Stadtluft macht frei".

2 Betrachte die Marktszene in M6 und beschreibe einige Details.

3 a) Begründe, wozu eine Marktordnung diente (M5).
b) Beurteile, ob du die Strafen für sinnvoll hältst.
c) Informiere dich über heutige Regelungen und liste sie auf.

4 Organisiert eine Diskussion um einen Grundherrn, dem ein Höriger in die Stadt entflohen ist. Wie reagieren Grundherr, Flüchtling, Stadtrat?

Stadtluft macht frei, aber nicht gleich!

Die Städte übten eine große Anziehungskraft aus, denn hier konnten Hörige ihre Freiheit erlangen und durch eigene Leistung zu Ansehen und Wohlstand kommen. Die neuen Bürger verpflichteten sich, Steuern zu zahlen und die Stadtmauer im Kriegsfall zu verteidigen. Das taten sie gern, denn die Mauer sicherte ihnen bisher unbekannte Rechte und Chancen.

Doch längst nicht alle Bewohner der Stadt konnten das **Bürgerrecht** erwerben. Dazu brauchte man ein Mindestvermögen und eine „ehrliche" Geburt. Die sogenannten „unehrlichen" Leute wie Henker, Totengräber, Abdecker, fahrende Spielleute und Prostituierte wurden Dieben und Räubern gleichgestellt. Sie mussten abends die Stadt verlassen und wurden ebenso wie Bettler und bedürftige Kranke verachtet. Auch die Unselbstständigen besaßen kein Bürger- und Wahlrecht.

Handwerker und Kleinkaufleute hatten das Bürgerrecht und konnten durch die Wahl des Stadtrates über die Geschicke ihrer Stadt mitentscheiden.

Den größten Einfluss übten die **Patrizier** aus, die reichen Fernhandelskaufleute. Sie bildeten den Rat der Stadt und trafen dort alle Entscheidungen.

Die Frauen allerdings, auch die der Oberschicht, blieben von allen Ämtern und politischen Entscheidungen ausgeschlossen.

Die Zünfte

Die Meister und Gesellen der einzelnen Berufe schlossen sich in einer Zunft zusammen. Nur wer Mitglied war, durfte seinen Beruf ausüben. Die Zünfte kontrollierten die Qualität ihrer Produkte und bestimmten die Zahl der Meister sowie Lehrlinge, die Löhne, Verkaufspreise und Arbeitszeiten. So hatte jeder Zunftmeister sein gesichertes Einkommen. Darüber hinaus halfen sie sich in Notfällen und beteiligten sich an der Verteidigung der Stadtmauer.

Wer hat was zu sagen in der Stadt?

In vielen Städten hatte zunächst der Stadtherr die ungeteilte Macht. Doch die selbstbewusste, reiche Oberschicht wollte sich damit nicht zufriedengeben. Nach und nach erwarb sie viele Rechte: Sie konnte sich durch einen Rat selbst regieren, durfte Münzen prägen und Zölle erheben. Alle wichtigen Entscheidungen trafen nun die Kaufleute allein.

In Hamburg lag die Regierungsgewalt im Mittelalter beim Rat, der aus reichen Großkaufleuten bestand. Das Amt des Ratsherrn wurde vom bestehenden Rat auf Lebenszeit verliehen. Ihm stand eine Versammlung der grundbesitzenden Bürger zur Seite.

M1 *Bevölkerungsschichten um 1430*

M2 *Menschen aus der Oberschicht einer Stadt, der Mittelschicht und einer der Randgruppen (Gemälde von J. Bourdichon um 1500)*

M3 *Zunfthäuser am Marktplatz in Hildesheim: Bäcker (links) und Fleischer (rechts)*

M6 *Ratsversammlung in Augsburg 1368. Vertreter der Zünfte stellen Forderungen. Auf dem Kissen in der Mitte liegen Schlüssel, Siegel und das Stadtrechtsbuch. (Bild aus dem Augsburger Ratsbuch)*

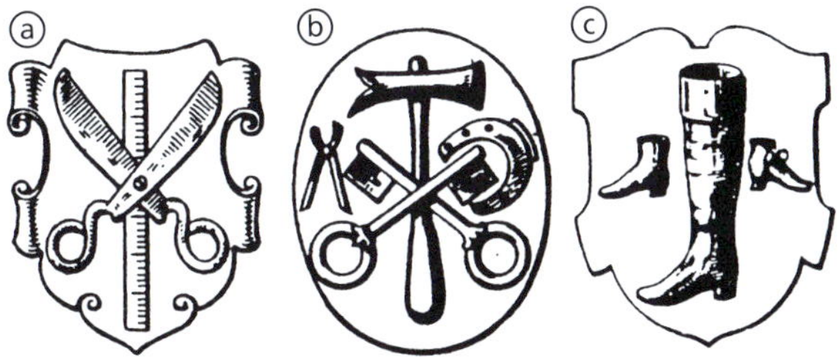

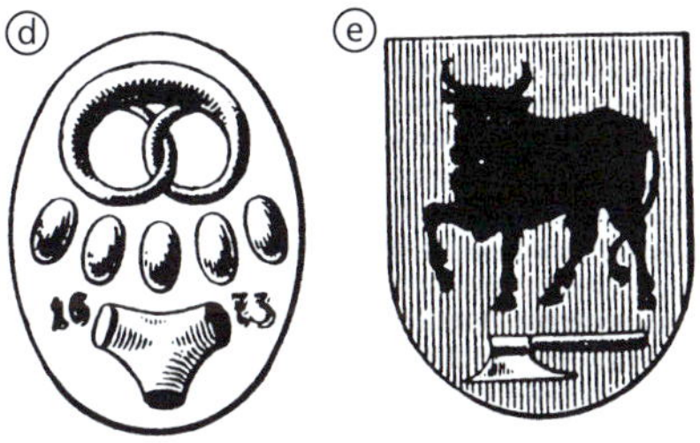

M4 *Zunftwappen zeigen Berufe.*

In ihrer Zunftordnung heißt es:

„Weiterhin soll keine Frau mehr als drei Mädchen oder Lohnarbeiterinnen halten, die für sie wirken.
Und welche dem anderen sein Gesinde entzieht oder abmietet, die soll zwei Gulden als Strafe zahlen.
Weiterhin soll sie weder arbeiten, wenn die Nachtglocke geläutet hat, noch soll sie das ganze Jahr über vor der Dom-Messe aufstehen, um zu arbeiten."

(Nach: Peter Ketsch: Frauen im Mittelalter. Bd. 1. Düsseldorf 1983, S. 173)

M7 *In Köln gab es auch Zünfte für Frauen. Neben Gold- und Seidenspinnerinnen gab es Meisterinnen bei den Garnmacherinnen.*

M5 *Beim Schuhmacher (Holzschnitt aus dem 16. Jahrhundert)*

1 Beschreibe die Bevölkerungsgruppen in der mittelalterlichen Stadt.

2 a) Erkläre den Begriff „Zunft".
b) Beschreibe die Bedeutung der Zünfte.

3 Erläutere die Bedeutung der Objekte auf dem Kissen in M6.

M1 *In einer mittelalterlichen Stadt*

Hamburg erhält den Freibrief

Die Grafen von Schauenburg suchen einen Platz, von dem aus sie die Nordsee gut erreichen können. Diesen Platz finden sie an der Alstermündung. Hier gründen sie die Neustadt als Umschlag- und Lagerplatz für Waren. Die Neustadt ist von der Altstadt nur durch den Alsterlauf (heute Nikolaifleet) getrennt. Graf Adolf III. von Schauenburg ist ein treuer Anhänger seines Kaisers. Als Dank dafür soll ihm Kaiser Friedrich I. Barbarossa 1189 einen **Freibrief** für die Stadt Hamburg überreicht haben. Dieser Freibrief enthält wichtige Vorrechte (Privilegien) für die Hamburger:

- Sie dürfen die Elbe von Hamburg bis zur Nordseeküste frei befahren, das heißt sie müssen keine **Zölle** zahlen.
- Sie sind frei von der Heerespflicht. Nur zur Verteidigung ihrer eigenen Stadt sind sie noch verpflichtet.
- Im weiten Umkreis darf keine fremde Burg gebaut werden.
- Sie dürfen Fische fangen, Bäume roden und ihr Vieh weiden lassen, ohne dafür Abgaben zu zahlen.

Dieser Freibrief besiegelt die Gründung der Stadt Hamburg.

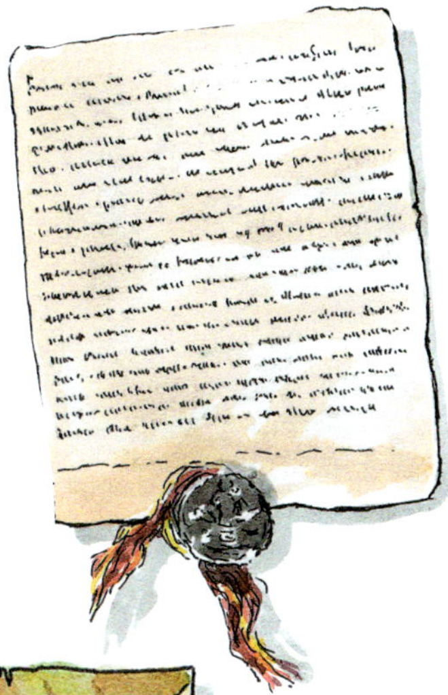

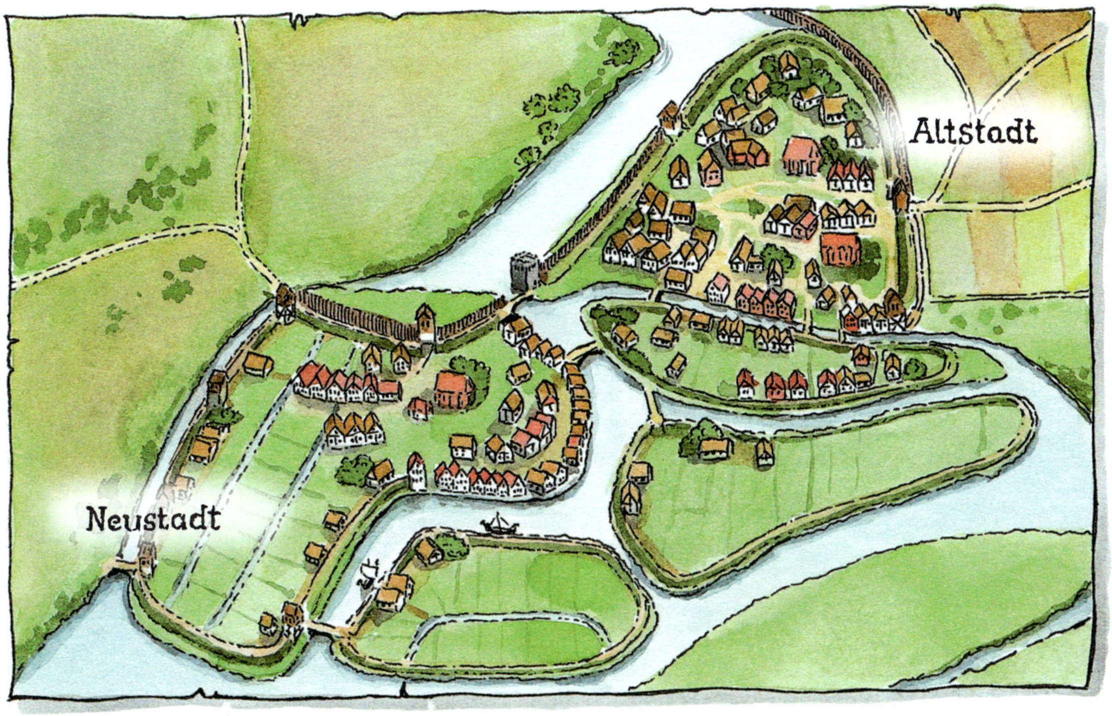

M3 *Neu- und Altstadt*

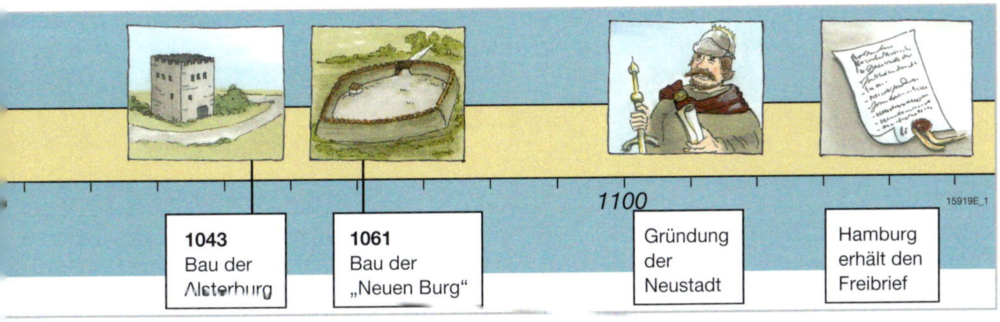

1 In der Zeittafel (siehe S. 38–41) sind einige Ereignisse aus der Geschichte Hamburgs genannt. Wähle ein Ereignis aus und trage dazu Informationen zusammen.
b) Präsentiere diese als Lernplakat (siehe S. 138/139).

Die Hansezeit und Störtebeker

M1 *Kogge*

Um das Jahr 1200

Fernhandelskaufleute schließen sich unter dem Namen Hanse zusammen. Ihr Bund soll sie und ihre Waren vor Land- und Seeräubern schützen und in ganz Europa Handelsstationen aufbauen.

Zuerst helfen sich die Kaufleute nur gegenseitig, später treten ganze Städte dem Hansebund bei. Die hanseatischen Kaufleute sind am friedlichen Handel interessiert. Wenn aber der Handel gefährdet ist, stellen die Hansestädte Soldaten und Kriegsschiffe zur Verfügung und führen Kriege. 1321 tritt Hamburg dem Hansebund bei. Damit wird Hamburg zu einem der wichtigsten Stapel- und Umschlagplätze. Güter, die über Hamburg gehandelt werden, sind zum Beispiel Stockfisch (getrocknete Fische), Häute und Tran aus Norwegen oder Pelze und Wachs aus Russland. Alle diese Waren werden in Hamburg erst zwischengelagert und dann weiter an die Partnerstädte im Nordseeraum oder in Richtung Lübeck geschickt. Hamburg handelt aber auch mit eigenen Gütern. Das wichtigste ist Bier. In Hamburg gibt es zu dieser Zeit etwa 500 Brauereien. Deshalb wird Hamburg auch das „Brauhaus der Hanse" genannt.

INFO

Hanse
Bezeichnung für die vom 12. bis 17. Jahrhundert bestehende Vereinigung von Kaufleuten, deren Ziel der Schutz ihrer Waren und die Vertretung gemeinsamer wirtschaftlicher Interessen, besonders im Ausland, war.

M2 *Im Kontor*

M4 *Hanseatische Kaufleute*

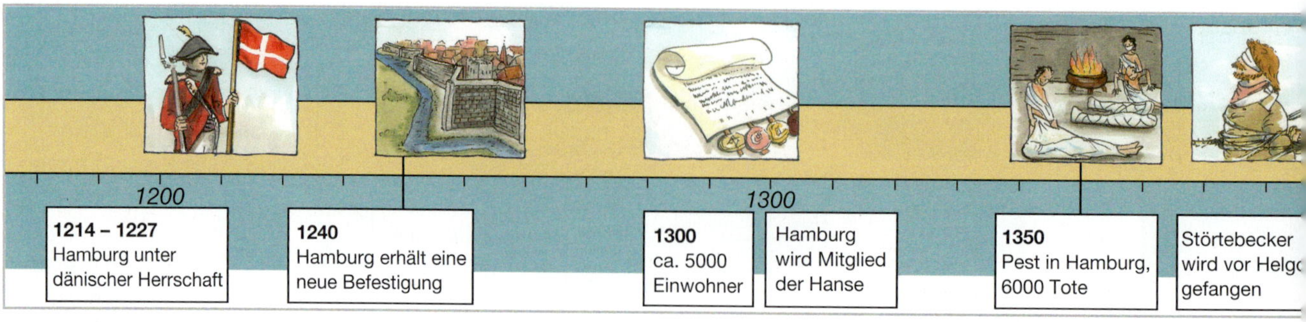

M3 *Zeitleiste*

Anfang 1400

Die Schiffe der Hanse werden auf ihren Reisen immer wieder von **Piraten** überfallen und ausgeraubt. Der bekannteste ist Klaus Störtebeker, der mit seinen Likedeelern („Gleichteilern") den reichen Städten an Nord- und Ostsee das Fürchten lehrt. Likedeeler nennen sich die Piraten, weil sie ihre Beute zu gleichen Teilen unter einander aufteilen.

Anfang 1400 ist Störtebeker mit seinem Schiff „Roter Teufel" wieder unterwegs gegen die Hanse. Vor **Helgoland** kommt es zum Kampf. Dabei können Klaus Störtebeker und seine Gefolgsleute gefangen genommen werden.

Sie werden in Hamburg vor Gericht gestellt und zum Tode verurteilt. Am 20. Oktober 1400 wird das Urteil vollstreckt. 30 Piraten, unter ihnen Klaus Störtebeker, werden geköpft. Ihre Köpfe werden auf Holzpflöcke aufgespießt und zur Abschreckung an der Elbe aufgestellt.

M6 *Piratenschiff*

M5 *Piraten bedrohten die Schiffe der Hanse.*

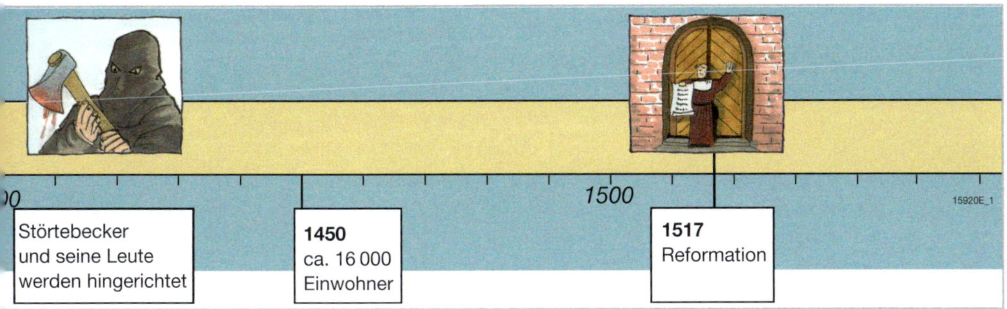

1 Suche in einem Stadtplan Hamburgs den Ort, wo das Störtebeker-Denkmal (M7) steht.

2 a) Auch heute wird die Schifffahrt von Piraten bedroht. Suche Artikel (Internet, Zeitungen), in denen über Piratenübergriffe berichtet wird und nenne die Regionen, in denen die Bedrohungen stattfanden.

b) Nenne Ursachen und Folgen heutiger Piratenüberfälle.

M7 *Störtebecker-Denkmal in Hamburg*

Große Kälte, große Wärme – Leben unter extremen Bedingungen

Regenwald in Zentralafrika

Auf Grönland

Lange Zeit dunkel – lange Zeit hell

M1 *Tiere der Arktis*

M2 *Tiere in der Antarktis*

Am Nordpol und am Südpol – die Polarzonen der Erde

Bis zu sechs Monaten Nacht – das ist für uns kaum vorstellbar, aber das gibt es in den **Polarzonen** der Erde. Sie liegen zwischen den Polen und den Polarkreisen. Während der **Polarnacht** erscheint die Sonne nicht über dem Horizont. Dann ist es dunkel oder es herrscht Dämmerung. Dagegen geht während des **Polartages** die Sonne nicht unter.

Zum Nordpolargebiet, der **Arktis**, gehören die nördlichen Regionen Amerikas, Asiens und Europas sowie das Nordpolarmeer am Nordpol mit einer zusammenhängenden Eisdecke. Am Nordpol ist das Meer mehr als 4000 m tief! Durch die Erwärmung des Erdklimas wird die zusammenhängende Eisdecke im Sommer jedoch immer kleiner und dünner.

Vom Nordpol aus nimmt die Temperatur in Richtung Äquator zu. Deshalb können im Süden der Arktis Gräser, Moose und kleine Sträucher wachsen. Diese Gebiete bezeichnet man als **Tundra**. In der Sprache der Samen, die in Nordeuropa ihre Heimat haben (siehe S. 46 M1), bedeutet dieses Wort „baumlos".

Das Leben in den Polargebieten wird von der Kälte bestimmt. Die Menschen, die in der Arktis wohnen, haben sich der Kälte angepasst. Sie leben vom Fischfang und der Jagd auf Robben und Eisbären. Für den Anbau von Feldfrüchten ist es zu kalt. Es gibt allerdings auch Städte in der Arktis. Hier wird die Kälte mithilfe der Technik überwunden. Die Häuser haben Zentralheizung und die Lebensmittel werden mit Motorschlitten oder Flugzeugen zu den Supermärkten gebracht.

Das Südpolargebiet heißt **Antarktis**. Große Teile der Antarktis nimmt der eisbedeckte Kontinent Antarktika ein.

INFO

Polartag und Polarnacht

Diese Naturerscheinung gibt es in der Arktis und der Antarktis, das heißt in den Gebieten zwischen den Polen und den Polarkreisen. Während des Polartages scheint die Sonne 24 Stunden am Tag. Die Polarnacht ist die Zeit ohne Sonnenlicht.

Je weiter man sich vom Pol in Richtung Polarkreis bewegt, desto kürzer ist die Dauer von Polartag und Polarnacht.

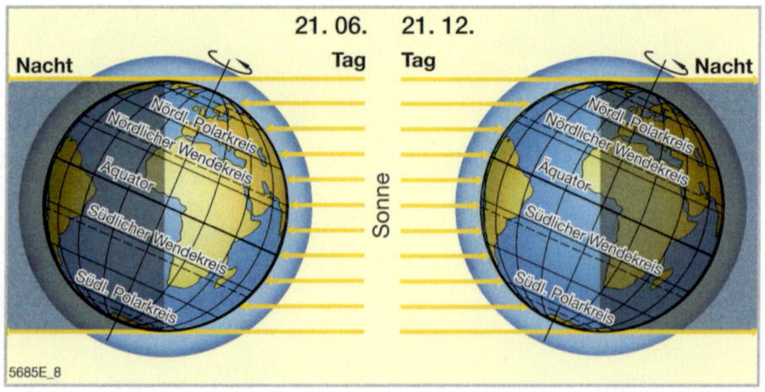

M3 *Polartag und Polarnacht*

D3-043
www.diercke.de

Die Arktis und die Antarktis

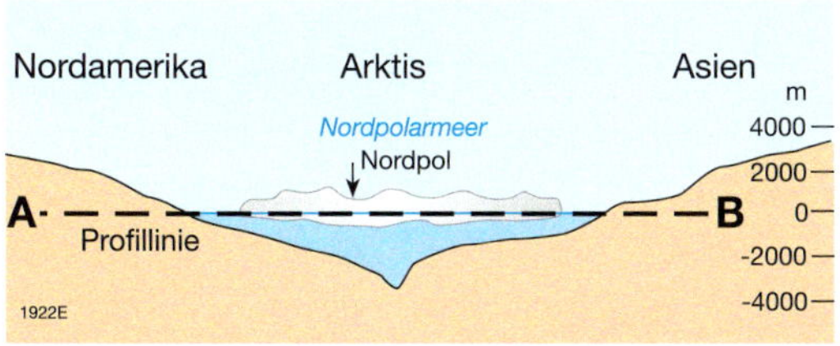

Unter dem Nordpol befindet sich das Wasser des Nordpolarmeeres. Der „arktische Ozean", so wird das Nordpolarmeer auch genannt, ist stellenweise 4500 m tief und bis zu vier Meter mit Eis bedeckt. Er erstreckt sich über 12 Mio. km² Fläche. Auch die Insel Grönland mit ihren 2 Mio. km² gehört zur Arktis.

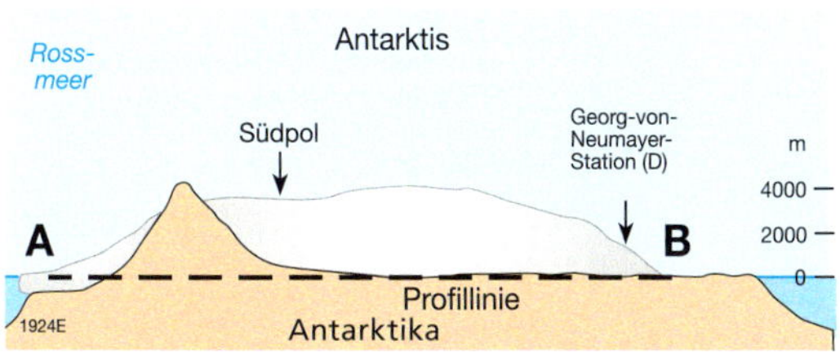

Der Südpol ist der Mittelpunkt der Antarktis und liegt auf dem Kontinent Antarktika, der von Eis bedeckt ist. Im Verlauf eines Jahres „wächst" und „schrumpft" er. Im Sommer hat er eine Größe von 14 Mio. km². Damit ist er ungefähr 1,5 mal so groß wie Europa. Im Winter breitet er sich auf 30 Mio. km² aus, denn es bildet sich um den Kontinent eine geschlossene Eisdecke.

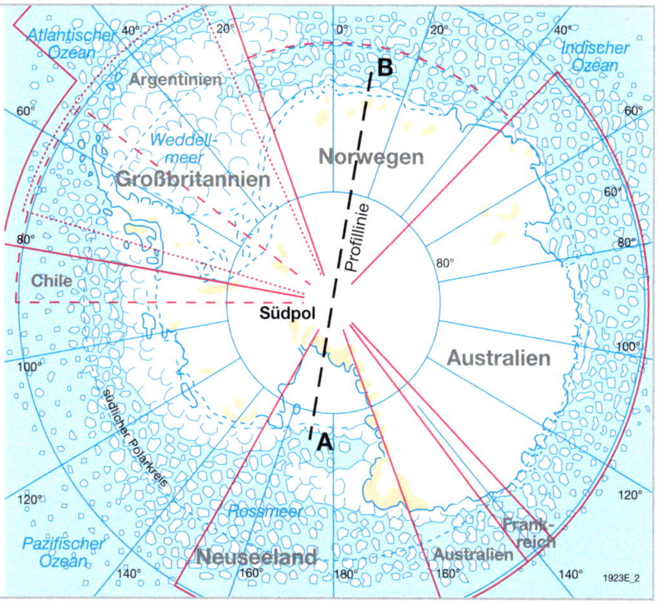

M4 *Karte und Profil (Querschnitt) durch die Arktis (oben) und die Antarktis (unten)*

1 Nenne die Namen der Staaten, durch die der nördliche Polarkreis verläuft (Atlas).

2 Notiere die Namen der Meere, durch die der südliche Polarkreis verläuft (Atlas).

3 Am 3. August 1958 tauchte das U-Boot USS Nautilus am …pol. Begründe, warum dies nur an diesem Pol möglich war (M4).

4 Stelle fest, welcher Kontinent mit seiner Südspitze bis in die Nähe der Antarktis reicht (Atlas).

5 Die Antarktis ist ein Kontinent ohne Siedlungen. Überprüfe diese Aussage (Atlas, Internet).

6 Erkläre die Naturerscheinung Polartag und Polarnacht (M3).

7 Im Dezember ist am Nordpol Polarnacht und am Südpol Polartag. Begründe.

In der Arktis, dem Nordpolargebiet

Die Menschen passen sich an

Die Bewohner der arktischen Tundra haben im Winter mit rauen Stürmen zu kämpfen und mit der Dunkelheit der Polarnacht. Außerdem ist der Boden bis 500 m tief gefroren. Man nennt ihn **Dauerfrostboden**. Er taut im Sommer oberflächlich auf. Dann staut sich das Schmelzwasser und der Boden verwandelt sich in Schlamm.

Die Menschen lebten früher als **Selbstversorger** vom Fischfang und von der Jagd. Ihre Behausungen waren Zelte oder Iglus aus Schnee. Heute leben nur noch wenige Menschen wie ihre Vorfahren. Sie wohnen wie wir in festen Häusern und versorgen sich in Supermärkten.

M3 *Murmansk in Nordrussland um 12 Uhr mittags*

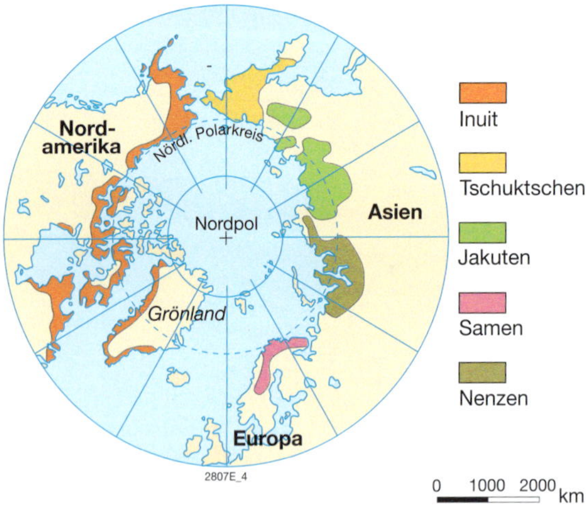

M1 *Völker der Arktis*

Fleisch, Speck	Nahrungsmittel
Häute, Felle	Kleidung, Schuhe, Boots- und Zeltbespannungen, Fütterung für Kleidungsstücke, Jacken und Hosen
Därme, Sehnen	Angelschnüre, Kleidung, Hundeleinen und Riemen
Knochen	Messer, Speerspitzen und Lampen
Fett	Tran für Licht und Wärme
Reste	Hundefutter

1967E_5

M4 *Verwertung einer erlegten Robbe*

M2 *Tagesgang der Sonne im Juni im Nordpolargebiet*

Leben in Ilulissat

M5 *Mit dem Motorschlitten unterwegs*

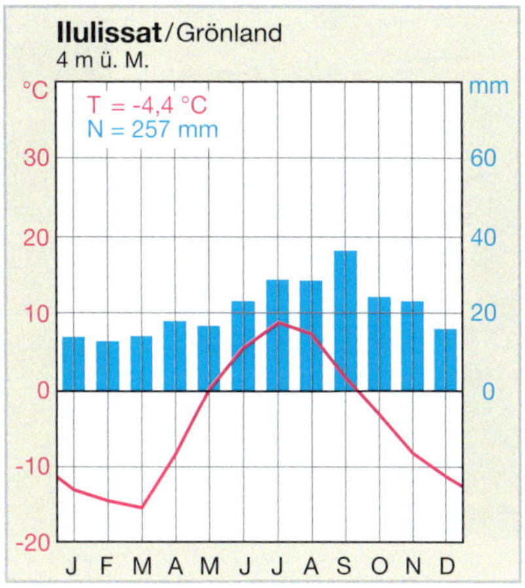

M7 *Klimadiagramm von Ilulissat*

M8 *Lage von Ilulissat in der Arktis*

Ich heiße Smilla und lebe mit meinen Eltern und meinem Großvater auf Grönland. Das ist eine Insel, die zu Dänemark gehört. Der Ort, in dem wir leben, heißt Ilulissat und hat 4 500 Einwohner. Wir sind **Inuit** und wohnen in einem roten Haus (siehe S. 43).

Mein Großvater erzählt mir oft davon, wie er früher gelebt hat. Für ihn sind Heizung und Strom immer noch ungewohnt. Wenn wir im Supermarkt einkaufen, freut er sich über das vielfältige Warenangebot. Wir brauchen nichts mehr selbst anzufertigen, es gibt alles zu kaufen: unter anderem Lebensmittel, Thermo-Kleidung, Jeans, Werkzeug und natürlich auch Fernseher, Handys und Computer. Computerspiele sind sehr beliebt in den langen, dunklen Wintertagen. Außerdem gehen wir gerne ins Kino.

Mein Vater arbeitet in einer der beiden modernen Fischfabriken am Ort. Hier werden vor allem Krabben und Heilbutt verarbeitet. Wie man selbst Fische fängt, kenne ich nur aus den Erzählungen.

Es kommen auch Touristen in unseren Ort. Wir haben einen Hubschrauberlandeplatz. Die Touristen lieben die Schlittenhundefahrten im Winter, wenn es bis zu -30 °C kalt wird. Im Sommer, wenn es bis zu 25 °C warm sein kann, unternehmen sie Wanderungen und Bootsfahrten.

Leider ist die Arbeitslosigkeit sehr hoch. Viele Inuit sind auf die Unterstützung des Staates angewiesen.

M6 *Das Leben der Inuit hat sich verändert.*

❶ Beschreibe die Lage des Lebensraums der Inuit (M1).

❷ Begründe, weshalb die Robbe für die Inuit wichtig war (M4).

❸ Stelle fest, zu welcher Jahreszeit das Foto von Murmansk aufgenommen wurde (M3).

❹ a) Beschreibe Ilulissat, den Wohnort von Smilla (M6).
b) Stelle Vor- und Nachteile der Veränderungen in der Lebensweise der Inuit in einer Tabelle dar.

❺ Beschreibe das Klima der Arktis. Werte dazu M7 aus (siehe S. 313).

Große Kälte – große Wärme
Leben unter extremen Bedingungen

M1 *Antarktis-Touristen*

M3 *Müll in der Antarktis*

In der Antarktis, dem Südpolargebiet

Ein menschenleerer Kontinent

Der antarktische Kontinent (Antarktika) ist ein Kontinent der Rekorde. Er ist der kälteste Kontinent. Hier wurde die tiefste Temperatur gemessen: -92 °C. Er ist zudem der trockenste Kontinent. Die Niederschläge sind in einigen Gebieten niedriger als in der Sahara. Und er ist der windigste Kontinent mit Windgeschwindigkeiten von bis zu 300 km/h. Während der Polarnacht bleibt der Südpol in eisige Dunkelheit gehüllt.

Wegen der Kälte laufen alle Vorgänge sehr langsam ab. Eine Bananenschale braucht beispielsweise etwa 100 Jahre bis zum völligen biologischen Abbau.

Hier gibt es keine dauerhaften Siedlungen. Nur etwa 3000 Wissenschaftler aus 40 Ländern verbringen einige Monate im Jahr in Forschungsstationen. Unter dem Eis der Antarktis werden reiche Bodenschatzvorkommen vermutet. Deshalb haben viele Länder Interesse an der Antarktis. So ist die Antarktis unter verschiedenen Ländern aufgeteilt worden. Damit aber dieses eisige Paradies nicht zerstört wird, haben die in der Antarktis forschenden Staaten einen entsprechenden Vertrag geschlossen.

Eine Gefahr für diesen empfindlichen Lebensraum sind auch die Touristen, die mit Kreuzfahrtschiffen in die Antarktis kommen. Sie stören die Tiere und hinterlassen Müll.

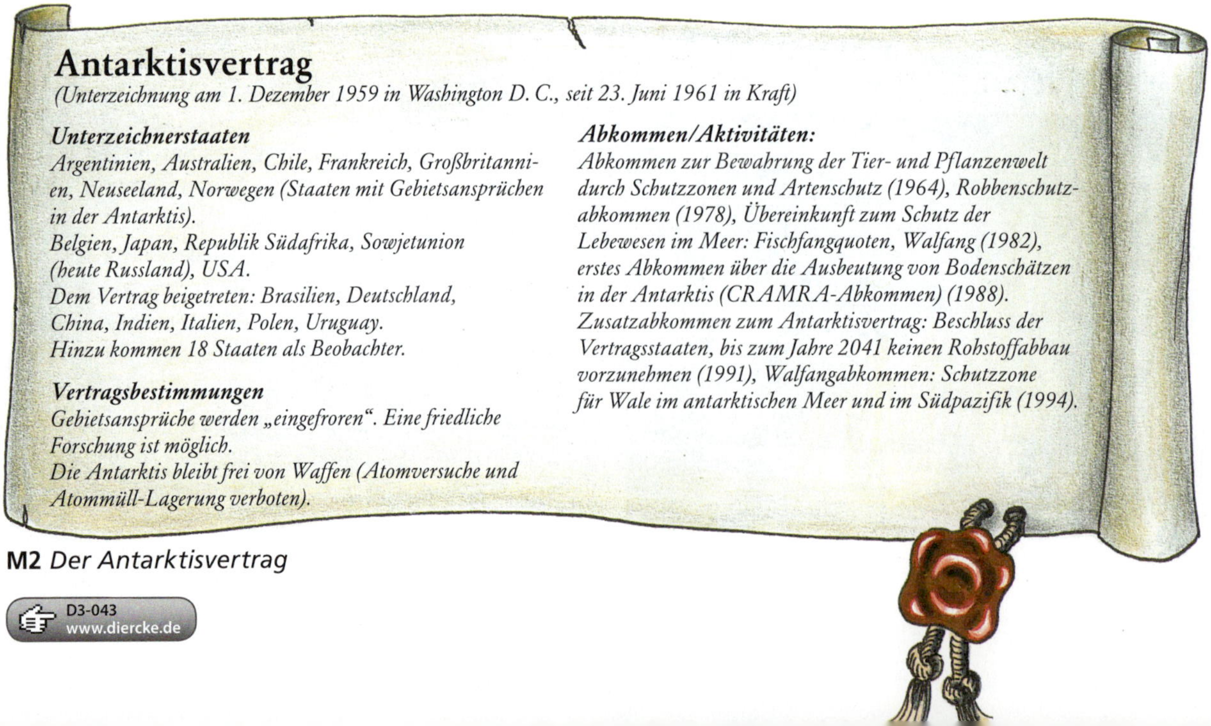

Antarktisvertrag

(Unterzeichnung am 1. Dezember 1959 in Washington D. C., seit 23. Juni 1961 in Kraft)

Unterzeichnerstaaten

Argentinien, Australien, Chile, Frankreich, Großbritannien, Neuseeland, Norwegen (Staaten mit Gebietsansprüchen in der Antarktis).
Belgien, Japan, Republik Südafrika, Sowjetunion (heute Russland), USA.
Dem Vertrag beigetreten: Brasilien, Deutschland, China, Indien, Italien, Polen, Uruguay.
Hinzu kommen 18 Staaten als Beobachter.

Vertragsbestimmungen

Gebietsansprüche werden „eingefroren“. Eine friedliche Forschung ist möglich.
Die Antarktis bleibt frei von Waffen (Atomversuche und Atommüll-Lagerung verboten).

Abkommen/Aktivitäten:

Abkommen zur Bewahrung der Tier- und Pflanzenwelt durch Schutzzonen und Artenschutz (1964), Robbenschutzabkommen (1978), Übereinkunft zum Schutz der Lebewesen im Meer: Fischfangquoten, Walfang (1982), erstes Abkommen über die Ausbeutung von Bodenschätzen in der Antarktis (CRAMRA-Abkommen) (1988). Zusatzabkommen zum Antarktisvertrag: Beschluss der Vertragsstaaten, bis zum Jahre 2041 keinen Rohstoffabbau vorzunehmen (1991), Walfangabkommen: Schutzzone für Wale im antarktischen Meer und im Südpazifik (1994).

M2 *Der Antarktisvertrag*

D3-043
www.diercke.de

M4 *Die deutsche Forschungsstation „Neumayer-Station III“*

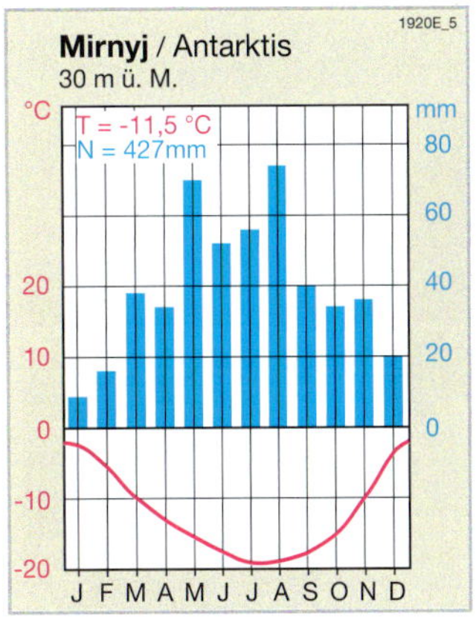

M6 *Klimadiagramm von Mirnyj*

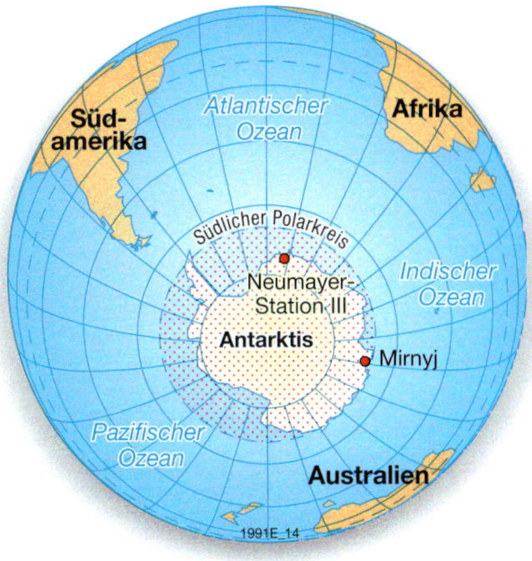

M8 *Lage der Antarktis*

In der Antarktis gibt es über 80 Forschungsstationen. Die neue deutsche Neumayer-Station steht auf hydraulisch zu bewegenden Stützen, damit sie nicht im Schnee versinken kann. Die Stützen passen sich auch den Stürmen an. Auf vier Stockwerke verteilt gibt es Wohnräume, Büros, Laborräume, Sanitäranlagen, eine Küche, eine Energiezentrale, eine Schneeschmelze, Werkstätten, einen Funkraum, Vorrats- und Abfallcontainer und ein Hospital.
Im antarktischen Winter leben und arbeiten nur zehn Personen in der Station, im Sommer können bis zu 40 Personen hier wohnen. Die Forscher erforschen Klima, Eis, Wasser und Luft der Antarktis. Sie versuchen zum Beispiel herauszufinden, welche Bedeutung die Antarktis für das Klima der Erde hat.

M5 *Leben und Forschen in der Neumayer-Station III. Die früheren beiden Neumayer-Stationen wurden durch jeweils neue Stationen abgelöst.*

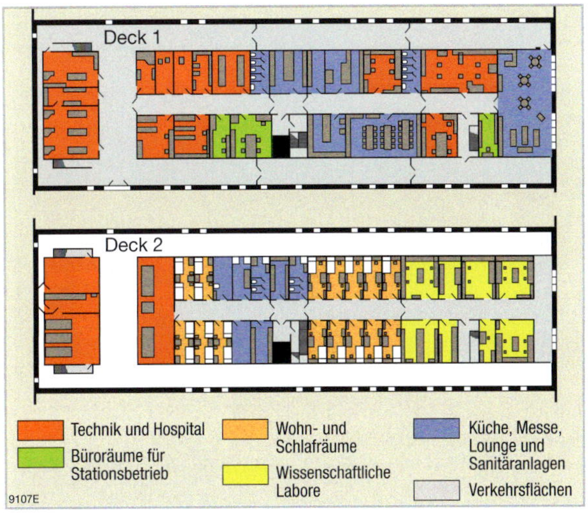

M7 *Die Neumayer-Station III hat insgesamt vier Decks. In den unteren Decks befinden sich unter anderem Technik- und Lagerräume sowie eine Garage.*

1 Stelle in einer Liste die Länder zusammen, die Anteile an der Antarktis besitzen (siehe S. 45 M4).

2 Notiere fünf Länder, die Forschungsstationen in der Antarktis haben (Atlas, Internet).

3 a) Werte M6 aus (siehe S. 313).
b) Erkläre, wie Menschen mithilfe der Technik das antarktische Klima aushalten (M5, M6).
c) Stell dir vor, du wärest Forscherin oder Forscher in der deutschen Forschungsstation. Was würdest du am meisten vermissen? Was würde dir am meisten gefallen?

4 Nenne Bodenschätze in der Antarktis (Atlas).

5 a) Notiere die Bestimmungen im Antarktisvertrag (M2) nach folgenden Gesichtspunkten in einer Tabelle: Waffen/Atommüll; Tier- und Pflanzenwelt; Fischerei; Bodenschätze; friedliche Forschung.
b) Nenne zwei Bestimmungen, die du für besonders wichtig hältst. Begründe.

6 Sollte man weiterhin Touristenreisen in die Antarktis anbieten? Nenne Pro- und Kontra-Argumente (Text, M1, M3).

Dunkle Nacht am hellen Tag

M1 *Stockwerkbau des tropischen Regenwaldes*

Henry Morton Stanley, der 1874–77 Afrika von der Ostküste bis zur Kongomündung durchquerte, schrieb:
„Es ist schwül. Man quillt auf. Das Hemd klebt am Leib. Der Boden ist weich, von Moder gepolstert, vom Schweiß der Luft gedüngt. Der ganze Wald ist feucht, scheint verschimmelt zu sein. Man ist ein Insekt in einem nassen Schwamm. Die Luft stockt.
Das dichte Laubdach hindert den Eintritt jeglichen Windes. In der Nacht hält das Riesendach die Hitze des Tages zurück. So bleibt die brütende Wärme für ein millionenfaches Leben Tag und Nacht erhalten. Trotz der verwirrenden Üppigkeit liegt dennoch eine gewisse Ordnung vor. Vor allem ist es ein mächtiger Höhenaufbau in Stockwerke.
Wir haben keine Zeit, um die vielen Wunder der Pflanzenwelt zu untersuchen. Wir können uns nicht mit der mächtigen Masse der abgestorbenen, braunen Hölzer beschäftigen, die so porös sind wie der Schwamm und kaum noch das Aussehen zu Boden gestürzter Bäume haben. Leg dein Ohr daran und du hörst ein murmelndes Gesumme; es ist das Leben der kleinsten Tiere. Öffne dein Notizbuch und das weiße Blatt wird ein Dutzend Schmetterlinge anlocken. Vor deinen Augen fliegen Bienen- und Wespenschwärme. Zu deinen Füßen kriechen die roten und weißen Ameisen; einige werden an dir heraufmarschieren."
(Nach Emil Egli: Afrika – Wüste, Steppe, Urwald. Zürich 1963, S. 56)

M2 *Bericht eines Forschers aus dem 19. Jahrhundert*

Naturraum tropischer Regenwald

Schon seit über 300 Jahren zieht der **tropische Regenwald** Forscherinnen und Forscher magisch an. Nirgendwo auf der Erde befinden sich auf engstem Raum so viele unterschiedliche Pflanzen- und Tierarten, und jedes Jahr werden noch neue, bisher unbekannte entdeckt.
Die Pflanzen und Tiere leben in einem **Stockwerkbau** des Waldes. Unten auf der Erde wachsen die Pflanzen, die auch ohne viel Licht auskommen. Nur drei Prozent des Sonnenlichts dringen durch die Stockwerke hindurch auf den Boden. In den höheren Etagen wachsen Licht liebende Pflanzen. Dabei gibt es zum Beispiel auf den Ästen der Urwaldriesen Aufsitzerpflanzen, wie Bromelien und Orchideen, die zum Teil Luftwurzeln von oben herablassen.

D3-016 www.diercke.de

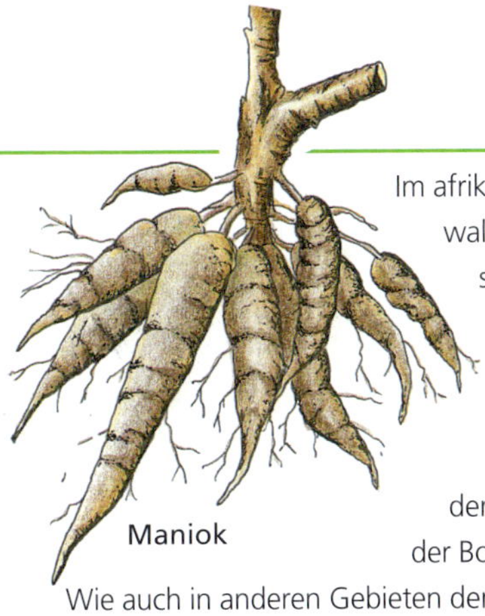

Im afrikanischen Regenwald betreiben verschiedene Völker Ackerbau. Sie wohnen in kleinen Dörfern. Diese werden verlegt, wenn der Boden ausgelaugt ist.

Wie auch in anderen Gebieten der Erde lassen die Bauern die großen, verkohlten Bäume nach der Brandrodung liegen; die Baumstümpfe bleiben im Boden. Dazwischen werden mithilfe von Grabstöcken und Hacken die Feldpflanzen gesetzt: Bananen, Mais und Knollenfrüchte wie Maniok, Yams und Batate. Die Knollen sind sehr stärkehaltig. Sie können gekocht, gebraten oder als Mehl zu Brei, Fladen und Brot verarbeitet werden.

M4 *Besonderheiten des Ackerbaus in Zentralafrika*

M6 *In einem afrikanischen Dorf von Ackerbauern*

1 Erläutere anhand von M3 und der Info den Wanderfeldbau.

2 Finde für die Zahlen 1–5 in M5 eine passende Beschriftung.

3 Erkläre den geschlossenen und den unterbrochenen Nährstoffkreislauf (M2, Text).

4 Zeichne ein Schaubild zum Wanderfeldbau:

a) Zeichne zunächst die Grundfläche von 20 cm mal 20 cm. Sie soll ein Stück unberührten Regenwald darstellen.
b) Nun beginne mit der Brandrodung: Das Feld soll 1 cm² groß sein. Jedes Feld kann nur drei Jahre genutzt werden. Nach 60 Jahren kannst du wieder das erste Feld roden.
c) Nach zehn Jahren wandert eine große Familie zu, die doppelt so große Felder benötigt.
d) Berechne, wie viele Familien (mit Feldgröße = 1 cm²) dieses Waldstück höchstens bewohnen können, ohne die Natur tiefgreifend zu schädigen.

5 Hältst du den Wanderfeldbau für eine sinnvolle Nutzung? Begründe deine Meinung.

M5 *Ablauf der Brandrodung*

Holzfäller auf dem Vormarsch

M1 *Großflächige Abholzung in Brasilien*

Der Regenwald wird vernichtet

Mit Getöse kracht der über 210 Jahre alte Baumriese zu Boden. Im Fallen reißt er noch Dutzende kleinerer Bäume mit sich. Er bricht eine Schneise in die Stockwerke des Regenwaldes.

So geschieht es Hunderte Male pro Minute in den Regenwäldern weltweit. 100 Bäume werden pro Sekunde vernichtet. Sie werden abgesägt, umgerissen, verbrannt – in Südamerika, Afrika und Asien.

Internationale Holzfirmen fällen Bäume zum Export nach Japan, Nord-Amerika oder Europa. Das Problem ist, dass es auf jedem Hektar Urwald höchstens vier Edelholzbäume gibt. Bis zu 100 kleinere Bäume muss man roden, um einen Teak- oder Mahagoni-Baum zu fällen und abtransportieren zu können.

Regenwald wird auch vernichtet, um Platz für neue **Plantagen** zu schaffen. In diesen Großbetrieben wird meist nur eine Nutzpflanze angebaut, zum Beispiel Kaffee, Kakao, Bananen, Kautschuk, Zuckerrohr, Soja oder Palmöl. Auch diese Erzeugnisse werden in die **Industrieländer** verkauft.

Meistens werden riesige Gebiete einfach abgebrannt, um möglichst schnell viel freie Fläche zu bekommen. In Brasilien gewinnt man so Anbauflächen für Soja. In Asien schafft man auf diese Weise in kurzer Zeit Raum für Palmöl-Plantagen.

Die Auswirkungen sind katastrophal

Im Oktober 2006 brannte allein in Indonesien der Wald an über 1 100 Stellen. Riesige Aschewolken bedeckten den Himmel über Thailand, Malaysia, Indonesien und Singapur. Vielerorts wurde der Notstand ausgerufen. Die Sonne war nur noch als roter Ball zu sehen.

Die Luft war so verpestet, dass in Singapur die Menschen gebeten wurden, in ihren Häusern zu bleiben. Schulen und Industriebetriebe mussten geschlossen werden. Heute schätzt man den damals entstandenen Schaden auf über vier Milliarden Euro.

Durch die Rodungen wird das Klima weltweit verändert. Zum einen entstehen durch die Brandrodung Asche und Gase, vor allem Kohlenstoffdioxid (CO_2). Diese belasten die Luft. Zum anderen gibt es immer weniger Bäume, die Kohlenstoffdioxid aufnehmen und Sauerstoff abgeben können. Mit dem Wald verschwindet zugleich der Lebensraum zahlloser Tierarten, viele davon werden durch die Rodungen ausgerottet.

Die Folgen sind in den tropischen Ländern selbst, aber auch weltweit zu spüren: In den Gebieten mit großen Rodungen fällt weniger Regen und die Temperaturen steigen. Das Weltklima verändert sich!

D3-217
www.diercke.de

M2 *Abtransport*

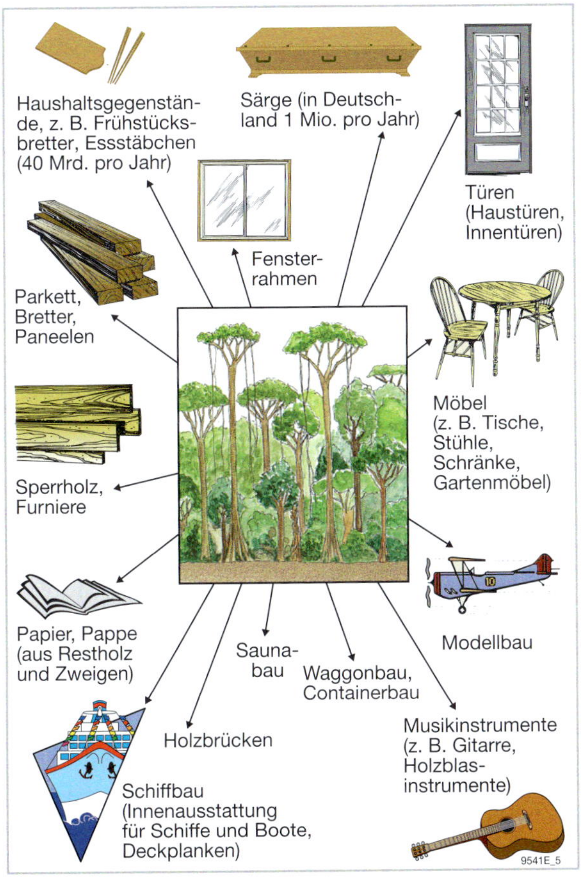

M3 *Verwendung tropischer Edelhölzer*

1. Ermittle mithilfe des Internets, warum Tropenholz so begehrt ist.

2. Liste die Eingriffe des Menschen in den tropischen Regenwald auf (Atlaskarte, Südamerika – Regenwald).

3. Man bezeichnet die Regenwälder auch als „grüne Lunge" der Erde. Erkläre.

4. Berechne, wie viele Bäume in einer Minute, in einer Stunde, an einem Tag weltweit in den Regenwäldern gerodet werden.

5. Forsche nach, wo in deiner Umgebung Tropenholz genutzt wird (M3). Erstelle eine Liste.

6. Wie könnten wir dazu beitragen, dass der Regenwald nicht weiter gerodet wird? Beschreibe eine Möglichkeit, die dir durchführbar erscheint.

INTERNET

Den Schutz des tropischen Regenwaldes haben sich viele Organisationen zur Aufgabe gemacht, z. B.:

www.regenwald.org
www.wwf.de
www.oroverde.de
www.greenpeace.de
www.robinwood.de

Rettung für die Regenwälder

Eine Lösung: nachhaltige Land- und Forstwirtschaft

Ein Interview mit Dr. Bamo Abogabe, einem Forst-Experten aus Angola

„Herr Abogabe, wie beurteilen Sie die Lage der Regenwälder in Afrika?"
„Die Situation ist dramatisch! Viele Länder Afrikas haben schon über die Hälfte ihrer Regenwälder verloren. In Nigeria sind über 90 Prozent der ursprünglichen Fläche verschwunden. Es wird ein großer **Raubbau** an der Natur unseres Kontinents betrieben."

„Wo liegen denn die Gründe für diese furchtbare Entwicklung?"
„Zum einen wird der Wald zur Holzgewinnung und zur Anlage von Plantagen gerodet. Zum anderen suchen internationale Firmen nach Öl oder weiteren Bodenschätzen. Da unsere Bevölkerung stark wächst, gibt es viele Bauern, die kein Land besitzen. Auch sie roden den Wald, um auf neuen Feldern ihre Familien ernähren zu können."

„Sehen Sie einen Ausweg aus diesem Problem?"
„Wir müssen zu einer Landnutzung finden, die **nachhaltig** ist. Das heißt, wir dürfen unser Land nur so nutzen, dass es keinen Schaden nimmt und auch noch unseren Kindern zur Verfügung steht."

„Was sollte man denn unternehmen?"
„Die Bauern sollten zu einer **Agroforstwirtschaft** übergehen. Dabei betreiben die Bauernfamilien keinen Wanderfeldbau, sondern **Dauerfeldbau**. Auf ihren Feldern legen sie unter den Baumriesen **Mischkulturen** an. Diese bestehen aus einer genau durchdachten Kombination von Bäumen, Sträuchern, Wildpflanzen, Nutzpflanzen und Tieren. Der Kot der Tiere kann als Dünger genutzt werden. Im Regenwald können die Menschen Wildtiere jagen oder Ölfrüchte, Kautschuk oder Heilpflanzen sammeln. So wird der natürliche Nährstoffkreislauf des Waldes nachgeahmt."

„Und wie können wir in Europa mit genügend Edelholz aus dem Regenwald versorgt werden?"
„Es könnten Edelholzplantagen in nachhaltiger Holzwirtschaft eingerichtet werden. Hier wird für jeden gefällten oder zerstörten Baum ein neuer Baum angepflanzt. Wichtig ist, dass die Menschen in Europa nur Produkte aus Holz kaufen, das aus nachhaltigem Anbau stammt. Damit schützen auch sie unseren Wald!
Außerdem müssten die Länder im Regenwald große Waldschutzgebiete einrichten. In ihnen muss jede Rodung verboten sein – und das muss auch überwacht werden. In Brasilien und in Mittelafrika ist das schon an einigen wenigen Stellen geschehen.
Dies kostet natürlich Geld, aber da müssen uns die reichen Länder helfen, denn der Regenwald ist die ‚grüne Lunge' der gesamten Erde!"

„Herr Dr. Abogabe, wir danken Ihnen für dieses Gespräch."

INFO

FSC (Forest Stewardship Council)
Der FSC ist eine gemeinnützige Organisation und hat das Ziel, die nachhaltige Forstwirtschaft weltweit zu fördern.
In Deutschland haben sich bisher über 100 Firmen verpflichtet, nur Tropenhölzer mit diesem Gütezeichen zu verwenden. Die Überwachung der Einhaltung des nachhaltigen Anbaus ist jedoch schwierig.

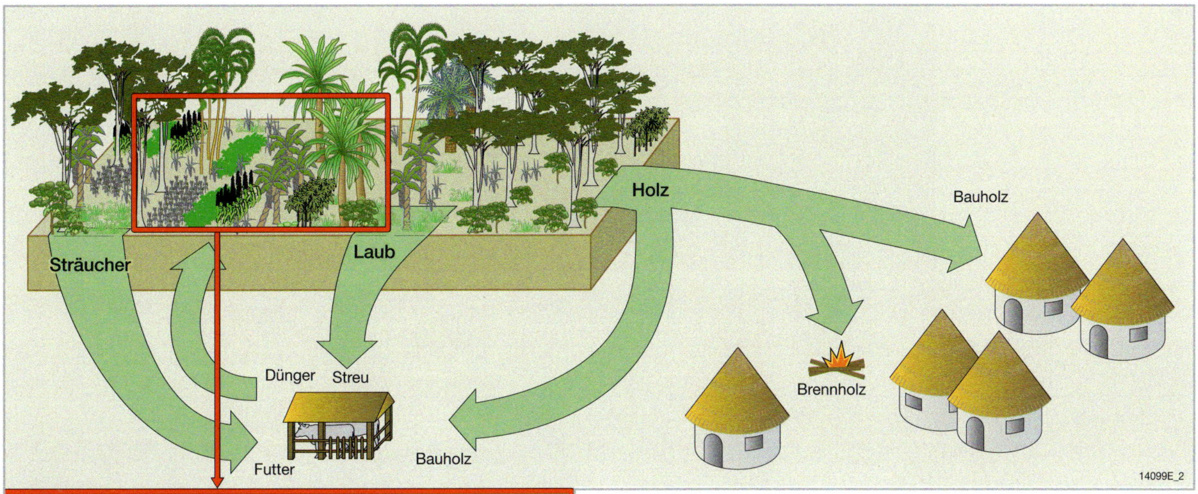
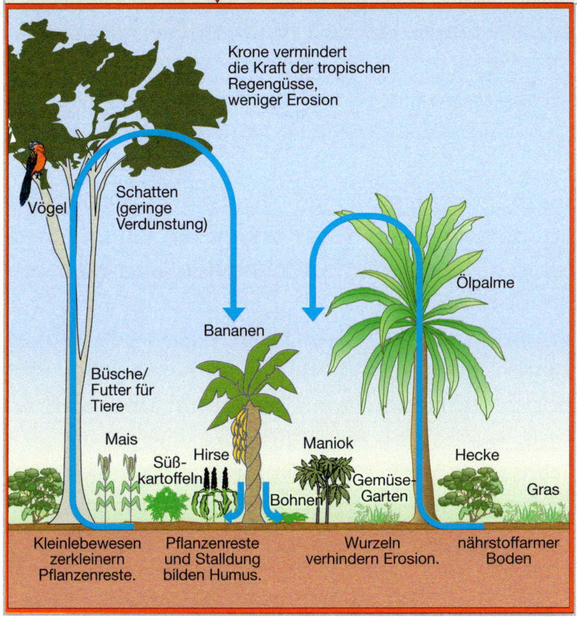

M1 *Agroforstwirtschaft – ein Beispiel aus Afrika*

M3 *Mischkultur aus Bananen und Kaffee*

Am Äquator in Afrika befindet sich das zweitgrößte zusammenhängende Regenwaldgebiet der Erde. (Das größte ist Amazonien in Südamerika.)
Ein großer Teil dieses Waldes liegt in der Demokratischen Republik Kongo. Die gesamte Waldfläche des Landes beträgt etwa eine Million Quadratkilometer (eine Fläche größer als Frankreich und Deutschland zusammen). Etwa ein Zehntel davon steht unter Naturschutz.
Doch im Kongo und seinen Nachbarstaaten herrschte jahrelang Bürgerkrieg. Hunderttausende Menschen waren auf der Flucht, ohne Arbeit, ohne Einkommen, ohne Nahrung. Wie kann man da an Waldschutz denken? Wie will man da Waldschutz durchsetzen?

M2 *Nach einer Reportage des WWF (World Wide Fund For Nature)*

1 Erkläre die Wirtschaftsweise der „nachhaltigen Landwirtschaft" am Beispiel von M1 und M3.

2 Nenne Vorteile und Nachteile von Waldschutzgebieten:
a) für die Menschen und Tiere in den Ländern mit tropischen Regenwald;
b) für uns.

M1 *Lage von Amazonien*

M2 *Bau der Transamazônica*

Ausblick: Amazonien

Regenwald in Gefahr

Amazonien ist das größte zusammenhängende Regenwaldgebiet der Erde – noch! Denn jede Minute wird Urwald in der Größe von etwa fünf Fußballfeldern vernichtet. Das passiert überwiegend durch Brandrodung, um schnell Platz zu schaffen für Rinder und Plantagen.

Schon vor über 50 Jahren hat die Regierung Brasiliens begonnen, das Amazonasgebiet zu erschließen. Es wurde ein gigantisches Straßenbauprojekt begonnen, der Bau der Transamazônica. Diese Straße sollte dem Güterverkehr dienen und Siedler in das bis dahin fast menschenleere Amazonien locken.

Während einige Teilstücke bereits in den 1980er-Jahren fertiggestellt wurden und inzwischen wieder zerstört und vom Dschungel überwuchert sind, wurden andere Teilstücke nie gebaut. Die Transamazônica ist also keine durchgängige Straße und wurde auch nur teilweise asphaltiert.

An der Transamazônica (bei Ruropolis Medicilândia) lebt die Familie Cruz. Davor wohnte sie im Slum der Großstadt Salvador. Sie bekam von der Regierung 100 ha Land zugewiesen (auf dem Foto hält Herr Cruz die Schenkungsurkunde in der Hand). Zur Schonung des Regenwaldes durfte man nur 50 ha roden – bei der schlechten Bodenqualität zu wenig zum Überleben für eine große Familie. Daher wohnen von den sechs Kindern nur die beiden jüngsten bei den Eltern. Die älteren sind wieder in die Stadt gezogen. Neben einigen Grundnahrungsmitteln baut die Familie Pfeffer an, weil er einige Zeit gelagert werden kann, ohne dass er im tropischen Klima verdirbt.
Andere Früchte kann man hier für den Verkauf nicht anbauen, da die Transamazônica in der Regenzeit für Wochen nicht befahrbar ist.

M3 *Familie Cruz – Siedler in Amazonien*

D3-216 www.diercke.de

M4 *Statt Regenwald: eine Sojaplantage, die etwa so groß wie Hamburg ist*

Die Rinderfarmen in Amazonien sind 1 000 bis 1 500 km² groß. Nachdem man die Edelhölzer gefällt und verkauft hat, wird brandgerodet. Dann werden aus Flugzeugen Grassamen ausgesät. Anfangs benötigt ein Rind einen Hektar Weidefläche im Jahr. Nach einiger Zeit sprießen jedoch ungenießbare Kräuter und Dornpflanzen. Dann braucht ein Rind drei Hektar. Großschlachthöfe verarbeiten bis zu 150 000 Rinder pro Jahr. Sie stellen Gefrierfleisch und Fleischkonserven her.

M5 *Der Regenwald wird Weideland*

Bei der Produktion von Bananen, Kaffee, Kakao und Zuckerrohr zählt Brasilien zu den weltweit führenden Staaten. Zuckerrohr wird vor allem zur Herstellung des Biokraftstoffs Ethanol genutzt, der auch nach Europa exportiert und dort dem Benzin beigemischt wird. Umweltschützer beklagen, dass die Produktion nicht nachhaltig sei. Zum einen werde für immer neue Plantagen immer mehr Regenwald gerodet und zum andern hielten die Plantagenbesitzer ihre Arbeiter häufig wie Sklaven.

M6 *Plantagen für Biokraftstoff – nachhaltig?*

1. Erstellt in der Klasse einen Ländersteckbrief zu Brasilien (siehe S. 64/65).

2. Berichte über den Naturraum Amazoniens: Lage, Ausdehnung, Klima, Flüsse, Pflanzenwelt, Tierwelt (Atlas, Internet).

3. a) Erläutere die Landnutzung in Amazonien (M3–M7).
b) Hältst du sie für sinnvoll? Begründe.

4. Würde man alle Umweltbelastungen berechnen, die durch Rindfleischproduktion in Amazonien entstehen, müsste ein Hamburger 230 Euro kosten. Nenne mögliche Gründe.

M7 *Rindfleischproduktion im Regenwald*

Eine Mindmap erstellen

M1 *Im Regenwald*

Mit Schlüsselwörtern zur Mindmap

„Man sieht den Wald vor lauter Bäumen nicht!" Diese Redensart meint Folgendes: Durch zu viele Einzelheiten geht die Übersicht über den Gesamtzusammenhang verloren; eine klare Ordnung ist nicht mehr zu erkennen.

Mit einer Mindmap kannst du deine Gedanken und dein Wissen über ein umfangreicheres Thema gliedern und veranschaulichen. Das Wissen bleibt dadurch besser im Gedächtnis haften.

Eine Mindmap lässt sich vielseitig einsetzen: zur Vorbereitung und Gliederung eines Themas (zum Beispiel für ein Referat), zur Stoffsammlung in einer Gruppenarbeit oder zur übersichtlichen Zusammenfassung von Unterrichtsthemen.

Drei Schritte zum Erstellen einer Mindmap

1. Schreibe das Hauptthema in die Mitte eines Blattes und umkreise es.
   Zeichne von dort aus Hauptäste und benenne sie mit Schlüsselwörtern.
2. Trage, von den Hauptästen abzweigend, dünnere Nebenäste mit Schlüsselwörtern ein.
3. Lasse ggf. davon weitere untergeordnete Nebenäste abzweigen.

So bildet jeder Hauptast mit seinen Nebenästen ein zusammengehörendes Teilthema des Hauptthemas.

Hinweis: Du kannst die Hauptäste mit ihren Nebenästen auch mit verschiedenen Farben zeichnen.

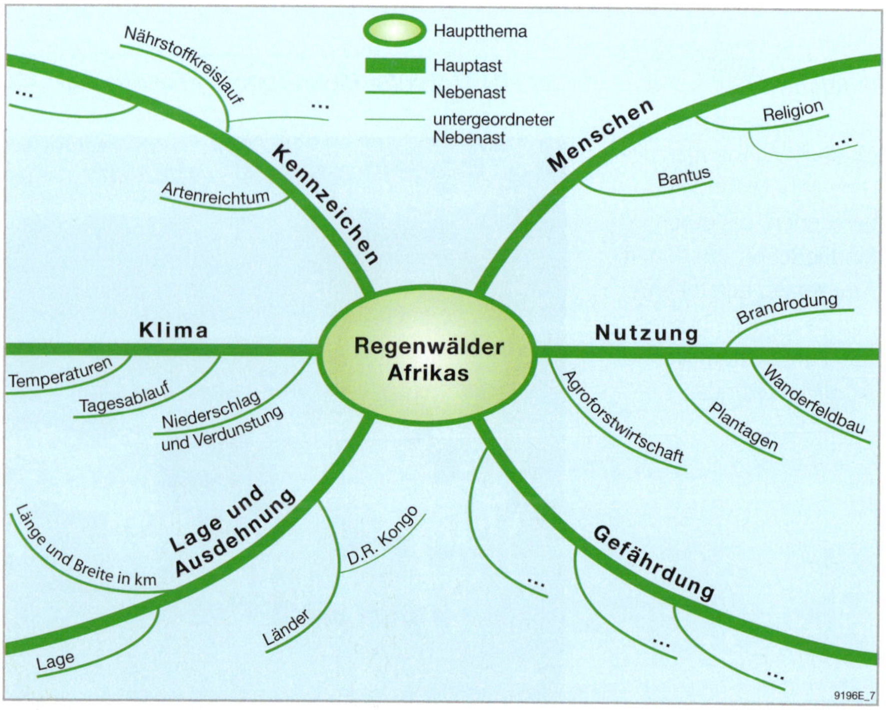

M2 *Eine Mindmap zum Thema: „Regenwälder Afrikas"*

1 a) Zeichne M2 ab und ergänze die fehlenden Schlüsselwörter an den Hauptästen: „Kennzeichen" und „Menschen".

b) Ergänze die Schlüsselwörter am Hauptast: „Gefährdung der Regenwälder". Du kannst auch weitere Nebenäste mit Schlüsselwörtern zeichnen.

Eine Faustskizze zeichnen

M3 *In Ägypten*

Skizzen „aus der Hand"

Sinnvoll ergänzen lässt sich die Mindmap durch eine Faustskizze, mit der du dir einen Überblick über einen Erdteil, ein Land oder eine Region verschaffen kannst.

Faustskizzen bestehen aus groben Umrissen und mit der Hand gezeichneten Linien und Punkten. Sie werden so angelegt und vereinfacht, dass sie nur Wichtiges hervorheben und eine ganz oberflächliche Orientierung ermöglichen.

Man kann in Faustskizzen zusätzlich Informationen zu ganz verschiedenen Themen aufnehmen.

Drei Schritte zum Anfertigen einer Faustskizze

1. Zeichne mit einem roten Stift zunächst den Umriss des Raumes. Gerade Linien erleichtern die Arbeit.
2. Skizziere mit weiteren Farben ausgewählte Eintragungen: mit einem braunen Stift Gebirge, mit einem blauen Stift große Flüsse, mit einem gelben oder grünen Stift Landschaften und mit einem roten Stift Städte. Verwende beim Zeichnen der Umrisse einfache Formen (z.B. Gerade, Kreis, Oval, Punkt).
3. Du kannst auch thematische Eintragungen vornehmen, z.B. die besiedelten Gebiete Ägyptens einzeichnen (M5).

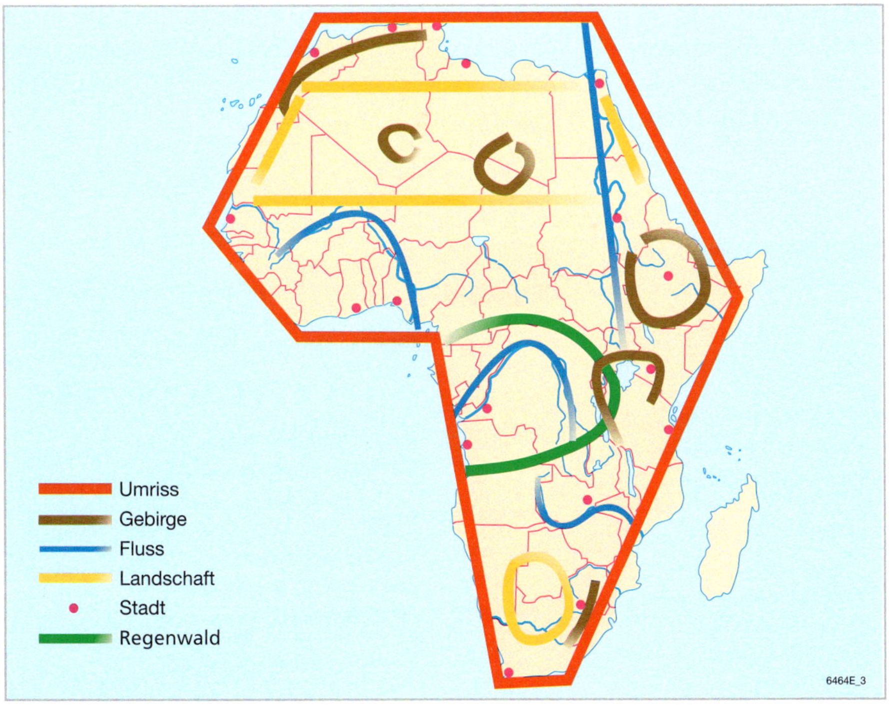

M4 *Faustskizze von Afrika*

❷ Fertige eine Faustskizze Afrikas an. Ergänze die Regenwälder (Atlas).

❸ Zeichne eine Faustskizze von Kamerun. Trage auch den Regenwald ein.

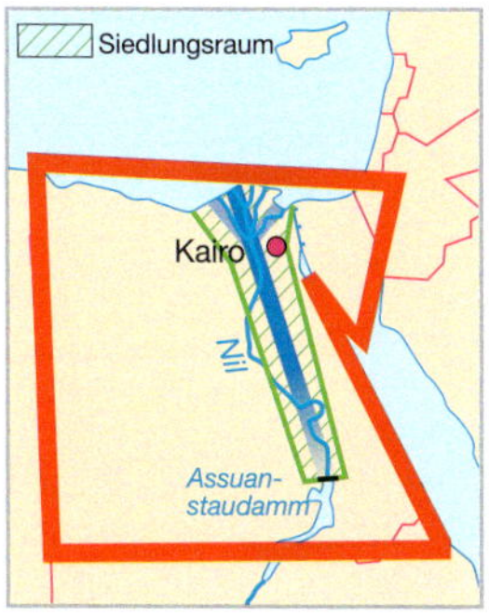

M5 *Faustskizze von Ägypten*

METHODE

Wir erstellen einen Ländersteckbrief

Naturraum: Klima, Relief (z. B. Gebirge), Boden, Gewässer sowie Pflanzen- und Tierwelt	**Bevölkerung:** Bevölkerungsverteilung, Städte, Dörfer, soziale Aspekte (z. B. Einkommen, Analphabeten)	**Wirtschaft:** Landwirtschaft, Bergbau, Industrie, Dienstleistungen (z. B. Tourismus)

M1 *Viele Merkmale prägen ein Land*

PROJEKT

Fremde Länder näher kennenlernen

Etwa 200 Staaten gibt es auf der Erde. Viele davon sind uns kaum bekannt. Verschafft euch zunächst einen ersten Überblick über ein Land. Dazu benutzt ihr am besten den Atlas, denn viele grundlegende Informationen findet ihr bereits dort.
Wollt ihr systematisch vorgehen, dann verabredet in der Klasse die Einzelthemen und ihre Reihenfolge (siehe Info). Das hat den Vorteil, dass ihr die Länder später gut vergleichen könnt. Um fremde Länder näher kennenzulernen, könnt ihr zu verschiedenen Themen genauer recherchieren. Oder ihr könnt das Land im Hinblick auf ein einziges spezielles Thema untersuchen.
Je nach Land kann es lange dauern, aktuelle Informationen zusammenzustellen. Legt vorher fest, wie ihr die Länder zum Schluss vergleichen und präsentieren wollt.

INFO

Ländersteckbrief-Schema

- Lage (Kontinent, Meer)
- Nachbarländer
- Hauptstadt, drei weitere große Städte
- hohe Berge
- Flüsse, Seen
- Klimazone
- Industriegebiete
- drei landwirtschaftliche Anbauprodukte
- drei wichtige Bodenschätze
- Einwohnerzahl, Religionen, Sprachen

(Als Zusatz z.B. möglich: Flagge und/oder Faustskizze)

- Atlas
- Sachbücher aus Büchereien, z. B. Länderlexika
- Fischer Weltalmanach, Reiseführer, Zeitungen
- www.auswaertiges-amt.de/ (Länder,Reisen)
- www.klimadiagramme.de
- www.wikipedia.org/ (Ländername)

M2 *Verschiedene Informationsquellen*

Venezuela

Lage:
Südamerika (Nordküste), Atlantik
Nachbarländer:
Kolumbien, Brasilien, Guyana
Hauptstadt/große Städte:
Caracas/ Maracaibo, Valencia
hohe Berge:
Pico Bolivar (5002m), Pico da Neblina (3014m)
Flüsse/Seen:
Orinoco/Maracaibosee
Klimazone:
Tropen
Anbau:
Kaffee, Kakao, Bananen
Bodenschätze:
sehr viel Erdöl, Erdgas, Eisen
Industriegebiete:
bei Caracas, an der Küste
Einwohner/Religion/Sprachen:
25,1 Mio./katholisch/Spanisch, Indianisch

17240E

M3 *Steckbriefbeispiel Venezuela (Kurzform)*

D3-197
www.diercke.de

Verkehr:
Verkehrswege
und Verkehrseinrichtungen

Kultur:
Bauweise, Tradition, Religion, Sprache, ethnische Zugehörigkeit

Politik und Geschichte: geschichtliche Entwicklung, politische Bedingungen (z. B. Bürgerkrieg)

Ablauf des Projekts „Ländersteckbriefe"

1. Schritt: Vorbereitung

Wählt ein Land aus. Legt eine Mappe an und sammelt Informationen (siehe M2). Legt einen Zeitplan fest.

2. Schritt: Durchführung

Arbeitet mit dem Atlas. Fertigt eine Faustskizze oder Karte an. Legt zur Übersicht eine Mindmap an (S. 62). Sortiert das Material nach Themen. Legt Unwichtiges beiseite. Stellt eure Informationen in Texten, Schaubildern oder Diagrammen (auch Klimadiagrammen) zusammen. Nutzt schöne Bilder als Veranschaulichung.

3. Schritt: Auswertung und Präsentation

Vergleicht eure Länder in der Klasse (Gemeinsamkeiten, Unterschiede, Besonderheiten).
Präsentiert eure Ergebnisse zum Beispiel als Wandzeitung, als Reiseprospekt oder als „Länderlexikon".
Außerdem könnt ihr ein Referat halten.
Achtet darauf, dass das Typische oder das Besondere eines Landes deutlich wird. Das kann durch Fotos oder eine passende Gestaltung und sogar die Farbe der Wandzeitung sein (z. B. Ägypten: goldfarben, Schriftzeichen, Landesflagge).

M4 *Präsentationsbeispiel Länderlexikon (Deckblatt)*

M5 *Präsentationsseite aus einem Referat*

Klima- und Vegetationszonen

M3 *Bei Jakutsk: Sergij Kondakow beliefert sein Dorf mit Milch.*

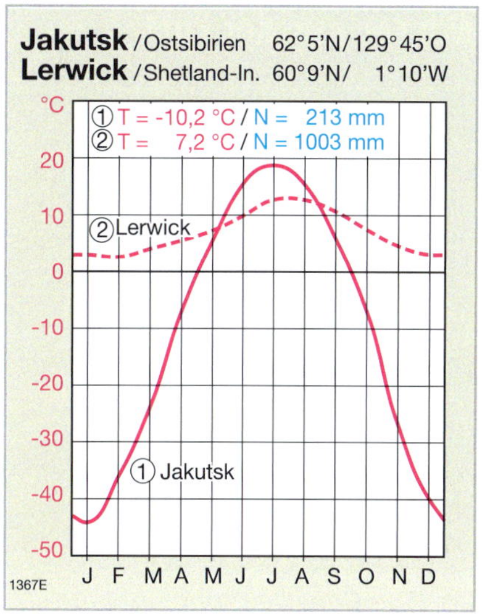

M6 *Die Durchschnittstemperaturen in Jakutsk und auf den Shetland-Inseln*

Rekorde! Rekorde! (siehe auch S. 78/79):	Werchojansk (Russland, Sibirien) -70°C
Wostok (Antarktis) -92 °C	El Azizija (bei Tripolis, Libyen) +58 °C
Oimjakon (Russland, Sibirien) -71 °C	Death Valley (USA) +57 °C
	Stuart (Australien) +55 °C

M4 *Die kältesten und die heißesten Orte der Erde*

M5 *Feldarbeit auf 3 530 m in den tropischen Anden Perus. Dieses Gebiet wird als „tierra fria" („kühles Land") bezeichnet. In dieser Höhe werden hier die meisten Grundnahrungsmittel angebaut: Mais, Weizen und Gerste sowie weit über 100 unterschiedliche Sorten Kartoffeln.*

1 Erkläre am Beispiel der Orte Jakutsk und Lerwick kontinentales und maritimes Klima. Belege deine Aussage mit Werten aus M6 und dem Atlas.

2 Die (im Mittelwert) kältesten Orte der Erde liegen nicht direkt an den Polen: Es sind Wostok in der Antarktis (Winter-Mittel: -60 °C, Sommer-Mittel: -25 °C) und das Dorf Oimjakon (-50,1°C / 14,5°C) in Sibirien. Begründe die angegebenen Werte (Atlas).

3 Man spricht auch von den „kalten Tropen". Welche Gebiete könnten damit gemeint sein? Erkläre.

4 Bei einer Reise von Lima in die Anden versprechen Reiseveranstalter: „Sie erleben fast alle Klimazonen an einem Tag!" Was ist gemeint? Erkläre (Atlas, M1).

5 Der Golfstrom hat durch seine Wärmeausstrahlung großen Einfluss auf das Klima der Gebiete, an denen er vorbeifließt. Verfolge seinen Verlauf (Atlas). Die Küsten welcher Länder berührt er?

Niederschläge – Wasser aus der Luft

M1 *Eine Gewitterfront zieht auf*

Wie kommt das Wasser in die Luft?

Könnte man eine mittelgroße Wolke auswringen und das Wasser sammeln, ergäben sich 5000 bis 10000 l Wasser. Eine große Gewitterwolke (M1) kann einige 100000 l enthalten.

Je höher die Temperaturen sind, desto mehr Wasser kann verdunsten: aus dem Meer, aus Flüssen und Seen sowie von der Erdoberfläche. Aber auch Lebewesen geben Wasser an die Luft ab, sie transpirieren (schwitzen). Erwachsene Menschen transpirieren bis zu einem Liter an einem warmen Tag, ein ausgewachsener Laubbaum bis zu 600 l.

Wie entstehen Wolken?

Der Wasserdampf kann von warmer Luft besser aufgenommen werden als von kalter: Ein Kubikmeter Luft mit einer Temperatur von 20 °C kann bis zu 17,3 g Wasserdampf aufnehmen, 10 °C warme Luft dagegen nur 9,4 g.

Der größte Teil des Wasserdampfes in der Luft ist unsichtbar. Ist jedoch besonders viel Wasser in der Luft enthalten, dann bilden sich zuerst kleine, dann immer größere Tröpfchen. Es entstehen Wolken.

Wieso regnet es?

Faustregel ist: Wenn feuchte Luft abkühlt, dann gibt es Niederschlag. Die kältere Luft kann nicht mehr so viel Wasser halten wie die warme; sie ist gesättigt. Es bilden sich zunächst Dunst und dann Wolken, deren Tröpfchen immer größer werden. Schließlich fällt Niederschlag.

Wo fällt Niederschlag?

Besonders niederschlagsreich sind Gebiete, über denen häufig feuchte Luft abkühlt. Das sind zum Beispiel Gebirge. Hier wird die Luft an den Gebirgshängen zum Aufsteigen gezwungen. Sie kühlt sich ab und es entsteht **Steigungsregen**.

Viel Regen gibt es auch in Gebieten, wo warme und kalte Luft zusammenstoßen. Dies ist in Deutschland dann der Fall, wenn warme Luft aus dem Süden und kalte aus dem Norden zusammentreffen.

Es kommt außerdem zu starken Niederschlägen, wenn die Erde stark erhitzt wird. Dann verdunstet viel Wasser, die Luft steigt auf, kühlt sich ab und es regnet. Manchmal entstehen auch Gewitter. Das geschieht zum Beispiel bei uns im Sommer oder täglich im tropischen Regenwald.

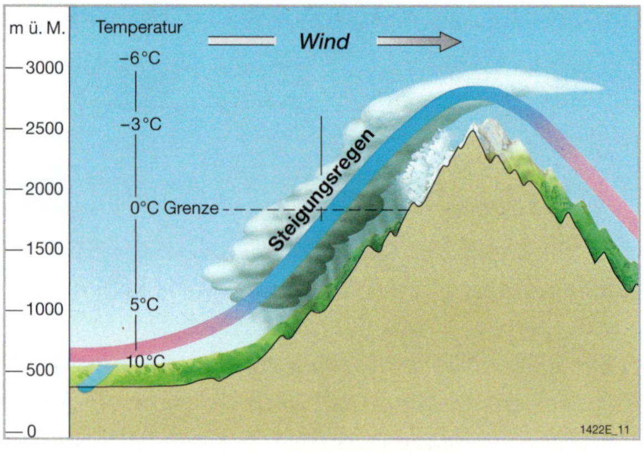

M2 *Entstehung von Steigungsregen*

D3-012 www.diercke.de

Niederschläge – von der Polarzone bis zu den Tropen

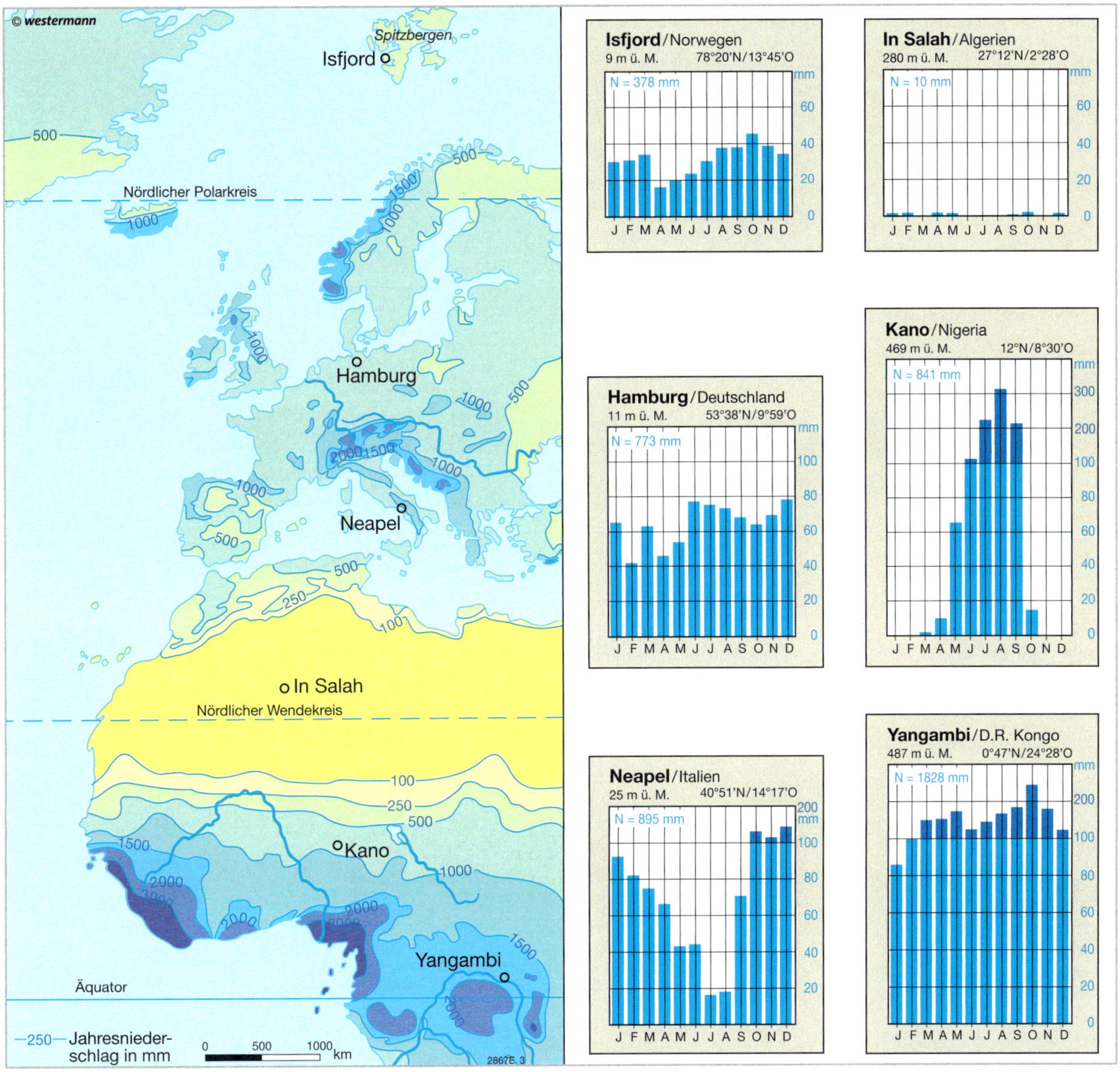

M3 *Durchschnittliche Niederschläge und Niederschlagsdiagramme*

❶ Erkläre, wie Regen entsteht.

❷ Zeichne ein Schaubild des „Wasserkreislaufs" zwischen Erde und Atmosphäre (z. B. Meer – Dunst – Wolke – Regen – Fluss ...).

❸ Benenne eine Region in M3, in der es zu Steigungsregen (M2) kommt.

❹ Erkläre den typischen Tagesablauf des Wetters im tropischen Regenwald (siehe S. 52).

❺ Erkläre:
a) Auch wir Menschen können „Wolken" machen (M4).
b) Wenn ich im Winter in die geheizte Schule gehe, beschlägt meine Brille.

M4 *Im Winter*

Ein Klimadiagramm zeichnen

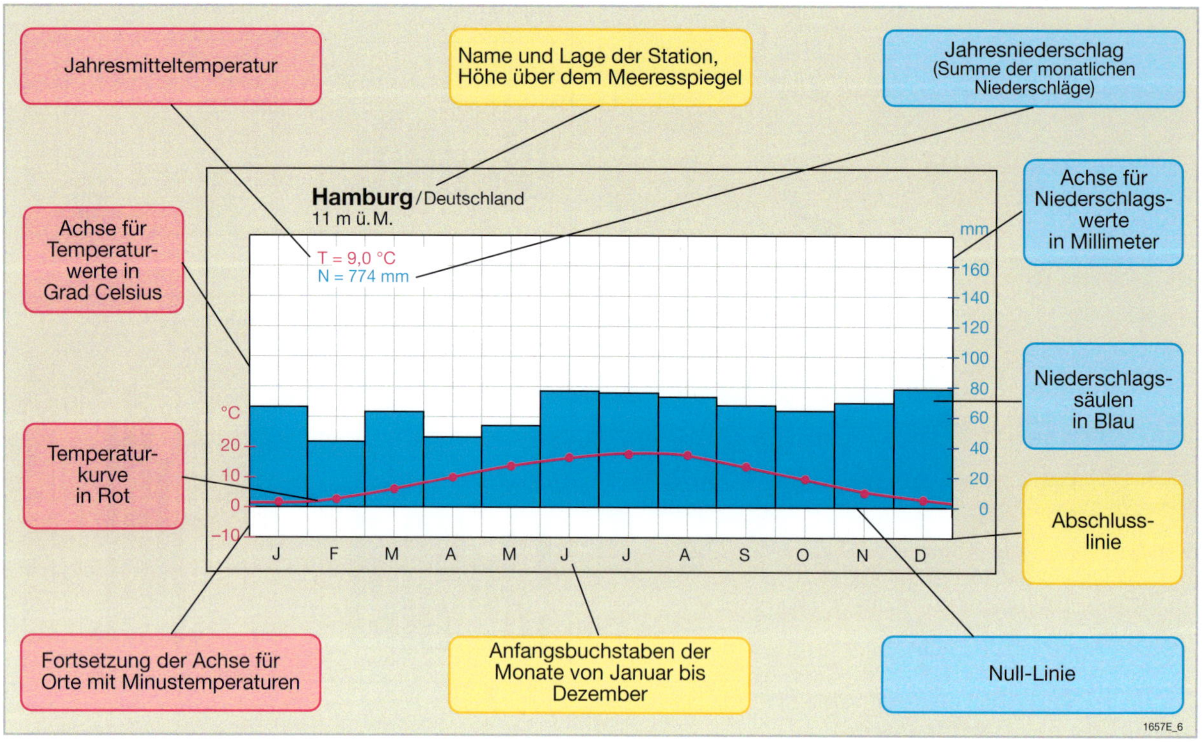

M1 *Das Klimadiagramm in seinen Einzelheiten*

		J	F	M	A	M	J	J	A	S	O	N	D	Jahr
Hamburg (Deutschland) 11 m ü. M.	T (°C) N (mm)	1 65	2 42	4 63	8 46	13 54	15 77	17 75	17 73	14 68	9 64	5 69	3 78	9 774

M2 *Klimawerte*

INFO

Wetter, Klima, Klimadiagramm

Das Wetter ist das Zusammenwirken von Temperatur, Niederschlag, Bewölkung und Wind an einem Ort zu einem bestimmten Zeitpunkt.

Das Klima ist das Zusammenwirken von Temperatur, Niederschlag, Bewölkung und Wind über einen langen Zeitraum. Temperatur und Niederschlag sind dabei entscheidend. Wissenschaftler ermitteln das Klima eines Ortes aus den langjährigen Durchschnittswerten der Temperaturen und der Niederschläge. Diese Werte können in einem Klimadiagramm dargestellt werden. Es enthält die Temperaturkurve und die Niederschlagssäulen für die zwölf Monate des Jahres.

Vier Schritte zum Zeichnen eines Klimadiagramms

1. Nimm ein kariertes Blatt Papier. Zeichne die Null-Linie mit den Monaten ein.
2. Zeichne die linke senkrechte Achse für die Temperaturwerte sowie die Temperaturkurve ein.
3. Zeichne die rechte senkrechte Achse für die Niederschlagswerte sowie die Niederschlagssäulen.
4. Trage Angaben zur Klimastation ein.

So gehst du genau vor:

1. Die Null-Linie zeichnen

- Zeichne mit einem Bleistift die Null-Linie (Länge 12 cm, 1 Monat = 1 cm oder 2 Rechenkästchen). Unterteile die Null-Linie in Abschnitte von 1 cm.
- Schreibe die Anfangsbuchstaben der Monate unter die Null-Linie. *Hinweis:* Bei Orten mit Minus-Temperaturen werden die Anfangsbuchstaben der Monate unter die Abschlusslinie geschrieben (M1).

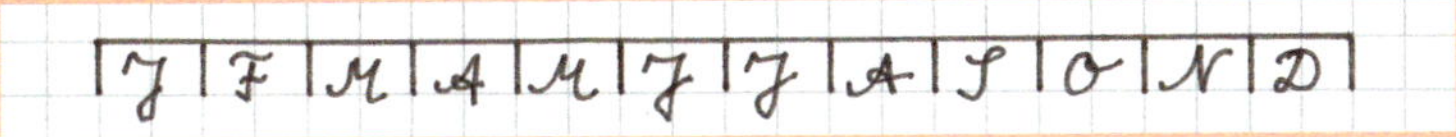

2. Die Temperaturkurve zeichnen

- Zeichne mit Bleistift links eine senkrechte Achse für die Temperaturwerte. Unterteile die Achse (1 cm = 10 °C) und beschrifte sie in Rot.
- Trage die Temperaturwerte der Monate Januar bis Dezember jeweils mit einem roten Punkt ein.
- Verbinde die Punkte von Hand mit einem roten Buntstift zu einer Temperaturkurve.

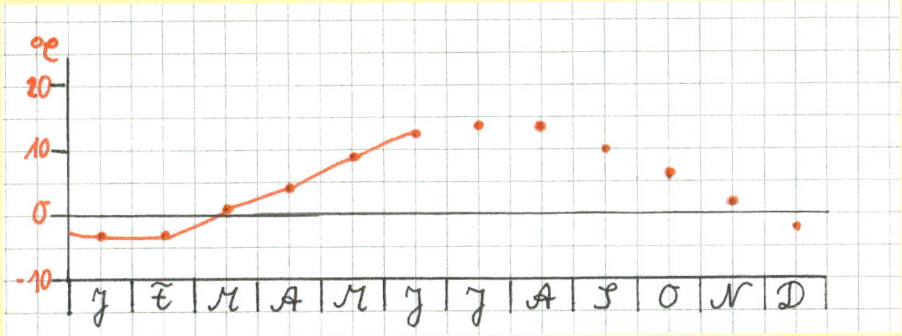

3. Die Niederschlagssäulen zeichnen

- Zeichne mit Bleistift rechts eine senkrechte Achse für die Niederschlagswerte ein. Unterteile die Achse (1 cm = 20 mm) und beschrifte sie in Blau.
- Zeichne die Niederschlagswerte der Monate Januar bis Dezember jeweils mit einem blauen Querstrich ein. Verbinde die Querstriche senkrecht mit der Null-Linie.
- Färbe die Niederschlagssäulen mit einem blauen Buntstift ein.

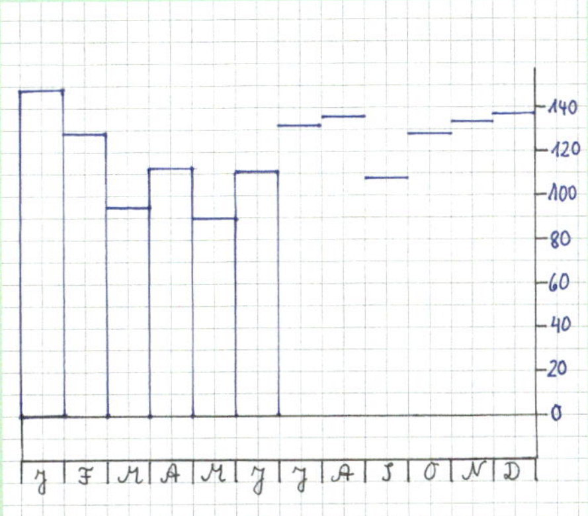

4. Die Angaben zur Klimastation eintragen

- Vervollständige das Klimadiagramm mit folgenden Angaben:
  Name und Lage der Station,
  Höhe über dem Meeresspiegel in Metern,
  Jahresmitteltemperatur,
  Jahresniederschlag.

M3 *Genauigkeit beim Zeichnen ist wichtig!*

METHODE

1 a) Suche dir auf der Seite 318 je ein Klimadiagramm aus Nord- und Südeuropa aus.
b) Zeichne dazu die passenden Temperaturkurven.
c) Zeichne dazu die passenden Niederschlagssäulen.

2 Zeichne möglichst genau ein Klimadiagramm von einer Station deiner Wahl (siehe S. 318).

3 „Klimadiagramme musst du sehr genau zeichnen." Begründe.

M1 *Wettersatellit „Meteosat"*

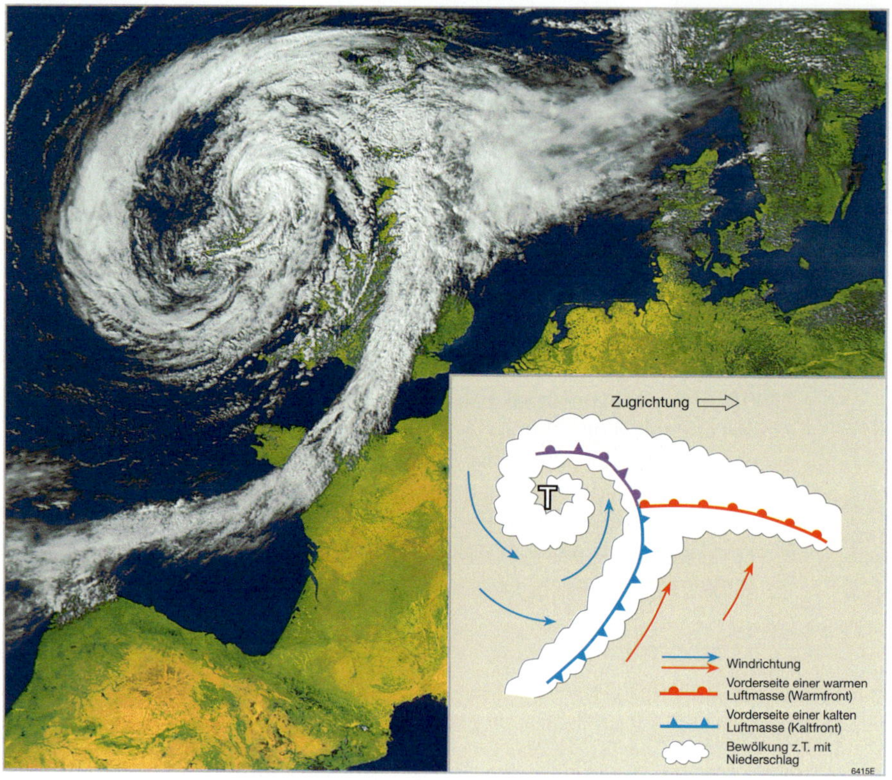

M2 *Vom Satelliten aufgenommene Wolken über Europa*

Wetterkarten

Die Menschen passen sich an

Wer für ein bis drei Tage einigermaßen sichere Voraussagen machen will, der braucht möglichst viele Angaben über Temperaturen, Niederschläge, Bewölkung, Wind und Luftdruck.

Diese Wetterelemente werden von Satelliten, Wetterballons, Flugzeugen und Wetterstationen Tag und Nacht gemessen.

Weltweit gibt es über 17000 Wetterstationen, in Deutschland sind es etwa 130. Auch auf dem höchsten Berg in Deutschland, auf der Zugspitze, befindet sich eine Klimastation und das schon seit über 100 Jahren.

Die Ergebnisse werden an die zentralen Wetterämter gemeldet. In Deutschland ist das der Deutsche Wetterdienst in Offenbach am Main. Hier laufen täglich etwa 30 Mrd. (eine Zahl mit zehn Nullen!) Messwerte aus vielen Ländern ein. Sie werden in superschnellen Computern gespeichert und in eine Vorhersage für die nächsten 24 Stunden umgerechnet.

Mit verschiedenen Zeichen werden die Daten dann in Karten eingetragen. So entstehen Wetterkarten, wie man sie aus Tageszeitungen oder aus den Fernsehnachrichten kennt.

Der Vergleich aktueller Wetterkarten mit Karten der Vortage ermöglicht den Meteorologen, die Entwicklung des Wetters zu bestimmen und eine Vorhersage zu machen.

INFO

Kaltfront und Warmfront

Die vordere Grenze kalter Luftmassen wird als Kaltfront bezeichnet. Sie äußert sich in einem plötzlichen Temperaturabfall um einige Grad. Die kalte Luft schiebt sich dabei unter die warme Luft. Diese kühlt ab, die Bewölkung nimmt zu und es fällt Niederschlag.

Von einer Warmfront spricht man, wenn warme und damit leichtere Luftmassen auf schwere und kalte Luft aufgleiten.

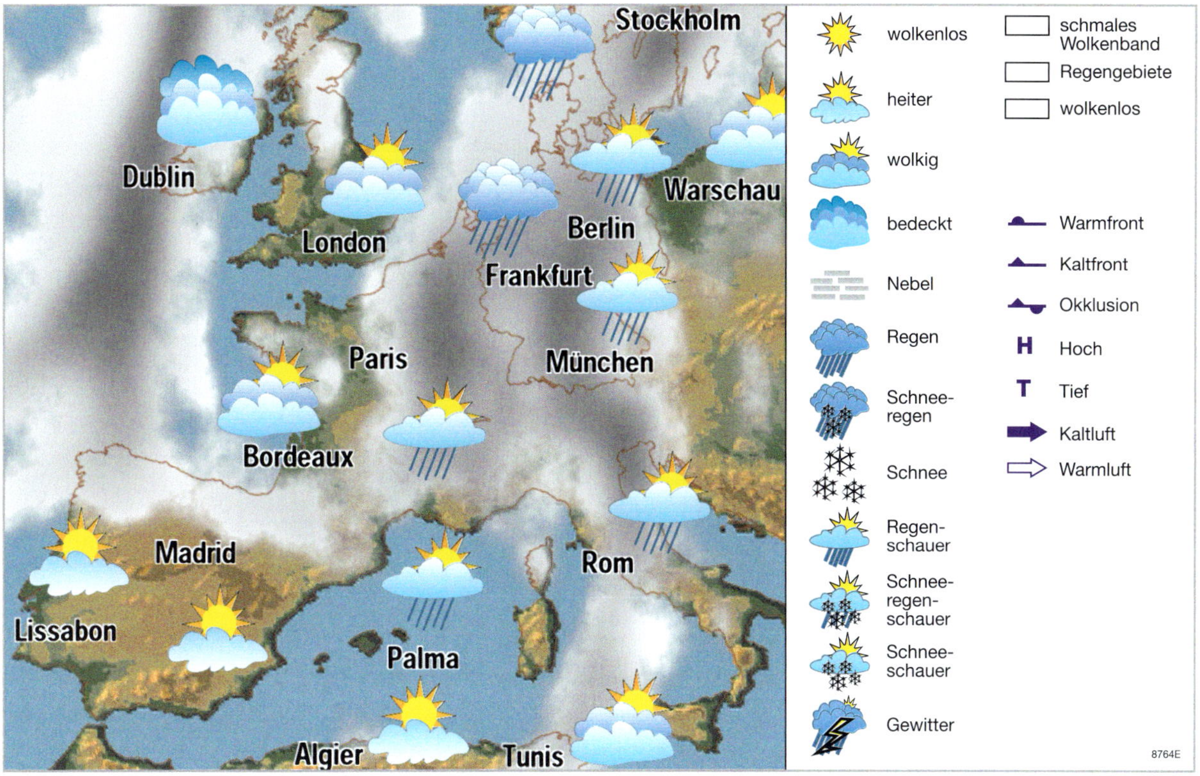

M3 *Europakarte mit Wolkenvorhersage*

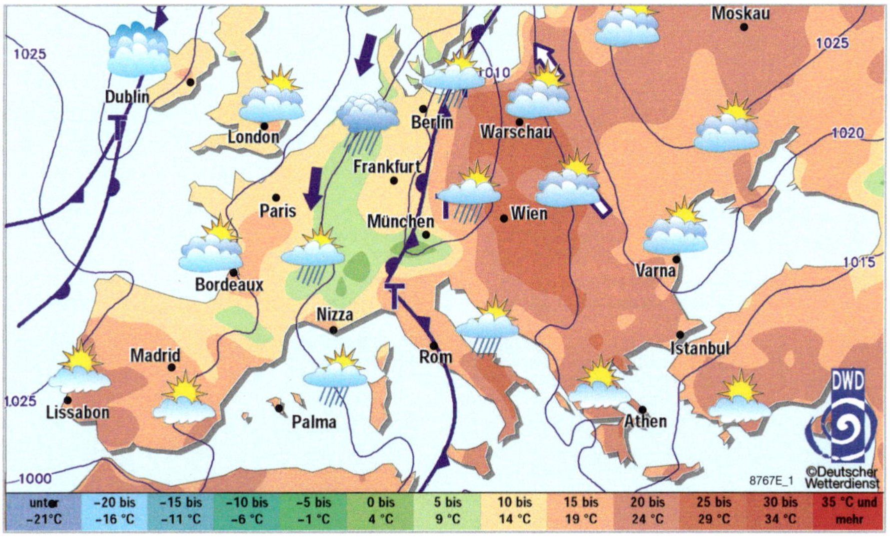

M4 *Europakarte mit Temperaturfarbverteilung, Isobaren, Wettersymbolen und Ortstemperaturen*

M5 *Wetterstation auf Sylt*

1 Verfolge im Fernsehen an drei Tagen die Wettervorhersage. Nenne die Wetterelemente, die immer wieder angesprochen werden.

2 Entnimm in den nächsten Tagen aus Zeitungen oder dem Internet Wetterkarten und klebe sie in dein Heft. Beschreibe die Entwicklung des Wetters während zweier Wochen.

INTERNET

www.wetter.de,
www.dwd.de,
www.bsh.de

Wetter- und Klimarekorde der Erde

M1 *Weltkarte der Klimarekorde (Temperaturrekorde sind rot, Niederschlagsrekorde blau und sonstige Rekord*

Klima- und Vegetationszonen

D3-150 www.diercke.de

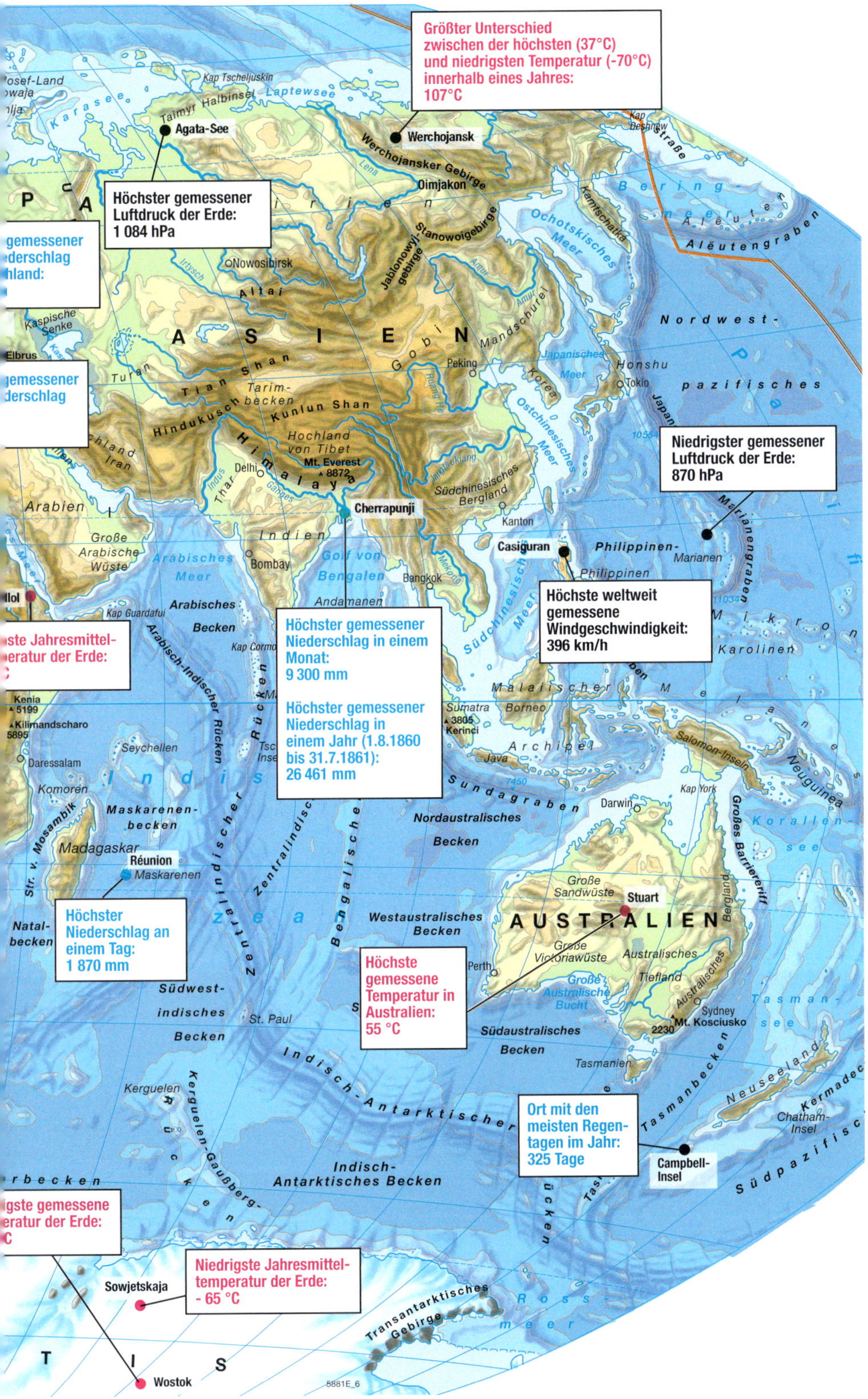

:hwarz eingetragen)

M2 *Cherrapunji – der Ort mit dem höchsten Niederschlag auf der Erde*

1 Erstelle eine Tabelle und trage ein: Land, Kontinent, Temperaturrekord, Niederschlagsrekord.

2 Nenne zwei Wetterrekorde und zwei Klimarekorde, die dich am meisten erstaunt haben. Begründe deine Meinung.

Das Klima in Streifen – Klimazonen

In den ***Polarzonen*** ist es das ganze Jahr über kalt. Es gibt sehr ausgeprägte Jahreszeiten mit großen Temperaturunterschieden. Der wenige Niederschlag fällt als Schnee. Die Polarzonen werden ungefähr von den Polarkreisen und den Polen begrenzt.

Die ***Subpolarzone*** ist eine Übergangszone.

In den ***gemäßigten Zonen*** herrschen in der Regel gemäßigte Temperaturen. Es gibt ausgeprägte Jahreszeiten. Das ganze Jahr über fallen Niederschläge, im Winter als Schnee.

Die ***Subtropenzone*** ist eine Übergangszone.

In der ***Tropenzone*** ist es das ganze Jahr über warm. Es gibt keine kalten Winter und damit auch keine Jahreszeiten. Weite Gebiete der Tropen werden von Regen- und Trockenzeiten geprägt.
Die Tropenzone wird ungefähr von den Wendekreisen begrenzt.

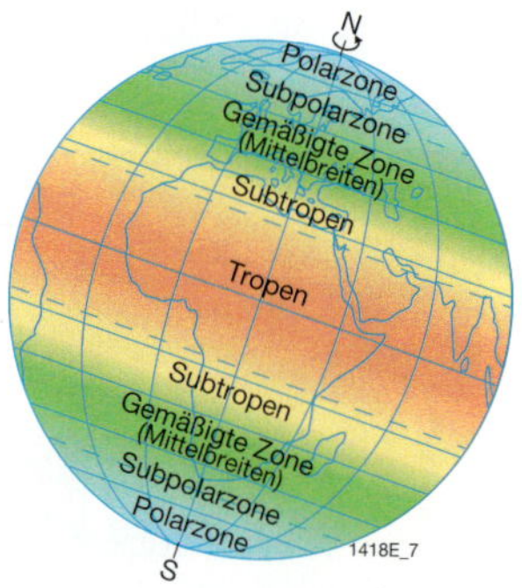

M1 *Die Klimazonen der Erde*

Gebiete mit ähnlichem Klima

Wind, Temperaturen, Niederschläge, Bewölkung und Luftdruck sind in vielen Gebieten der Erde ähnlich ausgeprägt.
Gebiete mit solch ähnlichem Klima kann man zu **Klimazonen** zusammenfassen:
Die wichtigsten sind die Polarzone, die gemäßigte Zone und die Tropenzone. Dazwischen gibt es noch „Sub-Zonen" (lateinisch „sub": „unter"): die Subpolarzone und die Subtropenzone. Sie machen deutlich, dass es sich hier um Übergangsbereiche zwischen den großen Klimazonen handelt. Die Klimazonen laufen keineswegs immer genau parallel zu den Breitenkreisen. Oft ragt eine Klimazone weit in die nächste hinein. Die wichtigsten Gründe dafür sind die unterschiedliche Verteilung von Land und Meer sowie warme und kalte Meeresströmungen. Diese beeinflussen auch das Klima der Küsten. Schließlich spielt auch die Verteilung der Gebirge eine Rolle.

M2 *Bei 66° N / 40° W*

M3 *Bei 50° N / 7,5° O*

Klima- und Vegetationszonen

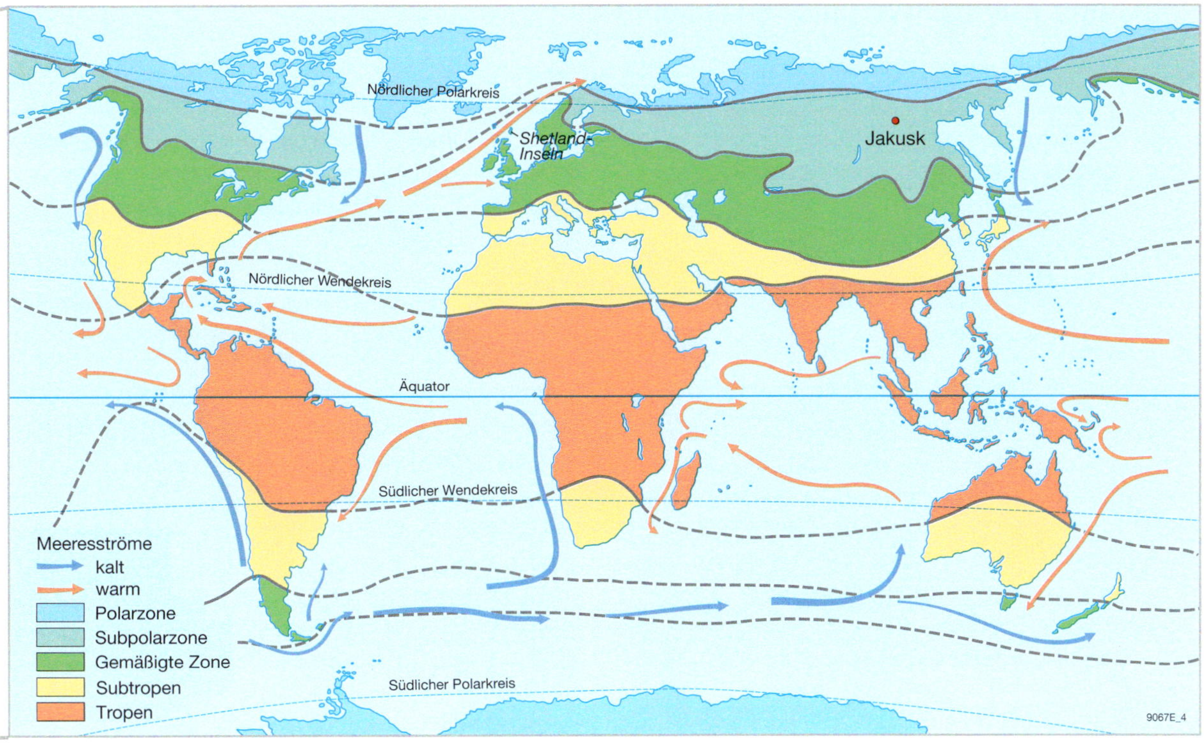

M4 *Karte der Klimazonen der Erde*

❶ Erläutere, warum sich die Klimazonen in West-Ost-Richtung ungefähr parallel zu den Breitenkreisen erstrecken.

❷ Es gibt große Regionen am 60. Breitengrad Nord, die zur Subpolarzone zählen, andere zählen zur gemäßigten Zone. Weshalb ist das so? Begründe am Beispiel von Jakutsk und den Shetland-Inseln (siehe S. 70/71).

❸ In welchen Klimazonen, in welchen Kontinenten, in welchen Ländern wurden die Fotos M2, M3, M5 und M6 aufgenommen? Erstelle eine Tabelle.

b) Suche Klimastationen, die zu den Fotos M2, M3 und M5 passen (Atlas, Karten: Erde – Klima, Europa – Klima).

M5 *Bei 27° N / 2° O*

M6 *Bei 2° S / 65° W*

Klima und Pflanzenwelt passen zusammen

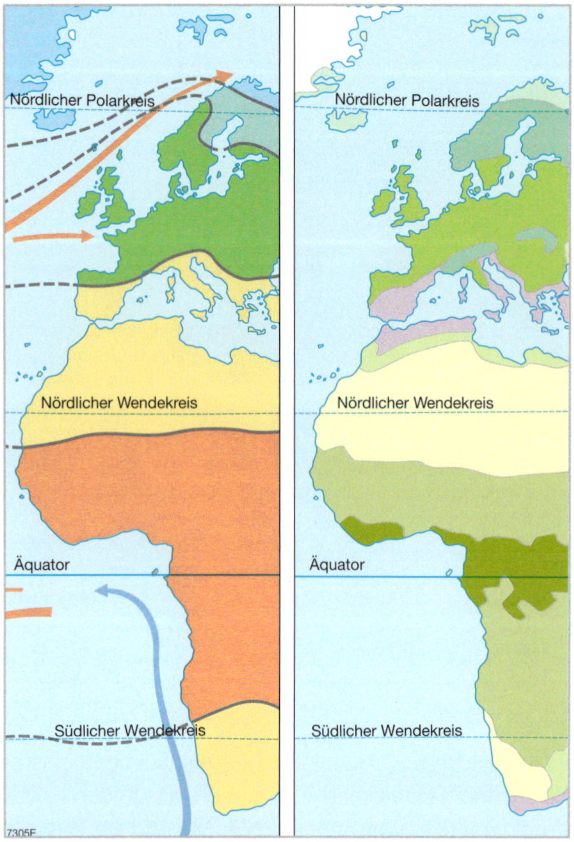

M1 *Klima und Vegetation*

In der kalten Polarzone liegen die Landschaftszonen der ***polaren Kältewüste*** und der ***Tundra***. Es fällt wenig Niederschlag. In der polaren Kältewüste und in den nördlichen Bereichen der Tundra gibt es Dauerfrostboden. Landwirtschaft ist hier nicht möglich.

In der gemäßigten Zone mit ihren gemäßigten Temperaturen liegen die ***Laub- und Mischwälder*** und die ***Steppen***. Das ganze Jahr über fallen Niederschläge. Die Zone ist sehr gut für die Landwirtschaft geeignet, zum Beispiel den Anbau von Kartoffeln und Weizen.

Für die Subtropenzone ist vor allem Trockenheit kennzeichnend. Hier liegen die meisten ***Wüsten*** der Erde. In den Gebieten mit Regenzeiten gibt es ***Hartlaubgehölze*** (z.B. am Mittelmeer). Landwirtschaft ist oft nur mit Bewässerung möglich.

Der größte Teil der ***Savannen*** liegt in den Tropen. Hier ist es das ganze Jahr über warm und es fallen teilweise sehr hohe Niederschläge. Dies gilt vor allem für den ***tropischen Regenwald.*** Vielerorts ist dort der Boden unfruchtbar.

Temperaturen und Niederschläge – wichtig für die Vegetation

Die Vegetation (Pflanzenwelt) hat sich über Jahrtausende dem jeweiligen Klima in den Klimazonen angepasst. Zum Beispiel sind Kakteen auf Trockenheit spezialisiert und Orchideen auf das ständig feuchtwarme Klima der Regenwälder.
Auch Nutzpflanzen können auf der Erde immer nur in bestimmten Regionen angebaut werden. Die **Anbaugrenze** für einzelne Nutzpflanzen wird vor allem bestimmt von den Ansprüchen der Pflanze an Temperatur und Niederschlag. Die Anbaugrenze für Getreide verläuft in Europa zum Beispiel durch Nordfinnland. Nördlich dieser Grenze ist es zu kalt. Das heißt, hier ist die **Vegetationszeit** für Getreide zu kurz. Es gibt nicht genügend Tage, an denen die Temperaturen und die Niederschläge ausreichen, damit Getreidepflanzen wachsen und reifen können. Eine Ernte von Getreidekörnern ist nicht möglich.

Landschaftszonen

Es gibt auf der Erde, vergleichbar zu den Klimazonen, verschiedene **Landschaftszonen**. Innerhalb dieser Gebiete sind Klima, Boden, Vegetation und Landnutzung sehr ähnlich. In der Zone des tropischen Regenwaldes gibt es zum Beispiel überall Plantagen und häufig auch Brandrodungsfeldbau. In allen Wüsten und Savannen betreiben Menschen Bewässerungsfeldbau.

Dennoch gibt es auch innerhalb der einzelnen Landschaftszonen Unterschiede: Von Land zu Land unterscheiden sich die Menschen, die dort wohnen, in ihren Gebräuchen, ihrer Religion oder auch in ihrem Wohlstand. So werden die Savannen Afrikas von armen Nomaden genutzt, die mit ihren Herden durch Regenzeiten und Dürren wandern. In den australischen Savannen jagt man die Tiere mit dem Flugzeug und nutzt zum Transport modernste Lastwagen.

D3-016 www.diercke.de

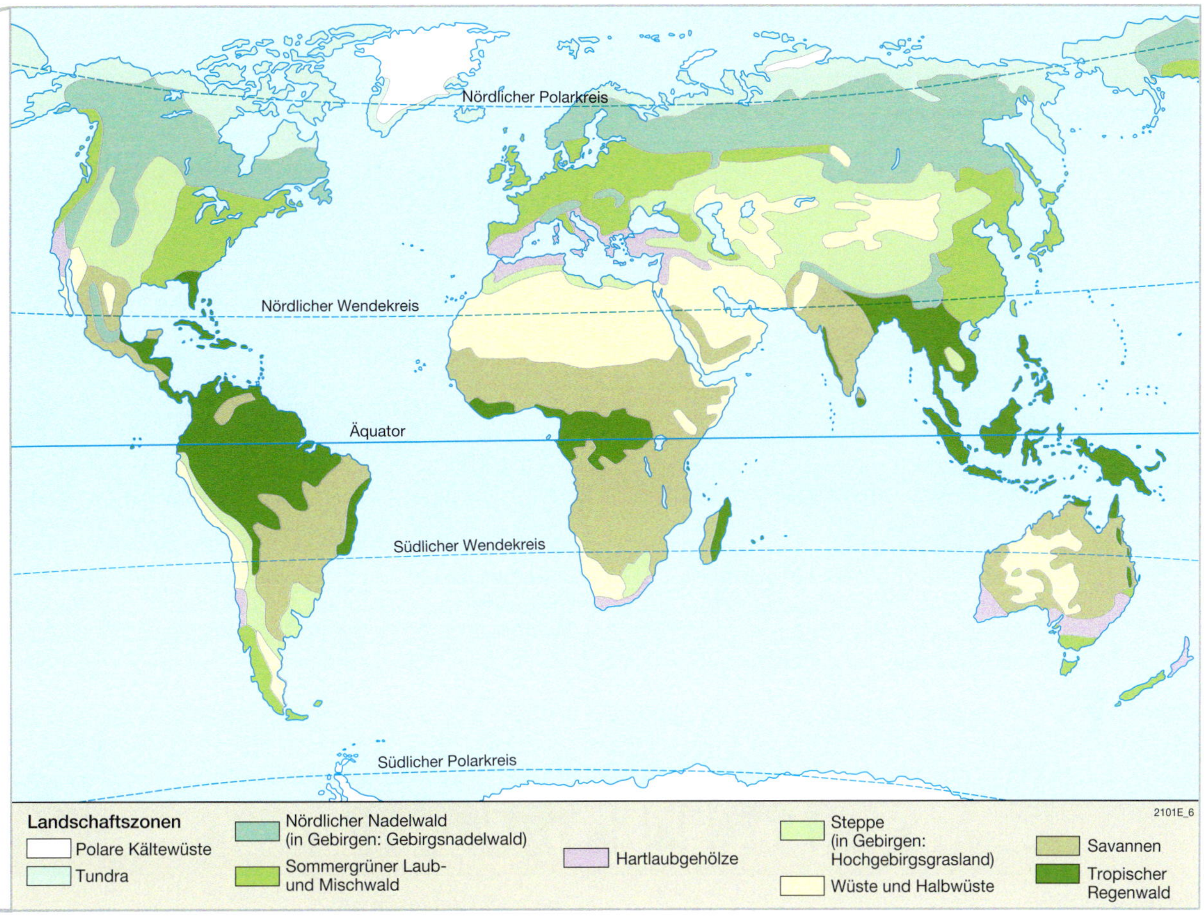

M2 *Karte der Landschaftszonen der Erde*

1 Informiere dich über die Agave: Ansprüche an das Klima und Verbreitung. Beschreibe, wie sich die Agave an das Klima angepasst hat (M2).

2 Man spricht von der Kältegrenze und von der Trockengrenze des Anbaus. Erstelle zwei Lexikonartikel.

3 Plane einen Flug rund um die Erde. Überfliege dabei alle Landschaftszonen und alle Kontinente. Nenne die Länder, die du überfliegst.

M3 *Die Agave*

Die Landschaftszonen im Überblick

Auf den folgenden beiden Seiten findest du eine Übersicht, aus der du die wichtigsten Merkmale einzelner Landschaftszonen ablesen kannst.

Die Landschaftszonen im Überblick

Klimazonen	Polarzone	Subpolarzone	Gemäßigte Zone (Mittelbreiten)		Subtro

Landschaftszonen	**Tundra** Gräser, Krautpflanzen, Zwergsträucher	**nördlicher Nadelwald** Lärchen, Fichten, Moore	**sommergrüner Laub- und Mischwald**	**Steppe** bis übermannshohes Gras	**Hartlaubgehölze der Subtropen** (mediterrane Vegetation)
Vegetation					
Jahreszeiten	ausgeprägte Jahreszeiten				
	über 8 Monate Winter	6-8 Monate Winter	milde Winter, warme Sommer	kalte Winter, heiße Sommer	deutliche Tempera unterschiede zwis Sommer und Win
Jahresdurchschnittstemperatur	unter – 10 °C	– 10 °C bis 0 °C	0 °C bis 12 °C		12 °C bis 2
Niederschlag	weniger als 300 mm	weniger als 600 mm	mehr als 600 mm	weniger als 600 mm	400-1000 mm, im Sommer trock im Winter Niederschlag (Winterreg
mögliches Wachstum (Vegetationszeit)	weniger als 30 Tage	30-180 Tage	mehr als 180 Tage	weniger als 180 Tage	mehr als 150 Tage
Pflanzenwachstum eingeschränkt durch		Kälte			
Anbaumöglichkeiten	zu kalt, Dauerfrostboden	nur vereinzelt	eine Ernte	eine Ernte, dürregefährdet	z.T. mit Bewässer (z.T. Versalzung)
Anbauprodukte		häufig Forstwirtschaft	Roggen, Kartoffeln, Mais, Weizen	Weizen, Zuckerrüben, Sonnenblumen	Wein, Oliven, Obst, Zitrusfrücht Reis
Viehhaltung	Rentiere (Nomadismus)		Rinder, Schweine	Schafe, Rinder	Schafe, Ziegen

Klima- und Vegetationszonen

D3-016 www.diercke.de

	Tropen				**Klimazonen**
	wechselfeucht			immerfeucht	

ste und ɔwüste	**Savannen**			**tropischer Regenwald**	**Landschafts-zonen**
etationslos oder inzelte Zwerg- ucher, Gräser	Dornstrauchsavanne kniehohes Gras, Sträucher, vereinzelt Bäume	Trockensavanne brusthohes Gras, Bäume	Feuchtsavanne mannshohes Gras, Baumgruppen, Wälder		**Vegetation**
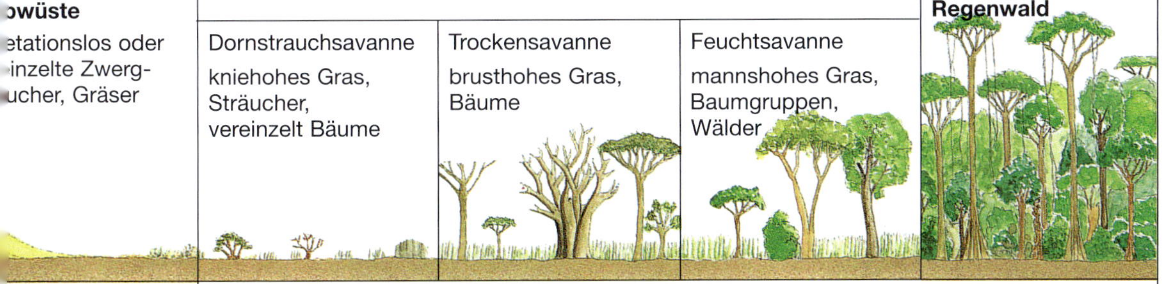					
	keine Jahreszeiten				**Jahreszeiten**
che Temperatur- schiede zwischen ner und Winter					
	über 24 °C				**Jahresdurch-schnitts-temperatur**
iger als 250 mm, r kurze Regenzeit, Dürre	250-500 mm, bis 4 Monate Regenzeit, oft Dürre	500-1000 mm, 4-6 Monate Regenzeit	über 1000 mm, 6-10 Monate Regenzeit	über 1500 mm, ganzjährig feucht	**Niederschlag**
iger als 60 Tage	weniger als 180 Tage	mehr als 180 Tage	mehr als 300 Tage	ganzjährig	**mögliches Wachstum** (Vegetationszeit)
Trockenheit					**Pflanzen-wachstum einge-schränkt durch**
mit Bewässerung . Versalzung)	nur mit Bewässerung (z.T. Versalzung und Desertifikation)	Trockengrenze des Regenfeldbaus eine Ernte, dürregefährdet	zwei Ernten, z.T. schlechte Böden	ununterbrochen Anbau, z.T. schlechte Böden	**Anbau-möglich-keiten**
senkulturen, mwolle, s	Reis, Baumwolle	Hirse, Mais, Erdnüsse, Baumwolle	Maniok, Mais, Erdnüsse, Baumwolle	Maniok, Bananen, Kakao, Kaffee, Zuckerrohr, Edelhölzer	**Anbau-produkte**
nele, afe	Schafe, Ziegen, Rinder, Kamele (Nomadismus)	Rinder, Schafe	Rinder (nicht Afrika)	Plantagen, Agroforst-wirtschaft, Brand-rodungsfeldbau	**Viehhaltung**

16080E_1

Klima- und Vegetationszonen

In den Landschaftszonen – dem Täter auf der Spur

Spur 1:
In New York ließ der Räuber Richy sein Handy mit fünf Bildern zurück, die er auf seiner Flucht aufgenommen hat. Wenn man die Bilder in der Reihenfolge 1–5 den Buchstaben der jeweiligen Aufnahmeorte zuordnet, erhält man den ersten Teil des Aufenthaltsortes.

Interpol sucht Räuber – Wer kennt den Aufenthaltsort?

In den tropischen Regenwäldern auf Borneo wurde die Wunderpflanze „Eznalfprednuwa“ gestohlen. In Verdacht steht ein gewisser Richy, der Interpol schon lange bekannt ist. Der Gangster war an mehreren internationalen Diebstählen beteiligt und hinterlässt an den Tatorten sein Zeichen: einen verknoteten Schnürsenkel. Interpol bittet, bei der Verfolgung des Täters zu helfen!

①

②

③

④

⑤

Spur 2:
Interpol konnte folgenden verschlüsselten Funkspruch von Richy an seine Bande empfangen. Es handelt sich um Hafenstädte, die der Gangster bei seiner weiteren Flucht aufgesucht hat. Man findet den zweiten Teil des Aufenthaltsortes, wenn man die ersten Buchstaben der Städte zusammenfügt. (Achtung: Die Städte sind als Punkte in der Karte eingetragen!)
STOP --- MELBE --- STOP --- JADINAB --- STOP --- DANLAU --- STOP --- TAKKALUT --- STOP --- LIDAEDAE --- STOP --- GANASIKA --- STOP

Spur 3:
Jetzt musst du die folgenden Fragen richtig beantworten bzw. die Sätze richtig ergänzen. Der jeweils angegebene Buchstabe ergibt dann den letzten Teil des Verstecks von Richy.

a) Wodurch wird in der Polarzone das Pflanzenwachstum eingeschränkt? (Umlaut als 1 Buchstabe!)
(4. Buchstabe)

b) In welcher Landschaftszone wachsen die abgebildeten Pflanzen?
(5. Buchstabe)

c) Welche Landschaftszone zeigt die Abbildung?
(5. Buchstabe)

d) In welcher Klimazone ist es am kältesten?
(4. Buchstabe)

e) In welcher Klimazone liegen die meisten Fluchtorte von Richy?
(6. Buchstabe)

f) Temperatur und Niederschlag sind die Hauptmerkmale des ... .
(5. Buchstabe)

Neue Welten, neue Zeiten

Christoph Kolumbus landet auf der Karibikinsel San Salvador, Filmszene

Auftakt in eine neue Zeit

Neue Karten

Um etwa 1500 begannen die Europäer, die Ozeane zu befahren, um neue Länder und Schätze zu entdecken. Von ihren Fahrten brachten die Kapitäne noch einen weiteren „Schatz" mit. Es waren Seekarten, auf denen sie Länder, Meeresströmungen und Windverhältnisse festgehalten hatten. So entstand in Europa um 1500 ein neues Kartenbild von der Erde.

M1 *Weltkarte des Francesco Rosselli (um 1508)*

M2 *Tanzfest der Patrizier im Augsburger Rathaus (Gemälde um 1500)*

Neue Gesellschaft

Im Spätmittelalter blühten in den Städten viele Handwerksberufe auf, wie zum Beispiel Schmiede, Färber, Schneider und Weber. Auch der Handel nahm zu. So waren um 1500 zahlreiche Handwerksfamilien und Kaufleute sehr reich geworden, so zum Beispiel die aus einer Weberfamilie stammende Kaufmannsfamilie der Fugger in Augsburg. Die große Mehrheit der Bevölkerung aber war arm.

D3-020 www.diercke.de

M3 *Zeitalter der ersten 150 Jahre der Neuzeit*

Neue Ideen

Ende des 15. Jahrhunderts gab es zahlreiche neue wissenschaftliche Erkenntnisse und Erfindungen. Sie führten dazu, dass wir diese Zeit heute als das Ende des Mittelalters und als Beginn der Neuzeit bezeichnen. Die Ärzte begannen, Krankheiten zu erforschen und den menschlichen Körper zu erkunden. Bisher galt er als „Gottes Werk" und es war verboten, ihn aufzuschneiden. Das Wissen um neue Erkenntnisse und Erfindungen verbreitete sich in der damaligen Gesellschaft sehr schnell. Ein Grund war die Erfindung des Buchdrucks 1455 durch Johannes Gutenberg.

M4 *Buchdruckerwerkstatt um 1500. Ein Kunde bespricht mit dem Meister den Druckauftrag. Ein Drucker schwärzt mit zwei Stempeln die Druckform mit den eingesetzten Buchstaben.*

M5 *Die Kirche spaltet sich.*

Neuer Glauben

Die meisten Christen in Deutschland gehören heute der katholischen oder der evangelischen Glaubensgemeinschaft an. Die Menschen hierzulande können ihre Religion frei wählen und ausüben.

Um 1500 gab es in unserem Raum nur eine christliche Kirche, die katholische Kirche. Doch vielen Gläubigen passten die Zustände in der Kirche nicht. Unter Martin Luther kam es zur Spaltung der Kirche und es entstand eine neue Glaubenslehre. Sie wird seit etwa 1520 als evangelischer Glauben bezeichnet.

1. a) Zeichne ohne Vorlage eine eigene Weltkarte.
b) Vergleiche die Genauigkeit der Weltkarte Rossellis mit deiner Karte und mit einer heutigen Weltkarte (M1, Atlas).

2. Die Gesellschaft der Neuzeit wandelte sich gegenüber der des Mittelalters. Erläutere.

3. a) Verfasse einen Bericht über Johannes Gutenberg (Internet).
b) Nenne mögliche Gründe, warum die Erfindung des Buchdrucks für die damalige Gesellschaft so bedeutsam war.

M1 *Florenz war um 1500 eine der mächtigsten Städte Europas und hatte damals etwa 100 000 Einwohner. In der weltoffenen Stadt gab es reiche Patrizierfamilien, die ihre Stadt mit prachtvollen Bauten schmückten.*

M2 *Patrizier-Ehepaar*

Florenz – Zentrum der Renaissance

Ri-nas-ci-men-to

Das französische Wort **Renaissance** ist eine Übersetzung des italienischen „Rinascimento“. Es bedeutet „Wiedergeburt, Erneuerung“. Die Renaissance ist eine kulturelle Epoche zwischen 1400 und 1600. Ausgehend von der Stadt Florenz breitete sich die Renaissance als Kunststil in Malerei, Architektur, Musik, Tanz und Kleidung auch nach West- und Mitteleuropa aus. Die Renaissance führte zu einer Wiederbelebung der klassischen Formen der griechisch-römischen Antike.

Während der Renaissance suchten Künstler nach neuen Wegen des Gestaltens. Als ein Ergebnis wurden gemalte Bilder wie ein Fenster gesehen, das man öffnete, um die natürliche Welt zu betrachten. So widmeten sich viele Renaissance-Maler der Darstellung von Landschaften, Pflanzen, Tieren und Bergen. Doch vor allem stellten die Künstler den Menschen in den Mittelpunkt.

Die Architektur der Renaissance griff auf Vorbilder aus der Antike zurück (Säulenfassaden an Häusern, Hallenbauten, Kuppelbauten). Die Gebäude zeigen das Streben der Renaissance-Baumeister nach idealen Proportionen und geometrischer Symmetrie. Höhe, Tiefe und Breite von Gebäuden standen in einem bestimmten Verhältnis und erzielten dadurch eine besondere Harmonie. Bekannte Renaissance-Künstler sind die Maler, Bildhauer und Dichter Leonardo da Vinci, Michelangelo, Giotto und Petrarca (in Deutschland die Maler Holbein und Dürer). Bekanntestes Bauwerk der Renaissance ist der große Kuppelbau der Peterskirche in Rom.

Humanismus

In der Renaissance entwickelte sich neben der Architektur und der Kunst vor allem ein neues Menschenbild. Die Hinwendung zu Wissenschaft und Forschung und eine kritische Haltung gegenüber der Kirche kennzeichneten das gesellschaftliche Bürgertum dieser Zeit. Als Idealvorstellungen galten zum einen ein freiheitliches Leben ohne Einschränkungen durch die Kirche und zum anderen die Möglichkeit, wissenschaftlich arbeiten zu können, ohne behindert zu werden. Der Mensch sollte sein Handeln selbst bestimmen können und danach streben, seine Fähigkeiten stetig zu verbessern. Diese Weltanschauung von der Würde des Menschen, von Toleranz, Gewaltfreiheit und Gewissensfreiheit nennt man **Humanismus** (lat. „humanitas“: „Menschlichkeit“).

„Die Welt ist wohl von Gott erschaffen, aber der Mensch hat sie verwandelt und verbessert. Denn alles, was uns umgibt, ist unser eigenes Werk, das Werk des Menschen; alle Wohnstätten, alle Schlösser, alle Gebäude auf der ganzen Welt. … Von uns sind die Gemälde, die Skulpturen; von uns kommen der Handel, die Wissenschaften. … Von uns kommen alle Erfindungen und alle Arten von Sprachen und Literaturen.“

(John R. Hale: Fürsten, Künstler, Humanisten. Reinbek 1973, S. 26)

M3 *Text vom Humanisten Gianozzo Manetti aus Florenz (1452)*

Neue Welten, neue Zeiten

INTERNET

Das Weltraumteleskop Hubble liefert faszinierende Bilder aus dem Universum:
www.hubblesite.org – http://hubble.nasa.gov
www.spacetelescope.org

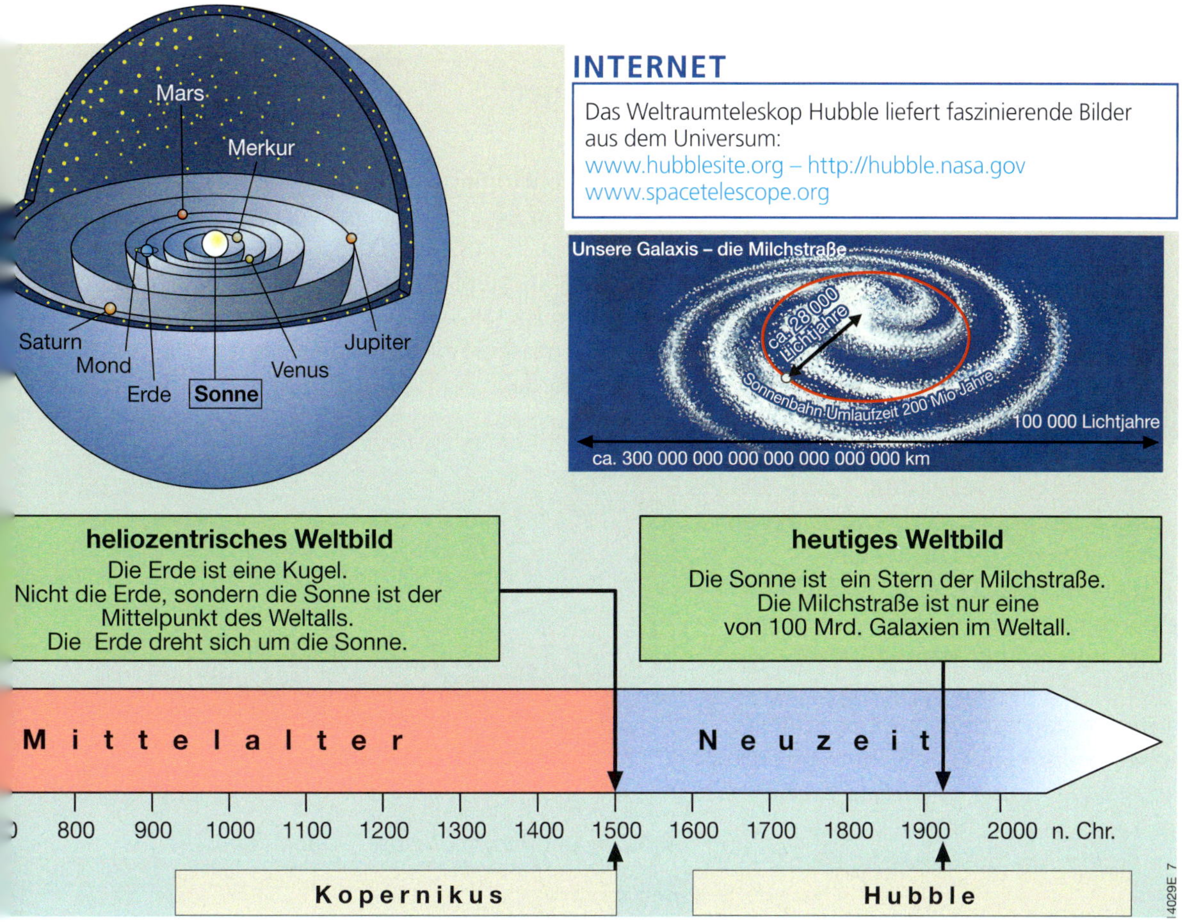

M3 *Das Radioteleskop Effelsberg in Bad Münstereifel in der Eifel ist das zweitgrößte fahrbare Radioteleskop der Welt. Es empfängt Informationen aus dem Weltall.*

Heute setzen Astrophysikerinnen und -physiker die Arbeit von Kopernikus, Galilei & Co. fort und versuchen, die Rätsel des Universums zu lösen, zum Beispiel die Fragen nach der Entstehung und Ausdehnung des Weltalls. Radioteleskope senden und empfangen Signale aus der Weite des Weltraums. Nach neuen Erkenntnissen vermutet man die Entstehung des Universums in einem „Urknall" vor etwa 14 Mrd. Jahren. Seitdem dehnt sich das Universum mit Lichtgeschwindigkeit immer weiter aus.

M4 *Signale aus der Weite des Weltraums*

1 Werte M1 aus:
a) Berichte über die Veränderungen der Auffassungen zur Gestalt und Stellung der Erde von der Antike bis heute.
b) Erkläre, warum die Lehre von Kopernikus so revolutionär war.
c) Erläutere den Streit zwischen der katholischen Kirche und Galilei.

2 Erstelle mithilfe der Internetseite „www.radioeffelsberg.de" einen Steckbrief über das Radioteleskop Effelsberg: Art des Teleskops, Standort, Durchmesser des Reflektors (Schüssel), Fläche der Antennen, Gesamtgewicht, Inbetriebnahme.

Entdeckungen und Eroberungen

M1 *Kolumbus*

Im Namen Gottes und für Gold

Christoph Kolumbus war vermutlich der Sohn eines Webers aus Genua. Er erwarb in jungen Jahren Kenntnisse über die Seefahrt. Obwohl er zu Lebzeiten kaum bekannt war, ging er als der Entdecker der „Neuen Welt" von Amerika in die Geschichte ein:
1477 kam Kolumbus nach Lissabon. Zu der Zeit wollten die Portugiesen einen Seeweg nach Indien finden. Von dort holten Händler Waren wie Seide und Pfeffer. Indien war bisher nur zu Land auf gefährlichen Karawanenwegen über Damaskus, Bagdad, Teheran, Kabul und Lahore erreichbar. Kolumbus wollte einer scheinbar verwegenen Idee des Kartographen Toscanelli nachgehen: nach Westen segeln, um Indien zu erreichen.

Doch das portugiesische Königshaus interessierte sich nicht für Kolumbus teures Vorhaben. Deshalb wandte er sich 1485 an das spanische Königshaus. Nach langjährigem Ringen erhielt er drei Schiffe. Am 3. August 1492 stach Kolumbus in See – nicht ahnend, dass er einen neuen Kontinent entdecken würde.

M4 *Das Gebiet um die Insel „Guanahani" heute*

M2 *So ähnlich könnte die Landung von Kolumbus auf der westindischen Insel Guanahani, heute San Salvador (eine der Inseln der Bahamas), ausgesehen haben.*

„Freitag, den 12. Oktober 1492. Es ist eine Insel, eine bewohnte Insel. Am Strand erblickten wir Eingeborene, nackend, wie Gott sie erschaffen hat. Ich konnte von ihren Mienen nur Erstaunen und feindselige Gefühle ablesen. Ich kniete nieder, als ich festen Boden unter den Füßen hatte und dankte Gott, indem ich die Erde küsste. Ich bin überzeugt, auf einer Indien vorgelagerten Insel gelandet zu sein. Dann entfaltete ich das königliche Banner und ergriff im Namen des Königs und der Königin von Spanien von der Insel Besitz."

(Nach Robert Grün (Hrsg.): Das Bordbuch des Christoph Columbus, Stuttgart 1983)

M3 *Auszug aus dem Bordbuch des Kolumbus*

Mitten in der heutigen über 20-Millionen-Metropole Mexiko-Stadt fand 1521 eine entscheidende Schlacht statt. Die Spanier eroberten Tenochtitlán, die Hauptstadt der Azteken. Heute findet man dort bauliche Zeugen von drei Kulturen.

M4 *Der „Platz der drei Kulturen" in Mexiko-Stadt*

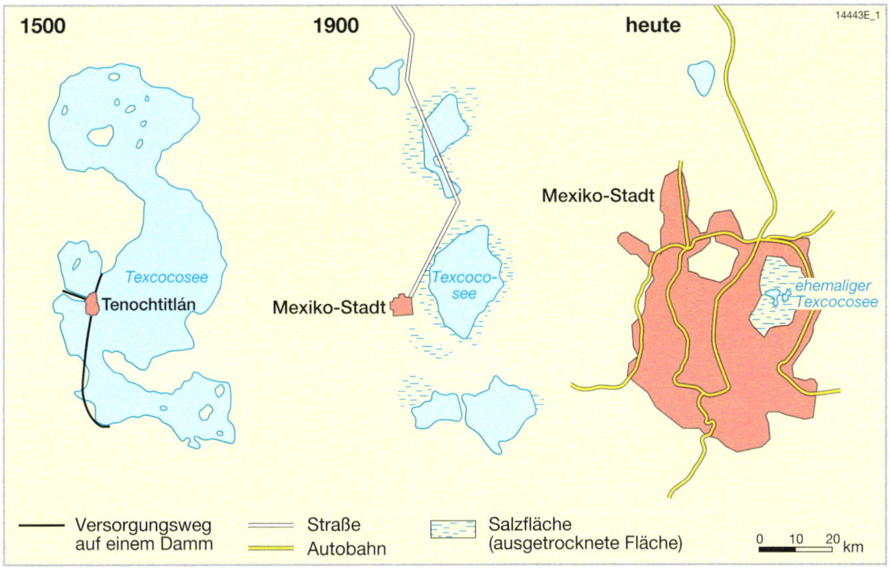

M5 *Von Tenochtitlán bis Mexiko-Stadt*

1 a) Beschreibe die Lage der Slums in Mexiko-Stadt (Atlas, Karte: Mexiko-Stadt).
b) Erläutere ihre Entstehung und benenne Probleme der Slumbewohner.

2 Ermittle mithilfe des Internets, welche Lagebedingungen zur häufigen Smogsituation in Mexiko-Stadt führen.

3 Beschreibe die Entwicklung der Stadt (M5).

4 Erstelle mithilfe des Internets eine Liste der zurzeit zehn größten städtischen Ballungsräume der Welt. Ein Suchwort ist zum Beispiel „Megastädte". Ermittle, an welcher Stelle Mexiko-Stadt gelistet ist.

5 Ordne in M4 den Bauwerken 1–3 die jeweilige Beschreibung zu. Bei richtiger Zuordnung erhältst du ein Lösungswort:
- ein modernes Hochhaus, erbaut in den 1960er-Jahren (KO),
- Reste einer ehemaligen Tempelanlage in Tenochtitlán, der Hauptstadt der Azteken (XI),
- eine christliche Kirche, von spanischen Eroberern im 16. Jh. gebaut (ME).

M1 *Das Reich der Inka*

M2 *Terrassenfelder der Inka (Peru)*

M3 *Hängebrücke der Inka*

M4 *Wasserversorgung*

Die Hochkultur der Inka

Lange bevor die Spanier nach Südamerika kamen, entstand im 12. Jahrhundert aus mehreren kleinen Reichen das Inkareich mit der Hauptstadt Cuzco. Es entwickelte sich zu einer Hochkultur. Als Inka bezeichnet man die adlige Großfamilie, aus der die Könige stammten, aber auch den König selbst. Er galt als Stellvertreter des Sonnengottes.

Im Inkareich musste die große Masse der Menschen für die Herrscher arbeiten. Dafür sicherte der Inka mit seinen Beamten die Versorgung der Massen mit Nahrung und Kleidung, ebenso erhielten sie im Krankheitsfall und im Alter Hilfe. Geld gab es nicht. Das Gold galt als Symbol für den Sonnengott und wurde nur zur Herstellung von Schmuck und Kultgegenständen verwendet. Eine gut organisierte Verwaltung und ein ausgebautes Straßennetz gewährleisteten den Zusammenhalt dieses großen Reichs. Einerseits erreichten Baukunst und Astronomie einem hohen Stand, andererseits kannte man keine Reittiere oder Wagen. Lasten wurden von Menschen oder Lamas befördert. Die Landwirtschaft war auf den Maisanbau in Terrassenkultur spezialisiert. Eine Schrift gab es nicht, allerdings wurden Zahlen und Mengen in Knotenschnüren dargestellt.

INFO

Hochkultur

Damit bezeichnet man Gesellschaften früherer Zeiten, die u. a.

- sehr gut verwaltet waren;
- Städte als Zentren mit großen Bauten aus Stein hatten;
- Arbeitsteilung und viele unterschiedliche Berufe kannten;
- Versorgungsleistungen für die Menschen boten;
- eine Schrift oder andere Zeichen zur Verständigung benutzten;
- sich technisch, religiös und kulturell auf einem hohen Stand befanden.

M5 *Bauern bei der Ernte*

M6 *Der Inka und ein Beamter*

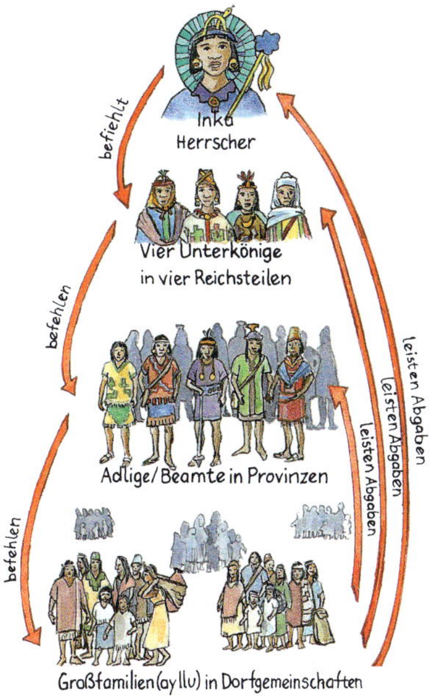

M7 *Aufbau des Inkareichs*

INFO

Quipus

Quipus bestanden aus vielen Knotenschnüren. Mit ihnen konnten die Beamten nicht nur die Anzahl des Viehs und die Menge der erzeugten Feldfrüchte darstellen, sondern auch Nachrichten übermitteln.

1 Ermittle mithilfe des Atlas, welche heutigen Staaten auf dem Gebiet des Inkareichs liegen (M1).

2 Überlege, warum die Inka Ackerbau auf Terrassen betrieben (M2).

3 Erkläre, weshalb eine ständige Wasserversorgung für das alltägliche Leben der Menschen sehr wichtig ist (M4).

4 Schreibe mithilfe von M7 einen Bericht über den Aufbau des Inkareichs.

5 Beschreibe M5 und M6. Erkläre mithilfe der Bildlegende, was sich gerade ereignet.

6 a) Erläutere das Quipu-System (M8 – M10).
b) Berichte, wozu die Inka die Knotenschnüre verwendeten (Text, Infokasten).

M8 *Ein Quipu*

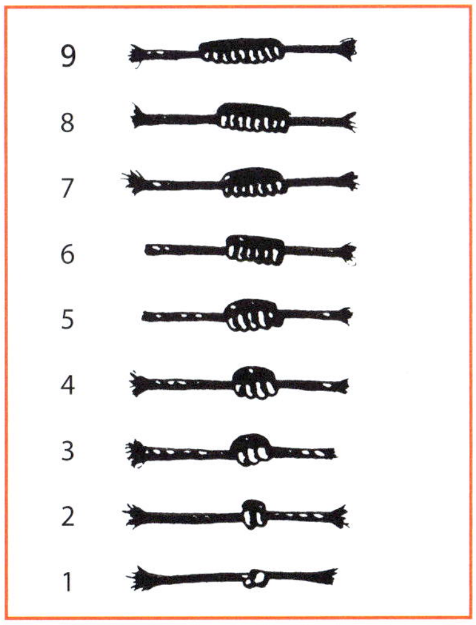

M9 *Die Zahlen 1 bis 9 auf einem Quipu*

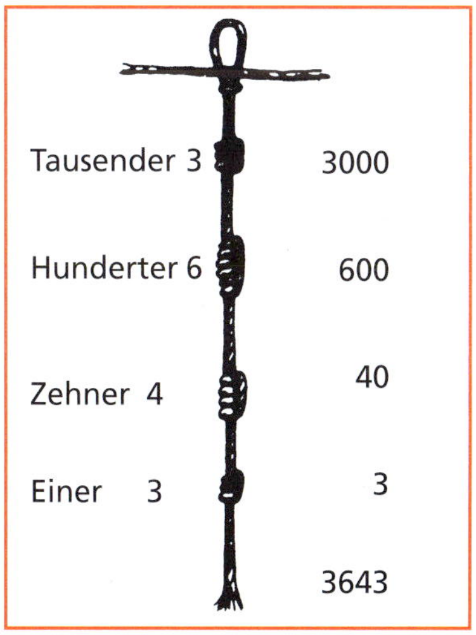

M10 *Die Zahl 3643 auf einem Quipu*

M1 *Entscheidungsschlacht zwischen Spaniern und Inkas vor Cuzco 1533*

Die Zerstörung des Inkareichs

Der Spanier Francisco Pizarro erforschte die Westküste Südamerikas und erfuhr vom sagenhaften Reichtum der Inka. 1529 erhielt er von Kaiser Karl V. das Recht, Gebiete in Südamerika zu unterwerfen und als Gouverneur zu verwalten.

1532 begann er seinen Eroberungszug ins Innere des Inkareichs mit 180 Mann und etwa 40 Pferden. Seine Männer waren mit Musketen, Armbrüsten, Lanzen, Piken und Geschützen bewaffnet.

Zu dieser Zeit hatte der Inka Atahualpa nach einem Bürgerkrieg die Herrschaft übernommen.

Bei Cajamarca traf Pizarro mit seinem Heer auf Atahualpa und sein Gefolge. Mit einer List ließ er Atahualpa gefangen nehmen. Die Spanier metzelten etwa 6000 Inkakrieger nieder, mussten selbst aber keine Verluste beklagen.

Obwohl Atahualpa als Lösegeld seine Gefängniszelle mit einer Grundfläche von etwa fünf mal sieben Meter bis zu einer Höhe, die er mit ausgestrecktem Arm erreichen konnte, mit Gold füllen ließ, wurde er von den Spaniern ermordet.

Obgleich die Inkas erbitterten Widerstand leisteten, konnten die Spanier Cuzco 1533 erobern. Damit war das Inkareich untergegangen.

M2 *Francisco Pizarro, 1476–1541 (Kupferstich von 1673)*

(Der Mönch Vicente de Valverde sagte): „… Der Papst, der jetzt über alle Herrscher der Welt Gewalt hat, hat dem spanischen Kaiser, dem mächtigsten aller Fürsten, den Auftrag erteilt, die Eingeborenen auf der westlichen Halbkugel zu unterwerfen und zu bekehren. Francisco Pizarro ist jetzt gekommen, die ihm gestellte Aufgabe zu erfüllen. Ich aber fordere Euch, Atahualpa, jetzt auf, dem Irrglauben, in den Ihr verstrickt seid, abzuschwören und den wahren Glauben anzunehmen. Überdies sollt Ihr anerkennen, dass Ihr dem spanischen König ab heute zinspflichtig seid …“
Atahualpa erwiderte): „Ich werde keinem zinspflichtig sein. Ich bin der größte Fürst der Erde, niemand kommt mir gleich. Wie kann der Mann, der Papst heißt, Länder verschenken, die nicht sein Eigentum sind? Meinen Glauben werde ich nicht ablegen. Euer Gott ist von den Menschen getötet worden, die er erschaffen hat. Mein Gott“– bei diesen Worten zeigte er auf die Sonne – „lebt im Himmel und blickt auf seine Kinder herab.“ Auf ein Zeichen hin brachen die Spanier dann aus dem Hinterhalt hervor, setzten Atahualpa gefangen und erschlugen ohne eigene Verluste mehrere Tausend Indianer …

(Aus einem Bericht des Fray Celso Garcia)

M3 *Quellentext*

M5 *Machu Picchu – eine der großen Inkafestungen*

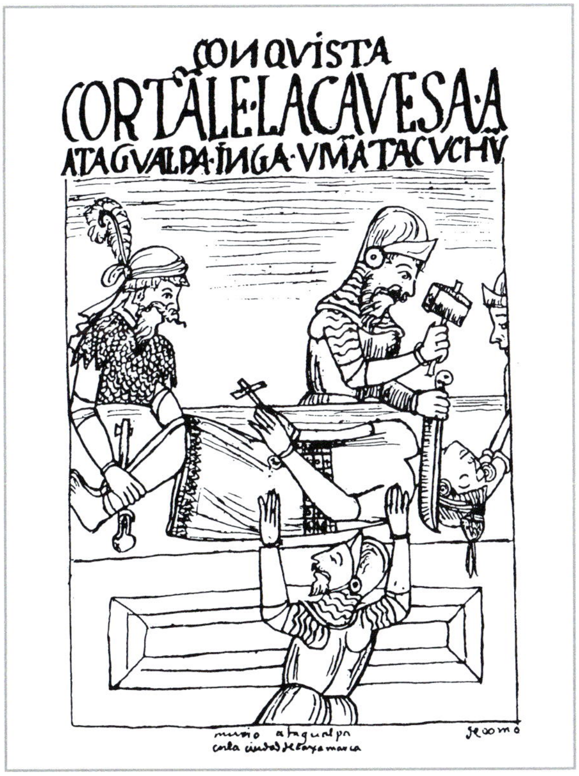

M4 *Ermordung Atahualpas (Zeichnung von Guaman Poma, um 1600)*

1 Erkläre, warum die Inkas trotz ihrer Überzahl den wenigen Spaniern unterlegen waren (Text und M1).

2 a) Beschreibe die Karikatur M6.
b) Erläutere, was der Zeichner über Pizarros Motive aussagen will.

3 a) Stelle die Argumente des Mönchs Valverde und die Atahualpas zusammen (M3).
b) Vergleiche und beurteile sie.

4 Atahualpa zahlt ein Lösegeld und wird trotzdem ermordet. – Verfasse einen Brief an Karl V., in dem du Pizarros Handlung beschreibst und kommentierst.

M6 *Pizarro betrachtet das Gold (Karikatur von James Gillray, 1757–1815)* ▷

M1 *Darstellung aus einer Flugschrift des 1787 in Großbritannien gegründeten Komitees zur Abschaffung der Sklaverei*

Menschen als Handelsware

Von Indianerreichen zu Kolonialreichen

Nach den Eroberungen der Indianerreiche wurden weite Teile Mittel- und Südamerikas zu spanischen Kolonien. Die Spanier zwangen die indianische Bevölkerung zur Annahme des katholischen Glaubens. Außerdem stellten sie das Kolonialreich ganz auf ihre wirtschaftlichen Bedürfnisse ein. Nachdem sie das Gold und Silber der Indios durch Gewalt oder Tauschhandel an sich gebracht hatten, zwangen sie die Menschen zur Arbeit in den Bergwerken.

Bald schon erkannten die Spanier, dass sich auch mit einheimischen Nutzpflanzen Geld verdienen ließ. Sie führten in den Kolonien die Plantagenwirtschaft ein: Auf großen Flächen wurde der Regenwald gerodet und oft nur noch ein Produkt angebaut, zum Beispiel Zuckerrohr.

Zehntausende Indianer starben aufgrund der unmenschlichen Arbeitsbedingungen auf den Plantagen, in den Bergwerken und durch eingeschleppte Krankheiten. Die den Spaniern fehlenden Arbeitskräfte wurden durch dunkelhäutige Menschen aus Afrika ersetzt, die als Sklavinnen und Sklaven mit Schiffen von der Küste Westafrikas nach Südamerika gebracht wurden. Zwischen 1500 und 1800 entwickelte sich zwischen Amerika, Europa und Afrika ein **Dreieckshandel**. Rohstoffe, Waren und Menschen wurden getauscht. Dabei machten die Kaufleute aus Europa riesige Gewinne. Für die Afrikaner bedeutete der Dreieckshandel unbeschreibliches Leid: Neben dem Verlust der Heimat in Westafrika kamen bei der Menschenjagd und während der Überfahrt zahllose Sklavinnen und Sklaven ums Leben. Nach Schätzungen wurden etwa 15 Mio. Menschen aus Afrika nach Amerika verschleppt.

INFO

Sklaverei

Die Sklaverei existiert bereits seit der Antike. Im 16. und 17. Jahrhundert erreichte der Menschenhandel seinen Höhepunkt. Als erste Kolonialmacht verbot Großbritannien 1807 den Sklavenhandel. Andere europäische Mächte ächteten die Sklaverei 1815. In den USA wurde das Halten von Sklaven 1865 unter Präsident Lincoln verboten.

Im Jahr 1948 wurde die Sklaverei von den **Vereinten Nationen (UN, UNO)** als „Verbrechen gegen die Menschlichkeit" unter Strafe gestellt. Dennoch geht die UNO derzeit von etwa einer Million Menschen aus, die Sklaven sind.

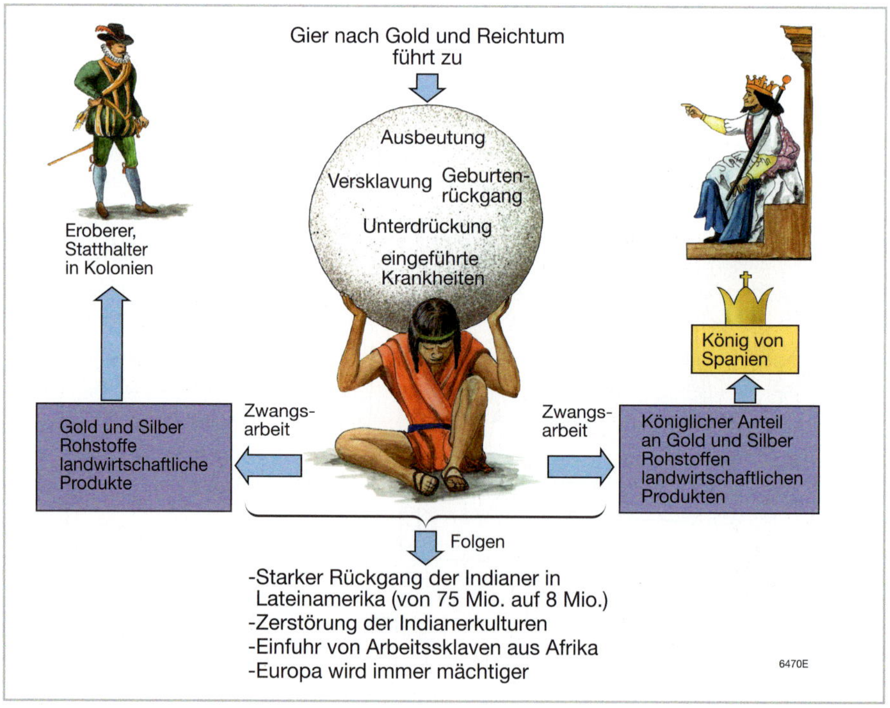

M2 *Die Folgen der Europäisierung*

Von 1680 bis Anfang des 19. Jahrhunderts fand ein Handel der Europäer mit Afrika und Amerika statt. Ziel dieses Dreieckshandels war es, die Wirtschaft der Kolonialstaaten mit hochwertigen Rohstoffen zu versorgen.
Dieser Dreieckshandel verlief folgendermaßen: Billige Fertigwaren wurden von Europa nach Afrika transportiert. Dort wurden sie gegen Sklaven eingetauscht. Die Sklaven wurden nach Amerika verschifft. Hier mussten sie zumeist auf Zuckerrohr-, Tabak- und Baumwollplantagen sowie in Bergwerken schwer arbeiten. Die gewonnenen Rohstoffe wurden wiederum nach Europa gebracht. Der Dreieckshandel fand erst mit der Abschaffung der Sklaverei in England 1807 ein Ende.

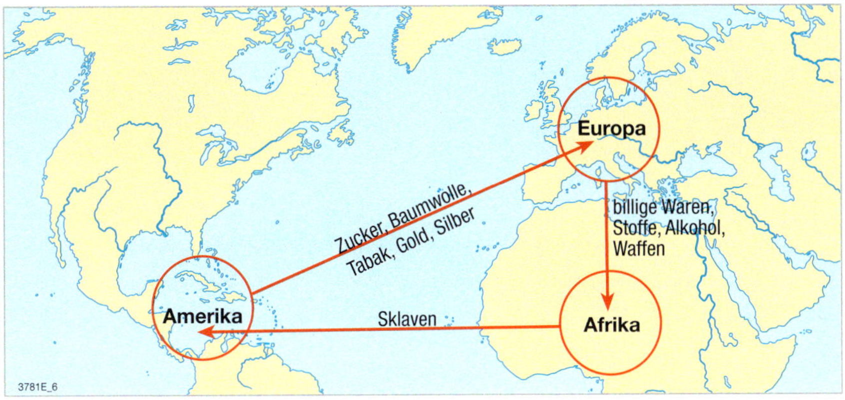

M3 *Der Dreieckshandel*

Der Großkaufmann, der Herr van Koek
sitzt rechnend in seiner Kajüte.
Da wägt er ab der Ladung Betrag
und seine großen Profite.

Der Gummi ist gut, der Pfeffer ist gut,
dreihundert Säcke und Fässer.
Ich habe Goldstaub und Elfenbein –
die schwarze Ware ist besser.

Sechshundert Neger tauschte ich ein,
spottwohlfeil am Senegalflusse.
Das Fleisch ist hart, die Sehnen sind stark
wie Eisen von bestem Gusse.

Ich habe zum Tausche Branntewein,
Glasperlen und Stahlzeug gegeben.
Gewinne mit achthundert Prozent,
bleibt mir die Hälfte am Leben.

Bleiben mir Nigger dreihundert nur
im Hafen von Rio-Janeiro.
Zahlt mir dort hundert Dukaten per Stück
der Kaufmann Gonzales Perreiro.

Da plötzlich wird der Herr van Koek
aus seinen Gedanken gerissen.
Der Schiffschirurgius tritt herein,
der Doktor van der Smissen.

Das ist eine klapperdürre Figur,
die Nase voll roter Warzen.
„Nun, Wasserfeldscherer", ruft van der Koek,
„Wie geht's meinen lieben Schwarzen?"

Der Doktor dankt der Nachfrage, spricht:
„Ich bin zu melden gekommen,
dass heute Nacht die Sterblichkeit
bedeutend hat zugenommen.

Im Durchschnitt starben täglich zwei,
doch heute starben sieben,
vier Männer, drei Frauen – ich hab den Verlust sogleich in die Kladde geschrieben.

Ich inspizierte die Leichen genau;
denn diese Schelme stellen
sich manchmal tot, damit man sie hinab
wirft in die Wellen."

M4 *Auszug aus dem Gedicht „Das Sklavenschiff" von Heinrich Heine (1854)*

FILMTIPP

Der spannende und preisgekrönte Film „Amistad" beruht auf der wahren Geschichte eines Aufstands westafrikanischer Sklaven auf einem Schiff im Jahr 1766.

1 Übersetze die Frage in M1 und erläutere die Bildaussage.

2 Verfasse einen Text zu den Folgen der Europäisierung (M2). Beginne mit: Die Gier der Kolonialherren nach Gold und Reichtum führte zu … .

3 Versetze dich in die Situation einer Reporterin/eines Reporters: Berichte über den Dreieckshandel (M3).

4 a) Liste Argumente gegen den Sklavenhandel auf.
b) Gestalte einen Flyer oder schreibe eine Rede gegen den Sklavenhandel.

5 a) Benenne die Gedichtpassagen, die belegen, dass Menschen wie eine Sache angesehen wurden.
b) Die Ausdrücke „Neger" und „Nigger" sind Schimpfwörter. Recherchiere, woher sie stammen und warum man sie nicht mehr verwendet.

D3-190 www.diercke.de

M1 *Die Landung des Kolumbus auf der Insel Guanahani (Kupferstich von Theodor de Bry, 1594)*

Ein geschichtliches Bild auswerten

Bilder berichten über die Vergangenheit

Geschichte hinterlässt Spuren. Neben Textquellen berichten auch Bilder über Ereignisse aus geschichtlichen Epochen und sind zum Teil erhalten geblieben.

Zeugen der Vergangenheit sind oft Kupferstiche und Gemälde bekannter Künstler. Sie überliefern uns Darstellungen von Geschehenem. Forscherinnen und Forscher ermitteln anhand dieser bildlichen Darstellungen, wie sich Ereignisse in der Vergangenheit zugetragen haben könnten. Um ein Bild zu erschließen, solltest du schrittweise vorgehen.

INFO

Theodor de Bry (1528–1598)

Der Inhaber einer Kupferstecherfirma aus Lüttich sammelte Berichte verschiedener europäischer Forschungsexpeditionen und illustrierte sie mit Kupferstichen. Eine seiner Sammlungen (hrsg. 1590–1618) berichtet von der Entdeckung und Eroberung Amerikas durch die Europäer.

Sechs Schritte zur Auswertung einer Bildquelle

1. Betrachte das Bild in Ruhe.
2. Benenne den Künstler und gib dem Bild einen Titel, der das Hauptgeschehen ausdrückt.
3. Überprüfe und notiere: Ob und wann hat das dargestellte Ereignis tatsächlich stattgefunden? Handelt es sich um ein zeitgenössisches oder um ein später entstandenes Bild?
4. Beschreibe das Bild: Welche Personen oder Personengruppen sind zu erkennen. Welche Handlungen sind dargestellt? Welche Farben werden verwendet?
   Was ist im Vordergrund, was im Hintergrund dargestellt? Welche Personen, Gegenstände und Handlungen stehen im Mittelpunkt?
5. Versuche zu erkennen, welche Meinung der Künstler zum Ereignis ausdrücken wollte. Wie beurteilst du die Darstellung des Künstlers?
6. Verfasse einen zusammenhängenden Text mit folgenden Abschnitten: Titel, Überprüfung, Beschreibung, Meinung/Urteil.

M2 *Der Indianerkönig Panchiaco und die Spanier (Kupferstich von Theodor de Bry, 1594)*

2. Das Bild ist ein Kupferstich von Theodor de Bry. Es trägt den Titel „Die Landung des Kolumbus auf der Insel Guanahani".

3. Dieses Ereignis hat tatsächlich stattgefunden: 1492 landete Christoph Kolumbus auf der Insel Guanahani (heute San Salvador). Allerdings ist das Bild erst etwa 100 Jahre später entstanden.

4. In der Bildmitte steht Christoph Kolumbus. Er ist prächtig gekleidet und hält in der linken Hand eine Lanze. Außerdem ist er mit einem Schwert bewaffnet. Seine Körperhaltung und die Begleitung von zwei bewaffneten Soldaten verdeutlichen, dass die Spanier das Land in Besitz nehmen wollen.
Auf der rechten Bildseite erkennt man eine Gruppe nahezu nackter, einheimischer Menschen. Sie überbringen den Fremden Gaben aus Gold, Ketten, Gefäße, Kisten.
Sie wirken eher freundlich und offen und nicht abweisend. Sie sind unbewaffnet.
Am linken Bildrand errichten spanische Besatzer das Kreuz, das Zeichen des christlichen Glaubens.
Der Hintergrund des Bildes zeigt …

5. …

6. …

M3 *Beginn der Auswertung der Bildquelle M1*

TIPP

Benutze unterschiedliche sprachliche Wendungen für Deutungen und Interpretationen, zum Beispiel:

- weisen darauf hin
- zeigen
- verdeutlichen
- betonen
- bekunden
- lassen den Schluss zu

1 Ergänze die Bildauswertung in M3 nach der 6-Schritt-Methode.

2 Erarbeite eine Bildauswertung von M2 mithilfe der 6-Schritt Methode.

Orientierung in Mittel- und Südamerika

Unterwegs auf der „Panamericana“

Zwei Globetrotter reisten mit ihrem Wohnmobil auf der „Panamericana“, der „Traumstraße Amerikas“. Den Reiseweg zeigt M2. Hier ihre Notizen:

„Nachdem wir die Grenze Mexikos passiert haben, führt uns die Panamericana über die schmale mittelamerikanische Landbrücke bis Panamá-Stadt. Hier sind wir am Panamákanal, der Nahtstelle des nord- und südamerikanischen Kontinents.

Mit dem Schiff geht unsere Reise dann nach Buenaventura, einer Hafenstadt in Kolumbien.

Im Hinterland machen wir zum ersten Mal Bekanntschaft mit den kurvenreichen Bergstraßen der südamerikanischen Anden. Vom Küstenstreifen am Westfuß der Anden bis nach Cali windet sich die staubige Piste in die Höhe. Nun bestimmt die Gebirgswelt unseren Autofahreralltag. Traumstraße? Weit gefehlt! In den Anden wird das Fahren zum mühevollen unablässigen Kurbeln, Gasgeben und Bremsen. An steilen Wänden lässt die Straße oft nur Platz für einen Wagen. Vorsichtig tasten wir uns durch Haarnadelkurven, immer darauf gefasst, plötzlich die bullige Front eines Lastwagens zu erblicken. Oft schieben wir uns nur eine Fußbreite am Abgrund entlang. Ich habe die Hand am Türgriff, um notfalls rausspringen zu können. Ein Lastwagen kommt uns bedrohlich nahe. Im Vorbeifahren grinst der Fahrer, ein Indio, fröhlich zu uns herunter.

Nach den anstrengenden Bergfahrten durch die Andenstaaten Kolumbien und Ecuador erreichen wir in Peru wieder den Pazifischen Ozean. Etwa 1000 km entlang der Küste führt uns der Weg bis zur peruanischen Hauptstadt Lima. Hier legen wir eine einwöchige Ruhepause ein.“

INFO

Lateinamerika

Dieser Begriff bezeichnet die Länder Mittel- und Südamerikas. Dort spricht man überwiegend Spanisch oder Portugiesisch. Dagegen wird in Nordamerika (Angloamerika) vorwiegend Englisch gesprochen.

M1 *Begegnung mit einem Lkw in den Anden*

M2 *Übungskarte Mittel- und Südamerika*

D3-212 www.diercke.de

Die Reisenden machen einen Abstecher von der Panamericana. Kurz vor La Paz treffen sie am Titicacasee auf Hochland-Indianer. Boliviens Hauptstadt liegt 3600 m hoch. Es ist die am höchsten gelegene Großstadt der Erde. Um vom Hochland schneller zur „Panamericana" zurückzukehren, verladen sie in La Paz das Fahrzeug auf die Eisenbahn.

M3 *Hochland-Indianer in Bolivien*

M6 *Bei den Uru-Indianern am Titicacasee*

An der Küste im nördlichen Teil Chiles liegt die Wüste Atacama. Dünen wie in der Sahara, Geröllfelder und Trockentäler wechseln sich mit kahlen Bergen ab. Doch plötzlich sieht man Maisfelder, Zuckerrohr, Baumwolle und Obstbäume – sie gedeihen in Flussoasen.
Bald erreichen die Reisenden die chilenische Hauptstadt Santiago, eine der großen Metropolen Lateinamerikas. Die Stadt wirkt sehr europäisch. Das angenehme Klima lädt zum Ausruhen ein. Die Erholungspause brauchen die Globetrotter. Schließlich steht ihnen ja die letzte anstrengende Etappe durch Patagonien bis nach Feuerland bevor.

M4 *Küstenwüste*

M5 *In der Wüste Atacama*

Tipp 1:
Abstecher von Quito nach Iquitós in das Amazonastiefland sehr lohnend!

Tipp 2:
Mehrere Übergänge von Chile aus über die Anden nach Argentinien möglich; vor allem im Süden wegen geringer Andenhöhe problemlos. Von Puerto Montt herrliche Schiffsreise nach Punta Arenas an der Magellanstraße.

Tipp 3:
Strecke nach Argentinien nördlich von Santiago über Buenos Aires entlang der Atlantikküste bis nach Feuerland nehmen! Hier besonders interessante Naturparks für See-Elefanten, Seevögel und Pinguine. Regelmäßige Fährverbindung mit Feuerland.

M7 *Tipps der Globetrotter in Südamerika*

1 Erstelle eine Liste aller Millionenstädte in Mittel- und Südamerika (Atlas, Karten: Vereinigte Staaten/ Mittelamerika – physisch, Südamerika/Mittelamerika – physisch).

2 Nenne die beiden Ozeane, die der Panamákanal verbindet.

3 Finde die Namen in der Übungskarte M2 (Atlas, Karten: Vereinigte Staaten/Mittelamerika – physisch; Südamerika – physisch).

4 Lies die Tipps der Globetrotter (M7) und beantworte folgende Fragen:
a) Welche Länder sind in Tipp 1 angesprochen?
b) Welche beiden Andenübergänge (Tipp 2) von Chile aus findest du im Atlas? Nenne die Städte, die sie verbinden.
Durch welches Meer verläuft die genannte Schiffsreise?
c) Verfolge die Route in Tipp 3 und nenne drei weitere Städte, die an der Strecke liegen.

Streit um Glauben und Gerechtigkeit

M1 *„Das Jüngste Gericht". Dieses Gemälde von Stefan Lochner (um 1400–1451) zeigt die Ängste und Hoffnungen der Menschen in dieser Zeit.*

Der Einfluss der Kirche

Im ausgehenden Mittelalter gab es in Mitteleuropa nur eine christliche Kirche. Sie nannte sich katholisch, das heißt „allgemein". Der Papst war das Oberhaupt dieser Kirche. Was er lehrte, galt als unumstößlich richtig. Eine wichtige Aufgabe der Kirche war es, den Gläubigen die Gnade Gottes auszusprechen und ihnen so ihr Seelenheil zu sichern. Nicht so sehr der Tod selbst beunruhigte die Menschen. Viel mehr bedrückte sie die Frage, ob nach dem Tod der Himmel oder die Hölle auf sie warten würde. Viele Menschen hatten daher in dieser Zeit Todesfurcht und Angst vor der Hölle. Fast täglich erlebten die Menschen den Tod: Von zehn Kindern erreichten höchstens sechs das Erwachsenenalter.

Die Menschen wurden nur etwa 35 Jahre alt. Hunger, Kriege und Seuchen (wie die Pest) entvölkerten ganze Landstriche. Viele Menschen beteten zu Heiligen und verehrten heilige Gegenstände. Sie flehten Maria um Beistand an. Prediger riefen zur Buße auf. Zahlreiche Christinnen und Christen versuchten, durch gute Taten ihre Sünden auszugleichen. Sie halfen zum Beispiel armen und kranken Mitmenschen.

Kritik an der Kirche

Zu Beginn der Neuzeit um 1500 wurde die Kritik an der Kirche lauter: Die Päpste in Rom lebten in den Augen vieler Gläubiger nicht mehr nach der Lehre von Jesus Christus. Sie demonstrierten ihre Macht durch prunkvolle Bauten, die ihren Reichtum zeigten. So begann man zum Beispiel 1506 mit dem Bau der neuen Papstkirche in Rom, dem Petersdom. Die Kirche im Baustil der Renaissance sollte prächtiger und größer werden als alle anderen christlichen Kirchen.

Macht, Reichtum und ein Leben im Luxus standen im Mittelpunkt auch vieler Kirchenführer. Mönche und Nonnen führten oft ein ausschweifendes Leben. Dies machte die Kirche bei vielen Menschen immer unglaubwürdiger. Zunehmend geriet auch der Ablass (der Handel mit dem Erlass von Kirchenstrafen) in die Kritik.

INFO

Ablass

Der Ablass bezeichnet einen Gnadenakt der katholischen Kirche. Ein Mensch, der gesündigt hatte, sollte durch den Ablass die nach dem Tod zu erwartenden Höllenstrafen gemildert bekommen.

M2 *Ein Spottbild (Karikatur) auf die Mönche: In Form von drei Frauengestalten halten Hochmut (lat. Superbia), Ausschweifung (Luxuria) und Habgier (Avaricia) den Mönch am „Gängelband". Ein Bauer stopft ihm die Bibel in den Mund. Die Armut (Paupertas) droht mit der Faust.*

M4 *Der Petersdom in Rom*

Ablassbriefe – ein ganz normales Geschäft

Es ist das Jahr 1517. Ein Dominikanermönch zieht durchs Land: Er heißt Johannes Tetzel. Kardinal Albrecht, der Erzbischof von Mainz, hat ihn beauftragt: Er soll den Ablass predigen und Ablassbriefe verkaufen. Mit einem Ablassbrief wird eine Kirchenstrafe erlassen. Ein Beispiel: Gertrud hat gesündigt. Sie hat beim Priester gebeichtet. Ihre Sünde wird ihr verziehen, wenn sie die vom Priester auferlegte Kirchenstrafe abbüßt. Die Buße braucht sie nicht zu tun, wenn sie sie „abkauft" – sofern sie Geld für einen Ablassbrief hat.

Der Hauptteil des Ablassgeldes wird nach Rom gesandt und für den Bau des neuen Petersdoms verwendet. Einen Teil des Geldes darf Tetzels Auftraggeber, Kardinal Albrecht, behalten. Dieser hat hohe Schulden beim Bankhaus Fugger, denn er ist an drei Orten Bischof: in Magdeburg, Halberstadt und Mainz. Das ist eigentlich nicht erlaubt. Doch der Papst hat es ihm ermöglicht – gegen viel Geld.

Der Papst befreit für Geld die Menschen mit Ablasszetteln von ihren Sündenstrafen (Holzschnitt um 1520)

M3 *Der Handel mit dem Ablass*

1 Gib den dargestellten Figuren in M1 eine Stimme:

a) Was könnten die drei Figuren in der Mitte sagen?

b) Schau die Figuren rechts unten an und schreibe auf, was sie denken/sagen könnten.

c) Notiere stichwortartig, welche Rolle die Engel in dem Bild einnehmen.

2 Verfasse eine Rede, mit der du in Worte fasst, was der Zeichner von M2 mit seinem Bild ausdrückt.

3 a) Fertige zu Tetzels Aufgaben ein Plakat an.

b) Liste Argumente gegen den Ablasshandel auf.

Die Reformation – Luther erneuert den Glauben

In Wittenberg lebte der Mönch Martin Luther. Er lehrte an der Universität Theologie. Luther beobachtete, dass auch viele Wittenberger Ablassbriefe kauften. Doch wo stand in der Bibel, dass man sich von seinen Sünden freikaufen kann?
Luther konnte den unehrlichen Handel nicht länger ertragen. Deshalb schrieb er am 31. Oktober 1517 als Antwort auf die Ablasspredigten Johann Tetzels „95 Thesen" (Streitsätze) auf. Sie waren in Lateinisch verfasst.
Vermutlich schlug er seine Thesen auch an die Tür der Kirche in Wittenberg. Dies war der Anfang der **Reformation**: der Erneuerung der Kirche.

M1 *Tür der Schlosskirche in Wittenberg. Hier soll Luther seine 95 Thesen angeschlagen haben.*

Wie ein Lauffeuer ...

verbreiteten sich Luthers Thesen. Die rasche Verbreitung war durch die Erfindung des Buchdrucks durch Johannes Gutenberg möglich geworden. Immer mehr Menschen folgten Martin Luther und seiner Glaubenslehre. Sie nannten sich evangelisch, nach dem **Evangelium**, das allein den Glauben bestimmen sollte.
Die Anhänger des Papstes behielten die Bezeichnung „katholisch" bei und verstanden sich nach wie vor als die allein gültige Kirche. Für sie war Luther ein Verräter. Der Papst schloss ihn aus der Kirche aus. Doch einige mächtige Fürsten in Deutschland stellten sich auf die Seite Luthers. Sie wollten sich dadurch vom Einfluss des Papstes und des katholischen Kaisers befreien.

Luther muss fliehen

1521 wurde Luther zum Reichstag nach Worms am Rhein bestellt. Vor dem anwesenden Kaiser und den versammelten Fürsten sollte er seine Glaubensthesen widerrufen. Doch Luther weigerte sich und reiste aus Worms ab.
Die Strafe folgte sofort: Luther war „vogelfrei". Jeder durfte ihn töten. Aber Luther hatte Glück. Kurfürst Friedrich von Sachsen versteckte ihn auf der Wartburg bei Eisenach. Dort lebte Luther als Junker Jörg unerkannt und übersetzte das neue Testament in die deutsche Sprache.

M2 *Die Wartburg bei Eisenach in Thüringen – hier lebte Luther über ein Jahr.*

Die Kirche spaltet sich

Zahlreiche deutsche Fürstentümer und Reichsstädte schlossen sich Luthers Lehre an. Damit kam es zur Spaltung der christlichen Kirche in zwei **Konfessionen**: die katholische und evangelische Kirche.
Die von Martin Luther ausgelöste Reformation verbreitete sich rasch über die Grenzen Deutschlands hinaus. So fand die Reformation an anderen Schauplätzen in Europa statt. In England gründete König Heinrich VIII. nach einem Streit mit dem Papst eine eigene Staatskirche: die **anglikanische Kirche**. Er machte sich zu ihrem Oberhaupt. Andere reformierte Kirchen haben ihre Wurzeln in der Schweiz. Hier wirkten die Reformatoren Ulrich Zwingli (1481–1531), der Reformator von Zürich, sowie Johannes Calvin (1509–1564), der Reformator von Genf. Beide forderten eine radikale Erneuerung der Kirche.

1483: Geburt als Sohn eines Minenbesitzers in (1) Ei.

1491–1501: Besuch der Lateinschulen in (2) M. und (3) E.

1501–1505: Studium der Rechtswissenschaften an der Universität (4) Er.

1505: Studienabbruch und Eintritt in das Augustiner-Kloster in Erfurt

ab 1511: Doktor der Theologie und **ab 1512:** Professor an der Universität in (5) Wi.

1517: Veröffentlichung von 95 Thesen gegen den Ablasshandel und die Missstände in der Kirche

1521: Anhörung vor dem Reichstag in (6) Wo.

1521: Aufenthalt auf der (7) W. bei Eisenach. Übersetzung des Neuen Testaments in die deutsche Sprache

1534: Veröffentlichung der vollständig übersetzten „Lutherbibel"

1546: Tod in Eisleben

M3 *Lebensdaten und Lebensstationen Martin Luthers*

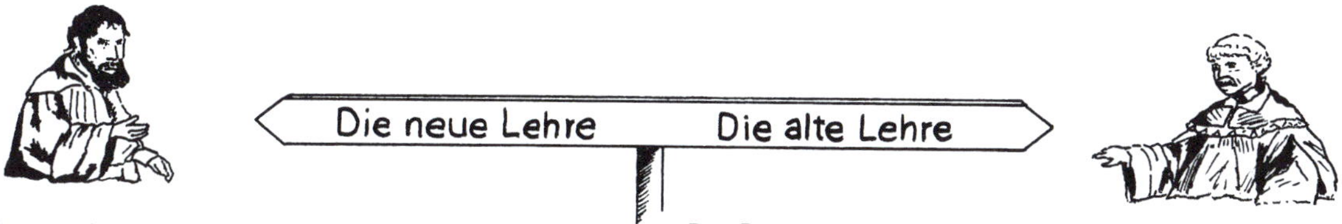

Luther sagt:

- Nur der Glaube und Gottes Gnade sind für das Seelenheil wichtig. Gute Taten (Fasten, Beten, Arme unterstützen) nutzen ohne Glauben nichts.
- Kein Christ kann gezwungen werden, etwas zu glauben, was nicht in der Bibel steht: Nur das Evangelium ist entscheidend.
- Auch der Papst kann, weil er ein Mensch ist, irren.
- Es gibt keinen Unterschied von Priestern und Laien (Nichtgeistliche): Wir alle haben eine Taufe, ein Evangelium und ein Glaubensbekenntnis.
- Die Sprache im Gottesdienst soll Deutsch sein.

Der Papst sagt:

- Mit guten Taten (Fasten, Beten, Arme unterstützen) kann man sich für die Ewigkeit den Himmel verdienen.
- Der Papst und die Kirche bestimmen, was der richtige Glaube ist. Nur der Papst kann die Bibel richtig auslegen (verstehen).
- Der Papst kann nicht irren, weil er Stellvertreter Gottes auf Erden ist.
- Es gibt einen großen Unterschied zwischen Priestern und Laien. Nur wer durch den Papst oder einen Bischof geweiht ist, darf die Bibel auslegen.
- Die Sprache im Gottesdienst ist Latein.

M4 *Luther gegen Papst*

1 Schreibe in deinen Worten die Thesen 20–25 auf (www.reformation-heute.de/lutherthesen/index.html)

2 Du begegnest Luther 1517. Schildere einem Freund, welche Auffassungen Luther vertritt.

3 Finde in M3 mithilfe des Atlas (Karte: Deutschland – physisch) die Lebensstationen Martin Luthers heraus.

4 Der Kaiser und Kurfürst Friedrich vertreten auf dem Reichstag in Worms ihre jeweilige Meinung: Wähle einen der beiden aus und verfasse eine Rede (M4, Text).

Der Dreißigjährige Krieg

Schauplatz Spanien: Jesuiten erneuern die katholische Kirche

Besorgt stellte der Papst fest, dass sich viele Menschen von der katholischen Kirche abwandten. Daher lud er 1545 die Bischöfe zu einer kirchlichen Versammlung, zum „Konzil von Trient" ein. Mit den Beschlüssen des Konzils begann die **Gegenreformation**.

Eine wichtige Rolle für die Erneuerung der katholischen Kirche übernahmen die Jesuiten. Spanien entwickelte sich unter der Führung der Jesuiten zum Zentrum des „wahren" Glaubens. Hier hatten die Könige die Leitung der Kirche praktisch selbst übernommen. Phillip II. (1527–1598) wachte streng über die Einhaltung des katholischen Glaubens. Er gründete von Jesuiten geleitete Klöster und Schulen, förderte die Erziehung im Geist der katholischen Kirche. Wer in Verdacht geriet, vom „wahren" Glauben abzuweichen, wurde verfolgt und mit dem Tod bestraft.

- Der Ablasshandel wird verboten.
- Für die Klöster hat eine strenge Ordnung zu gelten.
- Die Ausbildung der Geistlichen wird verbessert.
- Die sieben Sakramente gelten als unumstößlich.
- Neben der Bibel sind auch die Schriften der Kirchenlehrer Grundlage des Glaubens.
- Latein ist Kirchensprache.

(Zeichnung aus heutiger Zeit)

M2 *Beschlüsse des Konzils von Trient (1545)*

INFO

Jesuiten
Der Jesuitenorden wurde von dem spanischen Adeligen Ignatius von Loyola (1491–1556) gegründet. Ignatius wurde Priester, nachdem er eine schwere Kriegsverletzung überlebt hatte. Er schwor, für die Festigung des katholischen Glaubens zu kämpfen.

Schauplatz Deutschland: Vom Religionsfrieden zum Dreißigjährigen Krieg

Bis zum Jahr 1530 bekannten sich zahlreiche Fürsten und Reichsstädte zur Lehre Luthers. Sie eigneten sich die reichen Besitzungen der katholischen Kirche an und erklärten sich zum Oberhaupt ihrer jeweiligen evangelischen Landeskirche.

Kaiser Karl V. versuchte, die Einheit der katholischen Kirche zu bewahren. Dagegen protestierte ein Teil der Fürsten und Reichsstädte. Nach vielen Jahren der Auseinandersetzungen schlossen beide „Glaubensparteien" 1555 den **Augsburger Religionsfrieden**.

Um 1600 keimte der alte Glaubensstreit erneut auf. Sowohl katholische als auch protestantische Fürsten wollten ihren Einflussbereich vergrößern.

- Die katholische und die evangelische Religion sind gleichberechtigt.
- Andere Bekenntnisse sind ausgeschlossen.
- Nur die Fürsten haben freie Wahl zwischen den Konfessionen. Ihre Untertanen müssen den Glauben ihres Landesherrn annehmen.
- Reichsstädte können beide Konfessionen zulassen.

M1 *Ergebnisse des Augsburger Religionsfriedens*

Die evangelischen Landesfürsten gründeten deshalb ein Militärbündnis, die „Union". Die katholischen Fürsten verbündeten sich in der katholischen „Liga".

Besonders in Böhmen war die Lage angespannt. Der katholische Kaiser war auch König von Böhmen. Die meisten böhmischen Fürsten dagegen waren protestantisch.

Als im Mai 1618 zwei Abgesandte des Kaisers die Stadt Prag besuchten, drangen böhmische Adlige in die Prager Burg ein. Sie warfen die beiden Räte aus dem Fenster in die Tiefe. Diese überlebten den **Prager Fenstersturz**, weil sie auf einem Misthaufen landeten. Dieser Vorfall steht für den Beginn des **Dreißigjährigen Krieges (1618 – 1648).**

M3 *Prager Fenstersturz (Kupferstich von M. Merian, um 1600)*

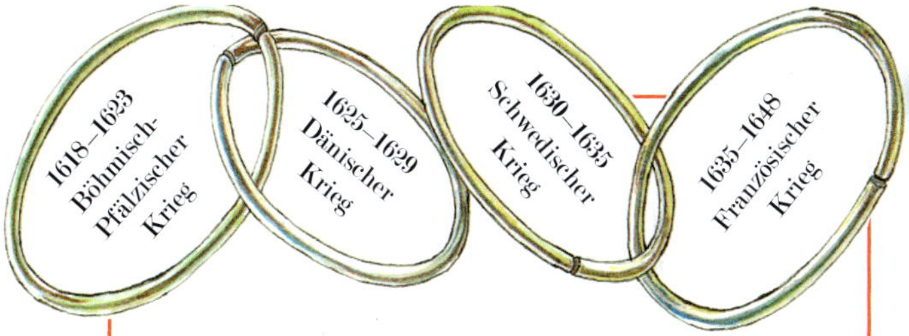

Der Dreißigjährige Krieg entwickelte sich zu einem europäischen Krieg. Nach und nach griffen auch andere Staaten Europas, zum Beispiel Frankreich, Dänemark und Schweden, in das Kriegsgeschehen ein. Die Herrscher wollten ihre Macht ausdehnen. Sie nutzten die Schwäche des Deutschen Reiches.

Die Hauptkriegsschauplätze und die Kriegsgegner wechselten im Laufe der Jahre mehrmals auf deutschem Boden.

Die Bevölkerung in den betroffenen Kriegsgebieten litt fürchterlich. Der Krieg zerstörte unzählige Städte. Umherschweifende, von den Kriegsparteien zusammengekaufte Söldnerheere plünderten die Dörfer und erschlugen wehrlose Dorfbewohnerinnen und -bewohner. Nach 30 Jahren Krieg fehlte allen Kriegsparteien die Kraft zum Weiterkämpfen. 1648 kam es in Münster und Osnabrück zum „Westfälischen Frieden".

M4 *Abschnitte des Dreißigjährigen Krieges*

In Eggebusch war nichts aufzutreiben. Gereizt kehrte Trupp um Trupp zum Marktplatz zurück. Sollte es hier nichts als diese vier abgemagerten Ziegen, den knochigen Gaul, zwei Hühner und den Hund geben?! „Wo habt ihr die Vorräte versteckt? Wo sind die Kühe? Die Schweine? Das Korn?" Verzweifelt beteuerten die gefesselten Männer, dass sie nichts mehr hätten. Die Enttäuschung der Söldner schlug um in Raserei. Grölend packten sie ihre Brandfackeln und rannten durch die leeren Gassen. Überall loderte Feuer auf. In kurzer Zeit brannte der ganze Ort.

(Nach: Tilmann Röhrig: In dreihundert Jahren vielleicht. Würzburg 1983, S. 134 ff.)

(von einem unbekannten Maler um 1630)

M6 *Das Leiden der Landbevölkerung im Krieg*

M5 *Bevölkerungsverluste im Dreißigjährigen Krieg*

1. Erläutere Folgen des Augsburger Religionsfriedens für die Fürsten und Untertanen.

2. Versetze dich in die Situation eines Bewohners von Eggebusch: Wie erlebst du den Krieg? Schreibe in dein Tagebuch (M6).

3. Bestimme die in M5 markierten acht Städte (Atlas) und gib an, wie hoch der Bevölkerungsverlust durch den Krieg dort war.

4. Aus einem Glaubenskrieg entwickelte sich ein politischer Krieg. Begründe diese Aussage mithilfe von M4.

Revolutionen verändern Europa

„Die Freiheit führt das Volk“, Gemälde von Eugène Delacroix, 1830

M1 *Der Spiegelsaal im Schloss von Versailles – das Zentrum absoluter Macht*

Absolutismus in Frankreich

Versailles – die „Machtzentrale" von Ludwig XIV.

Ludwig XIV. regierte uneingeschränkt von 1661 bis 1715 in Frankreich. Er machte sein Land zum mächtigsten Staat in Europa. Das Zentrum der Macht war sein Schloss in Versailles (20 km vor Paris). Unter riesigen Kosten und hohen Opfern an Menschenleben ließ Ludwig XIV. das Jagdschloss seines Vaters in eine großartige Schloss- und Parkanlage umbauen. Das Schloss hatte keine militärische Aufgabe wie früher eine Burg, sondern hier herrschte allein der ruhmsüchtige König.

Obwohl das Schloss über 2000 Räume hat, bot es wenig Platz für den Hofstaat. Der umfasste rund 20000 Menschen, darunter 338 Köche, 125 Sänger, 80 Pagen, 74 Kapläne, 48 Ärzte, zwölf Mantelträger und 12 Rasierer.

Versailles prägte die gesamte europäische Kultur: An allen Höfen sprach man Französisch; Theater, Literatur, Malerei, Musik und Mode waren von Frankreich beeinflusst. Ludwig XIV. wurde von den Monarchen Europas bewundert. Sie wollten ebenfalls ihr Versailles bauen und herrschen wie er. Damit verschuldeten sie ihre Länder – wie er.

Ludwig XIV. war ein absolutistischer Herrscher. In Ludwigs Augen waren alle Menschen seine Untertanen. Aber den Adligen blieben soziale Vorrechte, ihre **Privilegien**. Sie zahlten fast keine Steuern; nur sie konnten hohe Posten in Armee und Kirche besetzen; sie wurden vor Gericht besser behandelt als Nichtadlige. Eine Gesellschaft, in der die Menschen vor dem Gesetz nicht gleich sind, nennt man eine **Ständegesellschaft** (siehe auch S. 8). In seinen Stand wurde man hineingeboren.

INFO

Absolutismus

Der Absolutismus ist eine Regierungsform. Hier leitet der Herrscher völlig uneingeschränkt und ohne Kontrolle Staat, Gesellschaft, Wirtschaft und Kultur (lateinisch „absolutus": „losgelöst von den Gesetzen").
Der Herrscher selbst ist das Gesetz und sieht sich durch Gottes Gnade in sein Amt eingesetzt. Der Absolutismus war im 17. und 18. Jahrhundert in fast allen europäischen Ländern üblich. Vorbild war Ludwig XIV.

M2 *Zeitleiste: Vom Absolutismus in Frankreich bis zur Gründung des Deutschen Reiches*

M3 *Ludwig XIV., König von Frankreich, 1638–1715 (Gemälde von H. Rigaud, 1701)*
Dieses Portrait gilt als die vorbildlhafte Darstellung eines absolutistischen Herrschers: So will er gesehen werden.

„Die monarchische Staatsform hat ihren Grund in der väterlichen Gewalt, das heißt in der Natur selbst. Die Menschen werden als Untertanen geboren. Die väterliche Autorität, die sie an den Gehorsam gewöhnt, gewöhnt sie auch daran, nur ein Oberhaupt zu kennen.
Die Fürsten handeln als Gottes Diener. Durch sie übt Gott seine Herrschaft aus. Deshalb ist der königliche Thron nicht der Thron eines Menschen, sondern Gottes selbst. Daraus ergibt sich, dass die Person der Könige geheiligt ist. Wer sich an ihnen vergreift, begeht Gotteslästerung.
Der König ist niemandem Rechenschaft schuldig. Ohne diese absolute Gewalt kann er weder das Gute tun noch das Böse unterdrücken.
Niemand kann nach dem, was wir ausgeführt haben, daran zweifeln, dass der ganze Staat in der Person des Fürsten verkörpert ist. Bei ihm liegt die Gewalt."

(Nach: Jacques Bénigne Bossuet: Die Politik nach den Worten der Heiligen Schrift. In: Geschichte in Quellen, Bd. 3. München 1966, S. 450 f.)

M6 *Bischof Bossuet, Hofprediger Ludwigs XIV. und Prinzenerzieher, schreibt 1682*

„Als Sinnbild wählte ich die Sonne. Sie ist ohne Zweifel das lebendigste und schönste Sinnbild eines großen Fürsten; sowohl durch ihre Einzigartigkeit, als auch durch den Glanz, der sie umgibt. Durch das Licht, das sie den anderen Gestirnen spendet, die gleichsam ihren Hofstaat bilden; durch die gleichmäßige Gerechtigkeit, mit der sie dieses Licht allen zuteilt, durch das Gute, das sie überall bewirkt; durch ihre unaufhörliche Bewegung, bei der sie trotzdem stets in ständiger Ruhe zu schweben scheint; durch ihren unveränderlichen Lauf."

(Nach: Ludwig XIV.: Memoiren. In: Geschichte in Quellen, Bd. 3. München 1966, S. 429)

M4 *Ludwig XIV. sah sich als Sonnenkönig*

M5 *Sonnensymbol am Gitter von Versailles* ▷

„Die Großen der Nation versammeln sich jeden Tag in der Kirche [des Schlosses]. Am Altar feiert ein Priester die heilige Messe. Die Großen bilden einen weiten Kreis am Fuß des Altars und stehen aufrecht, mit dem Rücken zum Priester. Ihre Gesichter sind zum König erhoben, den man auf einer Tribüne knien sieht."

(Jean de La Bruyère: Les caractères: De la cour. Paris 1688. www.bacfrancais.com)

M7 *Ludwig XIV. – ein frommer Herrscher?*

1. Schreibe einen Bericht aus der Sicht eines damaligen Staatsgastes, der Versailles besucht. Welche Wirkung üben Schloss und Herrscher aus (M1, M3)?

2. a) Ludwig XIV. nannte sich „Sonnenkönig". Erkläre (M4).
b) Begründe sein in M6 beschriebenes Verhalten.

3. a) Stelle in einer Tabelle stichwortartig Rechte und Pflichten von Herrscher und Untertanen gegenüber.
b) Gib die Begründungen für absolutistische Herrschaft wieder (M6).
c) Erkläre die Absicht, die eine solche Veröffentlichung hatte.

„L'État c'est moi"
(„Der Staat bin ich")

Die Beamten
Damit die Entscheidungen aus Versailles auch in den entfernten Provinzen des Reiches befolgt wurden, entmachtete der König zunächst den dortigen Adel. Er ersetzte ihn durch gebildete Männer aus dem Bürgertum. Diese waren ihm treu ergeben, denn ihre Karriere war von der Gunst des Herrschers abhängig. Den Beamten wurde die gesamte Verwaltung des Landes übertragen. Somit wurde ganz Frankreich zentral verwaltet.

Die Soldaten
Ludwig XIV. vergrößerte sein Heer von 45 000 auf 400 000 Mann. Damit besaß er die stärkste Armee in Europa. Nach dem Ende eines Krieges wurden die Soldaten nicht wie früher entlassen; der König hatte nun ein „stehendes Heer" zu seiner ständigen Verfügung. Er führte viele Kriege gegen seine Nachbarn, die gegen ihn Koalitionen bildeten. Die Militärausgaben umfassten ein Drittel der gesamten Staatsausgaben.

Die Wirtschaft
Um die Einnahmen zu steigern, förderte Finanzminister Colbert den Handel.
Diese gelenkte Wirtschaft nennt man **Merkantilismus** (M1, lateinisch „mercator": „Kaufmann"). Straßen- und Kanalbauten verbesserten den Transport und Binnenzölle wurden abgeschafft. Er förderte Großbetriebe, die **Manufakturen** und ihre Besitzer, reiche Bürger. Adligen waren solche Tätigkeiten verboten.

Die Kunst und Kultur
Ludwig XIV. verhielt sich nach folgendem Motto: „Nichts kennzeichnet den Geist und die Größe eines Fürsten mehr als die Errichtung von Bauten. Die Nachwelt misst den Herrscher mit dem Maßstab dieser erhabenen Gebäude." Er schuf mit dem Bau von Versailles das Vorbild aller Barockschlösser. Auch die anderen Künste förderte der König – aber immer mit dem Auftrag, ihn zu verherrlichen und somit dem Staat zu dienen.

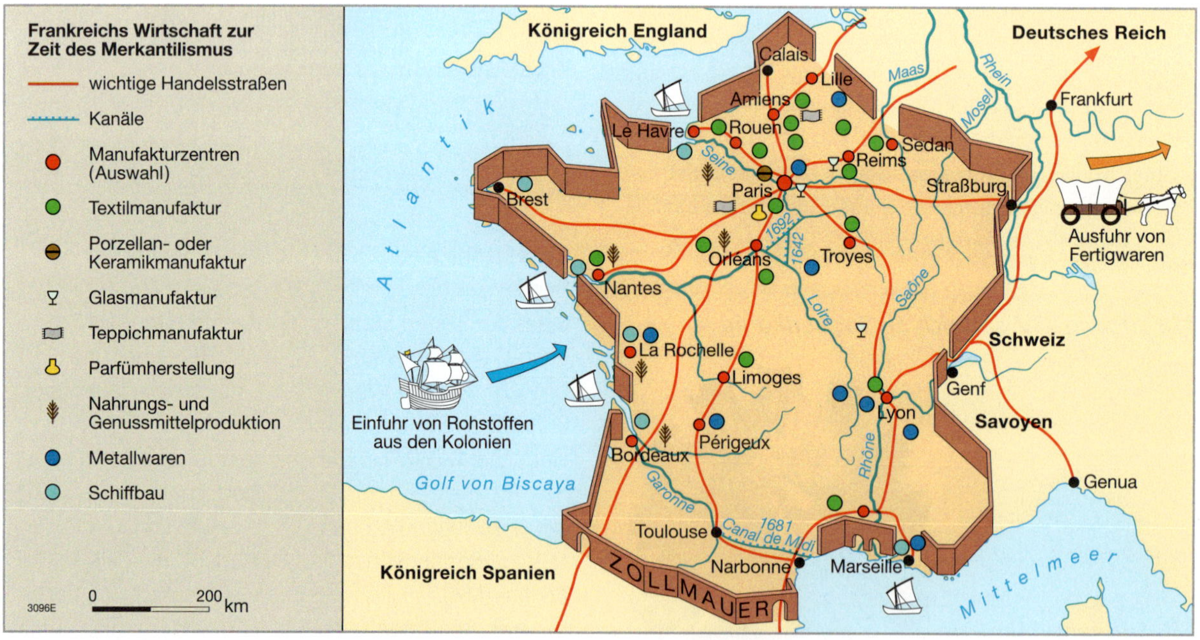

M1 *So funktioniert der Merkantilismus.*

D3-090
www.diercke.de

Revolutionen verändern Europa

„Es ist einzig und allein der Reichtum an Geld, der die Unterschiede an Größe und Macht zwischen den Staaten begründet. Was dies trifft, so ist es sicher, dass jährlich aus Frankreich Erzeugnisse (Wein, Branntwein, Weinessig, Eisen, Obst, Papier, Leinwand, Eisenwaren, Seide, Kurzwaren) für den Verbrauch im Ausland im Werte von 12–18 Mio. Livres [damalige Geldeinheit] hinausgehen. Je mehr wir die Handelsgewinne, die die Holländer den Untertanen des Königs abnehmen, und den Konsum der von ihnen eingeführten Waren verringern können, desto mehr vergrößern wir die Menge des hereinströmenden Bargeldes und vermehren wir Macht, Größe und Wohlstand des Staates.
Außer den Vorteilen, die die Einfuhr einer größeren Menge Bargeld in das Königreich mit sich bringt, wird sicherlich durch die Manufakturen eine Million zurzeit arbeitsloser Menschen ihren Lebensunterhalt gewinnen. Eine ebenso beträchtliche Anzahl wird in der Schifffahrt und in den Seehäfen Verdienst finden."

(Nach: Geschichte in Quellen, Bd.3. München 1966, S. 448)

M2 *Finanzminister Colbert stellt sein Programm vor*

M3 *Ludwig XIV. führte ständig Krieg, vor allem aus Ruhmsucht.*

„Sire, Sie sind nicht gewöhnt, die Wahrheit zu hören, wie alle Menschen, denen stets geschmeichelt wird. Man [Vorwurf an die Minister] hat Ihre Einnahmen und Ausgaben ins Unermessliche getrieben. Man hat das ganze Königreich verarmen lassen, um am Hof einen ungeheuerlichen und unheilbaren Luxus einzuführen. Seit mehr als 20 Jahren haben wir blutige Kriege vom Zaun gebrochen. Den Krieg gegen Holland 1672 erwähne ich, weil er die Ursache all der anderen Kriege ist. Und sein Motiv waren bloße Ruhm- und Rachsucht.
Ihr Volk, Sire, das Sie lieben müssten wie Ihre Kinder, und das Sie bisher so sehr geliebt hat, stirbt vor Hunger. Anstatt dem armen Volk noch Geld abzunehmen, müssten Sie ihm helfen und es ernähren.
Sie haben Angst, Sire, dass man Ihnen die Augen öffnet. Sie haben Angst, dass Sie Ihren Ruhm begrenzen müssten. Dieser Ruhm, der Ihr Herz verhärtet, ist Ihnen wichtiger als Gerechtigkeit, als der Erhalt Ihres Volkes.

(Nach: Francois Fénelon: Brief an Ludwig XIV. , in: www.site-magister.com/travec4.htm; übersetzt von K. Wohlt)

M4 *Der Erzbischof Fénelon schreibt 1694 in einem anonymen Brief an den König*

1 Nenne die Mittel, die Ludwig zur Sicherung seiner Macht einsetzte.

2 Du bist Colbert und willst deinen König in einem Vortrag von deiner Wirtschaftspolitik überzeugen (M2).

3 a) Fasse die Vorwürfe Fénelons zusammen und erläutere sie (M4).

b) Erstelle einen kurzen Bericht über den Autor (Internet).

4 Informiere dich im Internet über die Kriege Ludwigs XIV. Setze in einer Tabelle Jahr / Ursache (bzw. Rechtfertigung) / Beteiligte / Ergebnis nebeneinander.

5 Nimm Stellung zu Ludwigs Devise „Viel Feind – viel Ehr".

Die Vorgeschichte der Französischen Revolution

M1 *Ein Bauer trägt einen Adligen und einen Geistlichen. Auf der Hacke steht „mit Tränen getränkt", auf dem Säbel „gerötet von Blut" (Anonyme Karikatur, 1789).*

Die Revolution fiel nicht vom Himmel

Viele Probleme gab es im Frankreich des 18. Jahrhunderts. Sie führten im Jahr 1789 zur Revolution. Schon während der Herrschaft von Ludwig XIV. waren die Bürger unzufrieden. Die Verschwendung am Hof von Versailles war ihnen zuwider. Die Armee verschlang Unsummen. Der Staat war sehr hoch verschuldet.

Ludwig XVI., König ab 1774, verlangte höhere Steuern. Dagegen protestierte der Adel scharf. Er verweigerte dem König zum Teil die Gefolgschaft.

Die Versorgung mit Nahrungsmitteln wurde immer schlechter. Missernten und damit hohe Brotpreise machten den Armen sehr zu schaffen. Die Adligen und Geistlichen weigerten sich, die Abgaben zu verringern, die die Bauern an sie leisten mussten. Bauern und Arbeiter allein brachten 70 Prozent der Steuern auf. Noch mehr Steuern und Abgaben wollten und konnten sie nicht erbringen. Ludwig XVI. war unfähig, die Krise zu meistern. Die Situation entwickelte sich zu einer ernsten Staatskrise und der Bevölkerung drohte große Armut.

Der König ist getroffen. Der heilige Leib des Herrschers, der den französischen Staat mit jeder Zelle verkörpert – er blutet, taumelt, ächzt. Ein Messer hat Ludwig XV. rechts, zwischen der vierten und fünften Rippe, verwundet. Und doch: Der König wird nicht sterben. Seine Herrschaft indes, die mächtigste Monarchie Europas, wird sich nach diesem Stich nie wieder wirklich erholen. [Der Attentäter] Damiens ruft während eines Verhörs drohend aus: „Eine ganze Welt steckt dahinter!"

(Nach: Französische Revolution. GEO Epoche, Bd. 22, S. 14)

M2 *Attentat auf König Ludwig XV., den Vorgänger Ludwigs XVI., am 5. Januar 1757*

INFO

Revolution

Das Wort Revolution sagt aus, dass sich Staat und Gesellschaft tiefgreifend und in kürzester Zeit verändern. Die Veränderungen werden bewusst von einer Gruppe, den Revolutionären, herbeigeführt. Sie wollen ungerechte Herrschafts- und Lebensverhältnisse verändern oder abschaffen. Gelingt dies, gibt es eine Umwälzung der bestehenden Verhältnisse. Nicht selten verlaufen Revolutionen gewaltsam: Revolutionäre und alte Machthaber bekämpfen sich mit Waffen. Die Französische Revolution ist die erste große politische Umwälzung eines Staates in Europa.

Die Ernte war dieses Jahr so schlecht, dass selbst wir Bauern Grundnahrungsmittel kaufen müssen. Uns geht es noch einigermaßen gut. Aber viele müssen das Wenige, was sie haben, an die Kirche, den Grundherrn und den König abgeben. Der König hat beschlossen, dass der Staat nicht mehr den Getreidepreis festlegt. Jetzt treiben die Händler den Preis in die Höhe. Heute ging mein Vater Getreide kaufen, er kam mit leeren Händen zurück. Er berichtete von Unruhen in den Dörfern, wo arme Leute plündern, um zu überleben. Wo soll das hinführen?

M3 *Ein Bauernmädchen erzählt vom „Hungerjahr" 1788.*

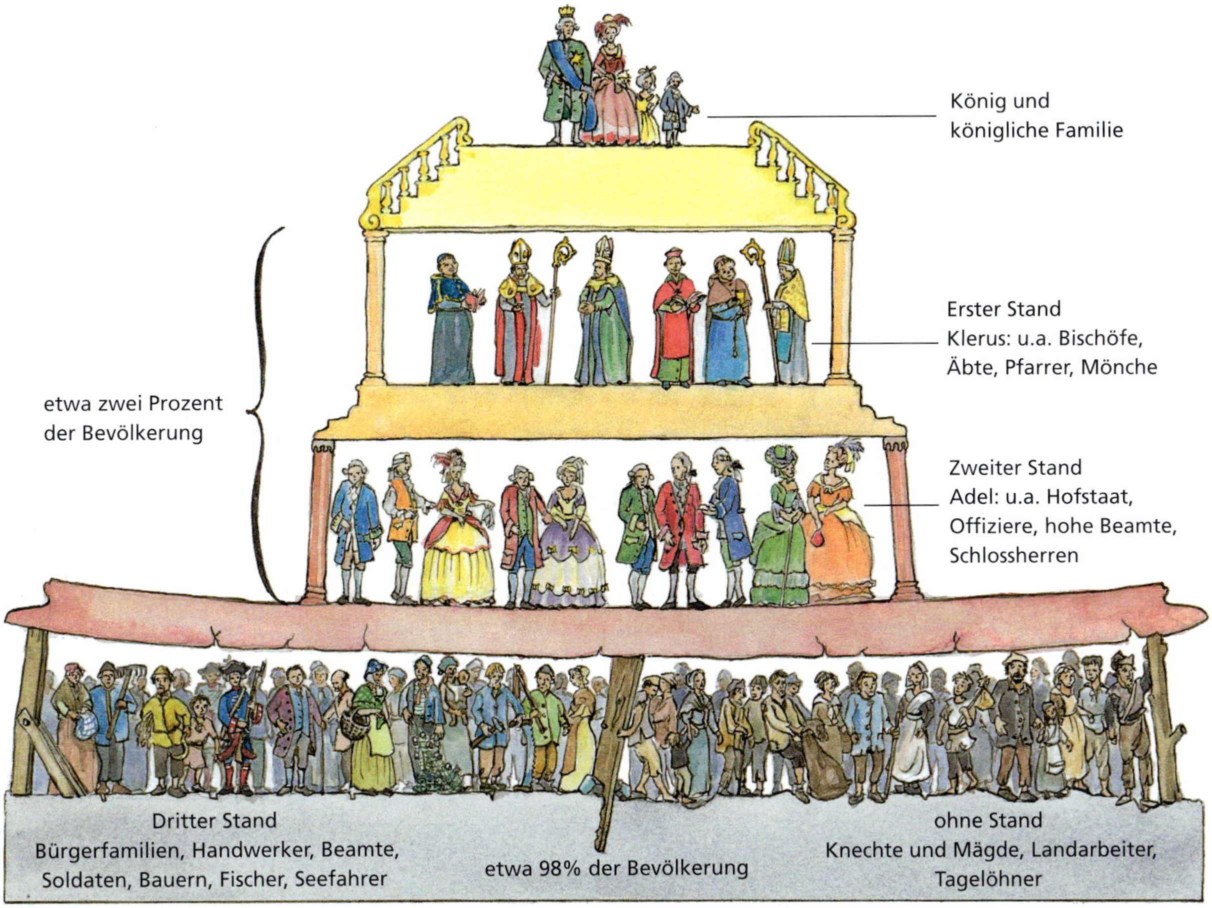

M4 *Der Aufbau der französischen Gesellschaft um 1780*

Rund 60 000 Bitt- und Beschwerdebriefe gingen 1789 beim König ein. Sie zeigen, wogegen die Bürger des Dritten Standes sich wehrten.

Die Einwohner dieser Gemeinde fordern:

- die Zahlung der Steuern von den drei Ständen ohne irgendwelche Ausnahmen, von jedem Stand gemäß seiner Kräfte;
- das gleiche Gesetz und Recht im ganzen Königreich;
- eine rasche, unparteiliche Rechtsprechung;
- die Abgabenfreiheit aller Messen und Märkte und die Abschaffung aller Wegegelder;
- die völlige Beseitigung von jeglicher Art von Zehnten [Bauern mussten 10% der Ernte an die Kirche abgeben];
- Eigentumsrechte, die heilig und unverletzlich sind;
- Pfarrer, die ihren Amtspflichten nachgehen, ohne dafür irgendeine Bezahlung zu fordern.

(Nach: André Allba: Histoire contemporaine. Paris 1940, S. 6)

M5 *Beschwerdebrief des Dorfes Guyancourt*

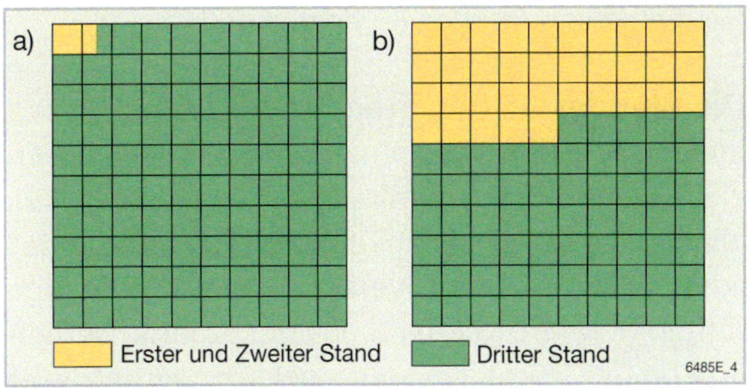

M6 *Anteil der Stände an den Steuerzahlungen (a) und an dem Grundbesitz (b)*

1 Benenne Probleme in Frankreich vor der Revolution (Text, M1, M3).

2 Beschreibe die Situation der Einwohner von Guyancourt (M5).

3 a) Beschreibe die französische Ständegesellschaft um 1780 (M4).
b) Bewerte sie aus deiner Sicht (M4, M6).

4 „Die Revolution fiel nicht vom Himmel": Erläutere diesen Satz.

Revolutionen verändern Europa

Der Sturm bricht los!

M1 *Pariser Bürger stürmen am 14. Juli 1789 die Bastille, ein Pariser Stadtgefängnis. (Gemälde von Charles Tévenin, 1793)*

Die Wut des Dritten Standes wächst

Im Jahr 1789 überschlugen sich in Frankreich die Ereignisse. Es begann damit, dass König Ludwig XVI. widerwillig die Versammlung der „Generalstände" zum 5. Mai einberief. Vertreter aller drei Stände sollten beraten, wie man aus der Staatskrise herauskommt. Vor allem sollte geklärt werden, wer den höheren Steuerbedarf des Staates zahlen sollte, denn der Staat war so gut wie pleite.

In ganz Frankreich wählten die Bauern und Bürger ihre Vertreter für die Generalstände. Nach ihrer Anreise in Paris waren sie entrüstet: Zu der Eröffnung der Generalstände reiste der König mit großem Pomp an. Er ließ sich in einer goldenen Kutsche vorfahren. Die Bauern- und Bürgervertreter mussten in der Sitzung stehen, der Adel und die Geistlichkeit bekamen reservierte Plätze.

König Ludwig XVI. blieb hart, er wollte die Steuervorteile des Ersten und Zweiten Standes beibehalten. Er fürchtete, dass sich Adlige und Geistliche gegen ihn wenden könnten.

Das Wahlverfahren in den Generalständen war ungerecht. Der König wollte, dass jeder Stand eine Stimme hat und nicht jeder einzelne Abgeordnete. So konnte der Dritte Stand keine Mehrheit erzielen. Am 17.6.1789 erklärte sich der Dritte Stand zur Nationalversammlung. Drei Tage später versprach man im Ballhausschwur (M6), fest zusammenzustehen. In der Nationalversammlung sahen die Menschen die alleinige Vertretung des ganzen Volkes.

Im Frühjahr 1789 kam es zu Hungerprotesten. Man machte die Herrschenden für die Not verantwortlich. Es entstanden Gerüchte, dass der Adel mit Soldaten gegen die Protestierenden vorgehen würde. Wütende Bürger setzten daraufhin Schlösser in Brand, einige Adlige flohen. Der König versetzte seine Truppen in Alarmbereitschaft.

Im „Sturm auf die Bastille" eroberten Pariser Bürger daraufhin das verhasste Stadtgefängnis. Die Französische Revolution hatte begonnen.

M2 *Aus einem Referat*

M3 *Der Ballhausschwur (Gemälde von Jacques Lois David, 1791)*

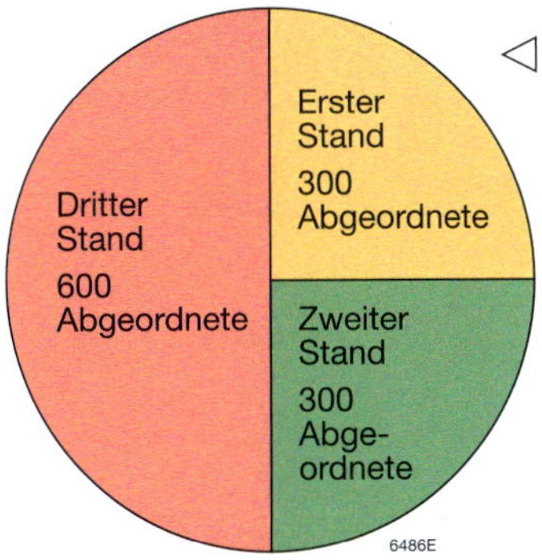

◁ **M4** *Zusammensetzung der Generalstände*

M5 *Der Staatshaushalt Frankreichs 1788* ▷

	Ausgaben in Mio. Livres	Anteil in %
Hof	43	7
Heer	159	25
Rückzahlung von Staatsschulden und Zinsen	261	41
Sonstige Ausgaben	171	27

Ludwig XVI. hatte den Sitzungssaal seines Schlosses für die Nationalversammlung schließen lassen. Sie traf sich nun im „Ballhaus" und schwor: „Die Nationalversammlung beschließt, dass alle Mitglieder den feierlichen Eid leisten, sich niemals zu trennen."

Drei Tage später ließ der König vor der Nationalversammlung erklären: „Der König will, dass die alte Unterscheidung in drei Stände vollständig erhalten bleibt." Im Anschluss befahl der König persönlich: „Ich befehle Ihnen, meine Herren, sich auf der Stelle zu trennen und sich morgen jeder in dem seinem Stande angewiesenen Saal einzufinden." Die Abgeordneten blieben sitzen. Darauf rief der Zeremonienmeister: „Meine Herren, Sie haben die Befehle des Königs gehört."

Jetzt antwortete Graf Mirabeau, der sich bereits dem Dritten Stand angeschlossen hatte: „Nur vor der Gewalt der Bajonette werden wir vom Platz weichen."

(Nach: Histoire parlamentaire II., S. 13 f.)

M6 *Streit der Nationalversammlung mit dem König*

❶ Beschreibe das Bild vom „Sturm auf die Bastille" und erläutere die Bedeutung des Ereignisses (M1).

❷ Beschreibe die wachsende Wut des Dritten Standes (Text, M2, M4, M5).

❸ Erstelle eine Liste der Ereignisse in Frankreich im Jahr 1789 (Text, M2–M6).

❹ Entwickelt ein Rollenspiel zum „Ballhausschwur" und dem folgenden Streit mit Ludwig XVI. (M3, M6).

❺ Beurteile die Bedeutung des Ballhausschwurs für die Französische Revolution.

❻ Der 14. Juli ist heute noch der Nationalfeiertag der Franzosen. Nenne mögliche Gründe dafür.

M1 *Die Nationalversammlung verfasst die „Erklärung der Menschen- und Bürgerrechte" am 26.8.1789*

Frankreich – ein neuer Staat

Menschenrechte und Verfassung werden erkämpft

Die Nationalversammlung erließ Gesetze, die der König widerwillig akzeptierte: Die Ständegesellschaft und die Vorrechte für die Geistlichen und den Adel wurden abgeschafft. Bauern und Handwerker wurden frei. Die Erklärung der **Menschenrechte** wurde formuliert und etwas später eine Verfassung. Am 14.9.1791 musste Ludwig XVI. wohl oder übel einen Eid auf sie schwören, seine Macht war jetzt eingeschränkt. Aus Frankreich wurde nun eine konstitutionelle Monarchie.

Helena fand im Lexikon:

Menschenrechte sind angeborene, durch kein Gesetz antastbare Rechte eines Menschen. Dazu zählen der Schutz des Lebens und der Privatsphäre, die Freiheit der Meinung, der Persönlichkeit, des Glaubens und des Eigentums sowie Gerechtigkeit vor Gericht. In einem Staat sollen die Menschenrechte durch die Verfassung garantiert sein. Alle Bürgerinnen und Bürger sowie Politiker sollten sich für die Einhaltung der Menschenrechte einsetzen.

M2 *Eine Definition der Menschenrechte*

INFO 1

Verfassung

Verfassung heißt der Text, in dem die wesentlichen Regeln, die in einem Staat gelten, zusammengefasst sind. Diese Regeln sind für alle Bürgerinnen und Bürger, Politikerinnen und Politiker verbindlich. Vor allem wird in einer Verfassung geregelt, wie die staatlichen Einrichtungen zusammenarbeiten (Volksvertretung, Regierung, Staatsoberhaupt, Gerichte). Es wird auch festgelegt, wie sich diese Einrichtungen gegenseitig kontrollieren, damit niemand Macht missbrauchen kann. Im heutigen Deutschland heißt die Verfassung „Grundgesetz".

INFO 2

Konstitutionelle Monarchie

Im Gegensatz zur absolutistischen Monarchie ist die konstitutionelle Monarchie so organisiert, dass der König durch eine Verfassung (Konstitution) in seiner Macht eingeschränkt ist. Die gewählte Volksvertretung, auch Nationalversammlung oder Parlament genannt, kontrolliert den König und seine Regierung. Der König kann ohne das Parlament keine Gesetze erlassen und nicht allein über die Einnahmen (Steuern) und Ausgaben bestimmen.

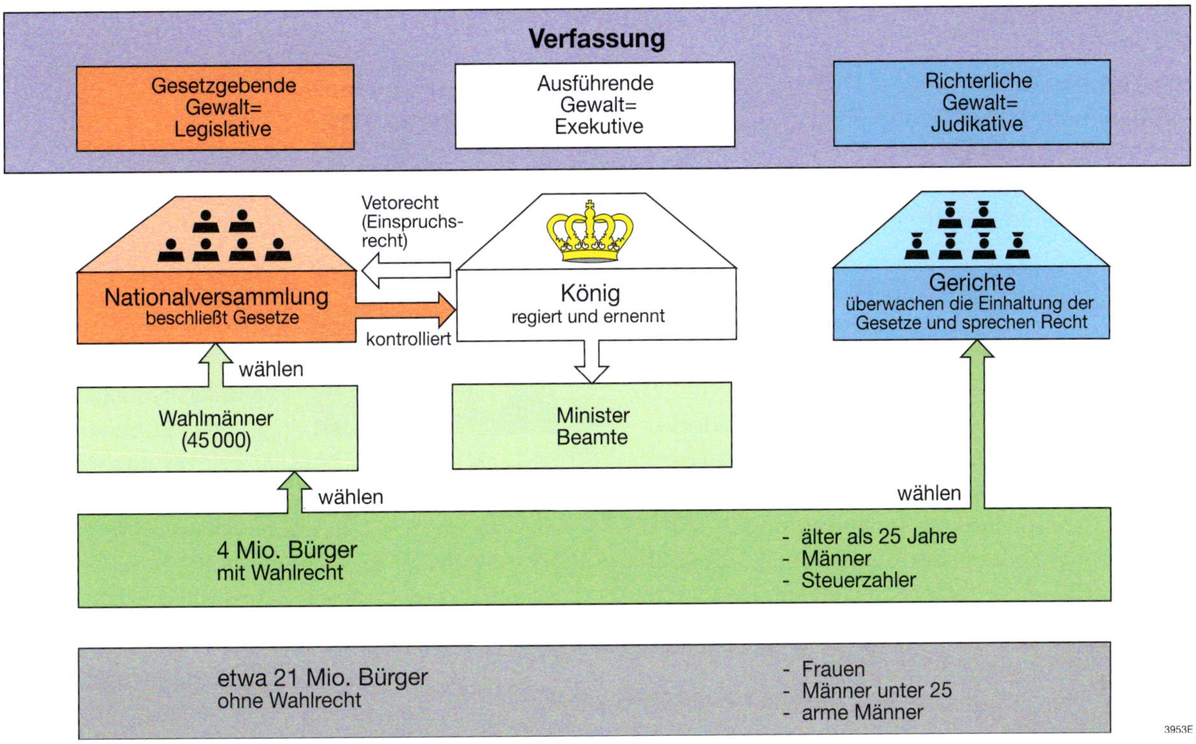

M3 *Frankreichs Verfassung von 1791*

Am Morgen des 5. August 1789 jedenfalls, nach der vielleicht denkwürdigsten und chaotischsten Sitzung der Nationalversammlung, haben Adel und Kirche freiwillig auf sämtliche Sonderrechte verzichtet: Frankreich war keine Ständegesellschaft mehr.
Schon am 11. Juli hatte der Abgeordnete La Fayette den Antrag eingebracht, eine Erklärung der Menschen- und Bürgerrechte vor die Verfassung zu stellen. Er träumte von einem Staat, dessen Einwohner sich mit einer Erklärung selbstbewusst als gleichberechtigte Bürger einer Nation verstehen. Die Erklärung war ein Startsignal: die Einführung für die Verfassung eines der immer noch mächtigsten Staaten der Welt. Und sie war zugleich Programm einer neuen politischen Bewegung – der modernen Demokratie.

(Nach: Französische Revolution. GEO Epoche, Bd. 22, S. 83 f.)

M4 *Ein Expertenurteil*

◁ **M5** *Frankreichs neue Flagge: die Trikolore*

M6 *„Der König im Käfig der Verfassung" (zeitgenössische Karikatur)* ▷

1. Fasse die politischen Veränderungen von 1789 bis 1791 zusammen (Info 1, Info 2, M2).
2. Gestalte ein Plakat mit dem Inhalt der Erklärung der Menschen- und Bürgerrechte (M1).
3. Beurteile: Welche Bedeutung hat die Erklärung der Menschenrechte (M4)?
4. Erläutere die neue Verfassung Frankreichs (M3).
5. Erkläre die Farben der französischen Nationalflagge (Internet).
6. Erläutere die Karikatur M6.

Die Aufklärung

Die Zeit der Aufklärung

Mit dem Begriff **Aufklärung** wird eine Zeitspanne der frühen Neuzeit im 17. und 18. Jahrhundert bezeichnet. Sie ist dadurch gekennzeichnet, dass namhafte Denker ganz neue, zum Teil revolutionäre Ideen entwickelten.

Die Menschen sollten eigenständig denken und handeln, tolerant, respektvoll und kritisch sein. Es sollte ihnen „ein Licht aufgehen". Politiker, Fürsten, Lehrer, Richter und viele andere wurden kritisch betrachtet. Geistliche wurden besonders beäugt; die christliche Weltsicht wurde hinterfragt.

Es entwickelte sich ein neues Menschenbild: Im Zentrum stand nun das Individuum, das sich im Leben frei entfalten sollte. Dafür sollte die Politik die Grundlagen schaffen. Mittels Bildung sollten die Bürger lernen, ihre Interessen selbst zu verwirklichen.

Die Aufklärer hatten großen Einfluss auf die Französische Revolution. Sie wurden von vielen Menschen verehrt, denn sie verbreiteten Mut, um sich gegen die Unterdrückung zu wehren.

Auch spätere Revolutionäre in anderen Ländern beriefen sich auf die Aufklärer. Der Einfluss der Aufklärungsideen ist heute noch spürbar, da sie die Grundlagen unserer freiheitlichen Demokratien bilden. Die Zeit der Aufklärung wirkt bis heute fort.

Charles de Montesquieu

Großen Einfluss auf die Demokratie hatte der französische Aufklärer Charles de Montesquieu (1689 – 1755). Er meinte, dass die drei Staatsgewalten voneinander getrennt sein müssten. In einer **Gewaltenteilung** sind die drei Staatsgewalten die **Legislative** (Gesetzgebung), die **Exekutive** (Regierung) und die **Judikative** (Gerichtsbarkeit). Niemand dürfe alle drei Gewalten zusammen besitzen. Im Gegenteil sollten sie sich gegenseitig kontrollieren, damit kein Machtmissbrauch entsteht.

M2 *Idee der Gewaltenteilung*

M3 *Schema der Gewaltenteilung: Die Teilung von drei Staatsgewalten verhindert Machtansammlung und Machtmissbrauch.* ▷

Exekutive
(ausführende Gewalt): Regierur

Legislative
(gesetzgebende Gewalt): Parlar

Judikative
(richterliche Gewalt): Gericht

Immanuel Kant, deutscher Philosoph, 1724–1804 (Gemälde von Johann Gottlieb Becker, um 1775): „Habe Mut, dich deines eigenen Verstandes zu bedienen."

John Locke, englischer Philosoph, 1632–1704 (Gemälde von Godfrey Kneller, 1697): „Regierung und Gesetzgebung müssen die Interessen des Volkes vertreten."

Voltaire, französischer Philosoph, 1694–1778 (Gemälde um 1760): „Das englische Volk ist das einzige, das die Macht der Könige durch seinen Widerstand gegen sie regelt."

Jean Jacques Rousseau, französischer Philosoph, 1712–1778 (Gemälde von Alla Ramsay, 1766): „Solange ein Volk gehorcht, handelt es gut; sobald es sein Joch abschüttelt, handelt es besser."

M1 *Berühmte Aufklärer und ihre Ideen*

M4 *Eine Dichterlesung mit berühmten Persönlichkeiten der Aufklärung, unter anderem: Diderot, Montesquieu, Rousseau und Voltaire (Gemälde, 1755)*

→ hat keinen Einfluss auf Volksvertreter und Richter

→ hat keinen Einfluss auf Richter; kontrolliert Regierung

→ ist unabhängig, wacht über Gesetzmäßigkeit von Regierung und Parlament

„Zeitgenossen, so streng ihr dieses Werk auch beurteilen mögt, bedenkt immer, dass es von einer kleinen Anzahl von allein auf sich angewiesenen Männern unternommen worden ist. Diese Männer, die auf abscheuliche Weise beschimpft wurden, hatten keinen anderen Ansporn als die Liebe zum Guten. Man kann uns nicht abstreiten, dass unsere Arbeit auf der Höhe des Jahrhunderts steht. Der aufgeklärteste Mensch wird darin Ideen finden, die für ihn neu sind, und Tatsachen, die er nicht kennt. Möge die Bildung so schnell fortschreiten, dass sich in zwanzig Jahren auf tausend unserer Seiten kaum noch eine Zeile findet, die nicht etwas allgemein Bekanntes sagt! Es obliegt den Herrschern, diese glückliche Umwälzung zu beschleunigen, denn sie können den Kreis der Aufklärung erweitern oder verengen."

(Nach: Manfred Neumann: Diderots Enzyklopädie. Frankfurt 1972, S. 659 f)

Das neuartige Lexikon wurde von 160 Mitarbeitern erstellt. Es erschien 1765. Von den alten Machthabern wurde es gefürchtet und verboten. Deshalb wurde es heimlich verbreitet. Wichtige Aufklärer wie Voltaire gehörten zu den Autoren.

M6 *Der französische Aufklärer Denis Diderot (1713–1784) in einem Vorwort zum 8. Band der „Enzyklopädie der Wissenschaften"*

Jonas, 14, befragt einen Historiker: Wie kam es zur Verbreitung der Aufklärungsideen?

Die Aufklärer benutzten die modernen Medien jener Zeit: Zeitungen, Zeitschriften, Briefe, Bücher, Flugschriften. „Gefährliche" Werke wurden zur Schmuggelware. Viele Aufklärer besuchten sich gegenseitig und unterstützten sich in ihrer rebellischen Haltung gegenüber den Machthabern. Gebildete Bürger gründeten Clubs, in denen sie die neuen Ideen diskutierten. Der amerikanische Politiker und Aufklärer Benjamin Franklin wurde in Paris mit den Worten gefeiert: „Dem Himmel hat er den Blitz und den Tyrannen das Zepter geraubt." Franklin war nicht nur ein Kämpfer für Gerechtigkeit, sondern auch Wissenschaftler und der Erfinder des Blitzableiters. Er war amerikanischer Botschafter in Paris und brachte seine Vorstellungen von Demokratie und Gleichheit der Menschen nach Frankreich und Europa.

M5 *Verbreitungsformen der Aufklärungsideen*

1 Verfasse je einen Lexikonartikel zu „Aufklärung"(Text) und „Gewaltenteilung" (M2, M3).

2 „Die Religionen müssen alle toleriert werden, damit ein jeder nach seiner Fasson (Art) selig werde." Erkläre den Toleranzgrundsatz des preußischen Königs.

3 a) Überlege, warum Diderots Ideen für die Herrschenden gefährlich waren (M6).
b) Lies M5. Wie werden heute Ideen verbreitet?

4 a) Stelle Argumente der Aufklärer zusammen (M1, M6).
b) Verfasse ein Flugblatt mit den Forderungen der Aufklärer.

5 Versetzt euch in die damalige Zeit. Bildet Diskussionsgruppen, von denen ein Teil Anhänger der alten Traditionen ist und ein Teil den Ideen der Aufklärung gegenüber aufgeschlossen ist. Diskutiert in einem „Club".

M1 *Hinrichtung Ludwigs XVI. mit der Guillotine, dem Fallbeil.*
Aus der Nationalversammlung wurde der „Konvent". Dort setzten sich gewaltbereite Revolutionäre durch. Der König fürchtete um sein Leben und floh heimlich um Mitternacht mit seiner Familie aus dem Schloss. Während der Flucht wurde er erkannt und als Gefangener mit seiner Familie nach Paris zurückgebracht. Am 21.1.1793 wurde der König hingerichtet.

Schrecken und Ende der Französischen Revolution

Die Revolution geriet aus den Fugen

Trotz der Erfolge der Revolution kamen die Franzosen nicht zur Ruhe. Die Monarchen Österreichs und Preußens befürchteten, die Revolution könnte unzufriedene Menschen in ihrem Land „anstecken". Sie verbündeten sich mit den französischen Adligen. Die Folge waren Kriege zwischen Frankreich und Österreich-Preußen.

In ganz Frankreich wehrten sich Adlige mit Gewalt gegen die Aufhebung der Ständegesellschaft. Aber selbst die Revolutionäre untereinander fanden keinen Frieden. Einige wollten die Revolution beenden (Gemäßigte), andere die Monarchie ganz abschaffen (Radikale). Eine der radikalsten Gruppen waren die **Jakobiner**. Ihr Anführer wurde mit hundert seiner Anhänger im Juli 1794 hingerichtet. Die Regierungsgeschäfte übernahm nun das sogenannte „Direktorium".

Das Volk wurde der Revolution und der Gewalt überdrüssig. Der im Krieg erfolgreiche General Napoleon Bonaparte nutzte diese Situation. Er stürzte mit seinen Soldaten das Direktorium. Mit der Zustimmung des Volkes wurde er 1799 praktisch Alleinherrscher. Am 2.12.1804 wurde er zum Kaiser gekrönt.

„Nach dem Sturz des Königs ist Frankreich eine Republik. Unser Leben wird aber nicht besser, die Not bleibt groß. Nun haben die Jakobiner die Herrschaft. Sie verbreiten Angst und Schrecken. Weil sie alle anderen mit Gewalt einschüchtern, können sie schalten und walten, wie sie wollen. Seit dem „Verdächtigengesetz" kann jeder, der ihnen nicht passt, verhaftet, eingesperrt und ermordet werden. Anführer der Jakobiner ist Maximilien de Robespierre, ein **Diktator**, der selbst ehemalige Freunde umbringen lässt.

Meine Eltern, Geschwister und ich gehen nur noch auf die Straße, wenn es unbedingt nötig ist. Die einfachen Leute pöbeln oft, sie beschimpfen jeden, von dem sie glauben, er sei etwas Besseres. Viele vergnügen sich bei öffentlichen Hinrichtungen mit der **Guillotine**. In den Zeitungen steht, dass auf dem Land Anhänger der Monarchie beginnen, gegen die Revolutionäre mit Soldaten vorzugehen. Die Regierung schlägt gnadenlos zurück. Terror überall! Es ist wie in einem **Bürgerkrieg**. Ich sehne mich nach Ruhe und Ordnung."

Robespierre

M2 *Ein Pariser Mädchen über die Zeit der Schreckensherrschaft der Jakobiner*

M3 *Kaiserkrönung in der Pariser Kathedrale Notre-Dame im Beisein des Papstes (rechts sitzend). Napoleon setzt seiner Frau Josephine die Krone auf, nachdem er sich zuvor selbst gekrönt hatte. (Gemälde von J.-L. David, 1806)*

Auf, Kinder des Vaterlands!
Der Tag des Ruhms ist da.
Gegen uns wurde der Tyrannei
Blutiges Banner erhoben.
Hört ihr im Land
Das Brüllen der grausamen Krieger?
Sie rücken uns auf den Leib,
Eure Söhne, Eure Frauen zu köpfen!

Refrain: Zu den Waffen, Bürger!
Schließt die Reihen,
Vorwärts, marschieren wir!
Das unreine Blut
tränke unserer Äcker Furchen!

Was will diese Horde von Sklaven,
von Verrätern, von verschwörerischen Königen?
Für wen diese gemeinen Fesseln,
diese seit langem vorbereiteten Eisen?
Franzosen, für uns, ach! welche Schmach,
welchen Zorn muss dies hervorrufen!
Man wagt es, daran zu denken,
uns in die alte Knechtschaft zu führen!

(Aus der „Marseillaise", dem Kampflied der Revolution. Sie ist heute die Französische Nationalhymne.)

M4 *Quellentext*

Robespierre fordert am 3. Dezember 1792 die Todesstrafe ohne Gerichtsprozess für den König. Es kam zum Prozess, aber auch zum Todesurteil.

„Wenn Ludwig tatsächlich noch Gegenstand eines Prozesses sein kann, so kann er auch freigesprochen werden. Er wird als unschuldig angenommen, bis er gerichtet ist. Was wird dann aus der Revolution? Für Ludwig habe ich weder Hass noch Liebe, nur seine Freveltaten hasse ich. Es ist besser, dass Ludwig stirbt, als dass 100000 tugendhafte Bürger umkommen. Ludwig muss sterben, weil das Vaterland leben muss."

(Nach: Histoire parlamentaire, XXI, S. 162 f.)

M5 *Quellentext*

1 Erkläre, wie es zu der in M2 geschilderten Lage in Paris kommen konnte.

2 Du hörst Robespierre 1792 (M5).
a) Schildere einem Bekannten, was er fordert.
b) Kannst du zustimmen? Begründe.

3 a) Fasse den Inhalt von M4 zusammen.
b) Erläutere, aus welcher Zeit der Text stammt und auf welche geschichtliche Situation er sich bezieht.

4 „Die Revolution frisst ihre Kinder." Erläutere diese Aussage.

Napoleon – Befreier und Besatzer

M1 *Napoleon als General in der Schlacht bei Arcole gegen Österreich (Gemälde von A.-J. Gros, 1796)*

Napoleon brachte Gutes und Schlechtes

Napoleon beseitigte in seinem Herrschaftsgebiet die Zollschranken, sorgte für eine moderne Verwaltung, schaffte die Leibeigenschaft ab und führte einheitliche Münzen, Maße und Gewichte ein. Das fortschrittliche Gesetzbuch Napoleons, der **Code Civil**, wurde eingeführt. Er garantierte persönliche Freiheit, Gleichheit vor dem Gesetz, Schutz des Eigentums, die Trennung von Staat und Kirche sowie Gewerbe- und Handelsfreiheit. Viele Europäerinnen und Europäer begrüßten dies.

Trotzdem litten viele Menschen unter der französischen Besatzung. Sie machten die Franzosen für die sich ausbreitende Armut verantwortlich. Immer wieder verbündeten sich verschiedene Länder und führten Krieg gegen Napoleons Herrschaft. In Deutschland hatten diese **Befreiungskriege** zur Folge, dass bei den Menschen ein stärkeres nationales Zusammengehörigkeitsgefühl entstand.

Napoleon beherrscht Europa

Nachdem Napoleon in Frankreich die Herrschaft übernommen hatte, versprach er, die Erfolge der Revolution zu achten: Grundfreiheiten und Rechte für die Bürgerinnen und Bürger. Seine Pläne gingen noch weiter. Er fühlte sich berufen, diese Freiheit in ganz Europa zu schaffen und nannte sich selbst „Revolutionskaiser".

Napoleon galt als genialer Feldherr, besiegte Preußen und Österreich militärisch und besetzte viele Gebiete. Durch seine Erfolge in Schlachten, seine Machtpolitik und seine Gleichheits- und Freiheitsparolen gelang es ihm, Staaten zu erobern oder zu kontrollieren.

In Deutschland eroberte er die linksrheinischen Gebiete und unterstützte die **Rheinbundstaaten** (siehe M3), die sich vom Deutschen Reich losgelöst hatten. 1806 war Napoleons Druck auf Deutschland so groß, dass Franz II. auf die deutsche Kaiserkrone verzichtete; das „Heilige Römische Reich deutscher Nation" existierte nicht mehr. Kleine deutsche Fürstentümer wurden nun zusammengefasst, geistliche Fürstentümer zu weltlichen gemacht, neue Länder gegründet. Preußen musste auf Gebiete verzichten, Napoleons Bruder Jérôme wurde König von Westfalen. 3,5 Mio. Einwohner erhielten so eine neue politische Führung. Sie alle waren von Napoleon abhängig.

M2 *Die Deutschen warnten ihre Töchter vor dem Charme französischer Soldaten mit dem Satz: „Mach bloß keine Fisimatenten!" Das Wort leitet sich vom französischen „Visitez ma tente" („Besuchen Sie mein Zelt") ab. So fanden französische Wörter Eingang in die deutsche Sprache. (Heutige Zeichnung)* ▷

Revolutionen verändern Europa

D3-091 www.diercke.de

M3 *Europa im Jahr 1812. Die „Kontinentalsperre" war eine Wirtschaftsblockade Frankreichs gegen England. Napoleons Feldzug gegen Russland scheiterte. 1815 verlor Napoleon die letzte Schlacht bei Waterloo gegen die europäischen Gegner, die sich gegen ihn verbündet hatten.*

Der Kaiser Napoleon war Franzose und Europäer. Beides war miteinander zu vereinbaren, begann sich jedoch auszuschließen. Der Revolutionsgeneral hatte eine Vereinigung der befreiten und nach dem Modell des neuen Frankreichs organisierten Völker versprochen. Der Eroberer fügte europäische Nationen seinem französischen Reich an. Damit forderte er den Widerstand der von ihm aufgeweckten Völker heraus, die sich schließlich vom Befreier befreiten. Die Nationen hatten über Napoleons Europa gesiegt. Menschen wie Völker hatten immer weniger das gesehen, was Napoleon ihnen gebracht hatte, und immer mehr das, was er ihnen wegnahm und vorenthielt: die Selbstbestimmung, die er seinem Frankreich und schließlich nur noch sich selbst vorbehielt.

(Nach: Franz Herre: Napoleon Bonaparte. München 1988, S. 382, 388)

M4 *Napoleons Alleinherrschaft in Frankreich und Europa*

1. Beschreibe, wie Napoleon in M1 dargestellt wird.

2. Fasse mit eigenen Worten zusammen, wie Napoleon über Europa herrschte (Texte).

3. Erkläre, warum die Gefühle der Europäer gegenüber Napoleon gemischt waren.

4. Verfasse eine Chronik über die Kriege und Feldzüge Napoleons (M3).

5. Fasse M4 mit eigenen Worten zusammen. Beachte dabei besonders die Formulierung, dass Napoleon die Selbstbestimmung schließlich nur noch sich selbst vorbehielt.

6. Teilt die Klasse in zwei Gruppen: Reporterinnen/Reporter und Napoleon.
Die Reportergruppe formuliert Fragen an Napoleon (M3, M4).
Die Napoleon-Gruppe antwortet (Texte).

Ein Lernplakat erstellen

Kampfansage an den König

Der dritte Stand erklärt sich zur Nationalversammlung.
Forderung nach einer Verfassung; Ballhausschwur!

Vor der Revolution

Sehr viele arme Menschen

Wenige reiche Menschen

Ständegesellschaft!
König Ludwig XVI. regiert allein.

Die Französische REVOLUTION

Die gesellschaftlichen und politischen Verhältnis[se] wurden mit Gewalt verändert.

Der König ist tot

1793: Hinrichtung von König Ludwig XVI.
Ende der Monarchie;
Frankreich wird Republik.

Es lebe der Kaiser!

1799: Napoleon übernimmt die Macht.
Ende der Französischen Revolution.
Napoleon krönt sich 1804 zum Kaiser.

M1 *Die Französische Revolution: Lernplakat einer Schülerin*

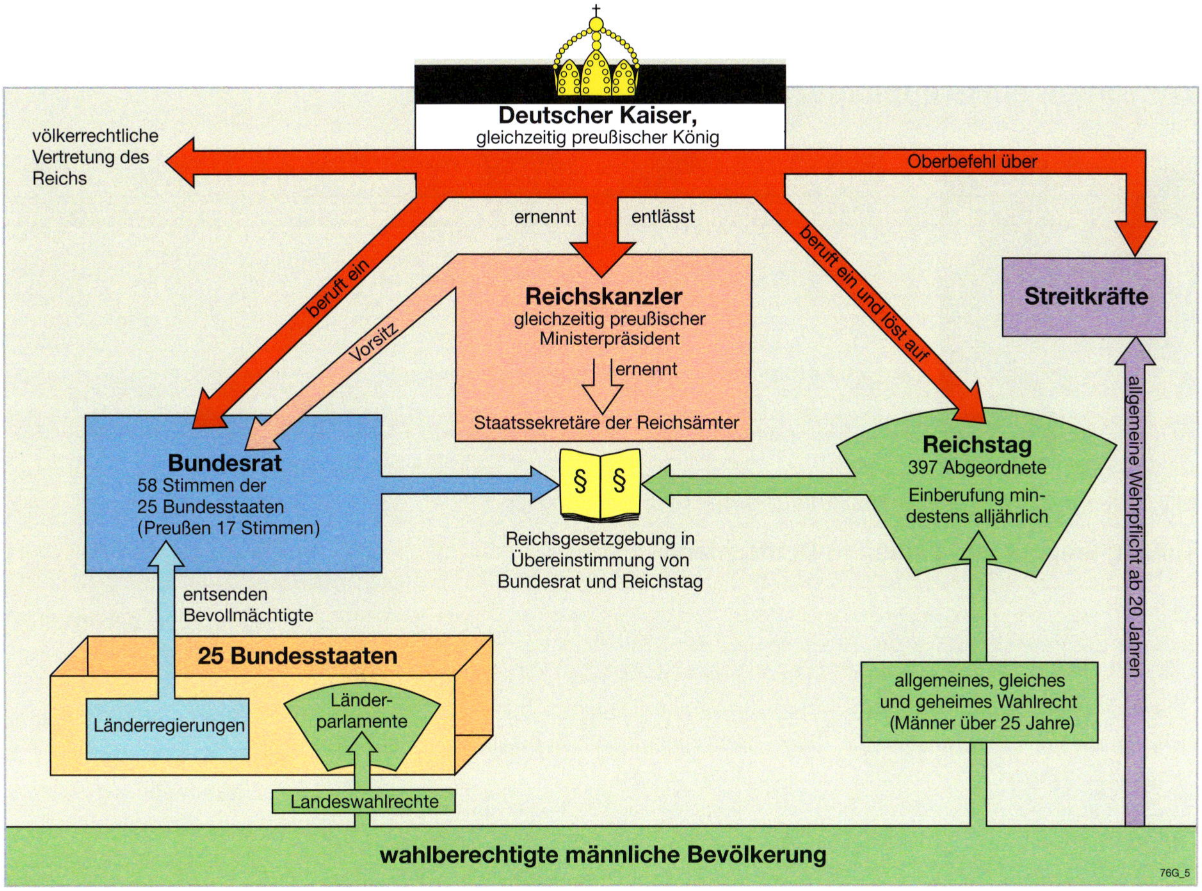

M3 *Die Verfassung des Deutschen Kaiserreiches 1871*

„Wir, Wilhelm, von Gottes Gnaden König von Preußen, nachdem die deutschen Fürsten und freien Städte den einmütigen Ruf an uns gerichtet haben, mit Herstellung des Deutschen Reiches die deutsche Kaiserwürde zu erneuern und zu übernehmen, bekunden hiermit, dass wir es als eine Pflicht für das gemeinsame Vaterland betrachtet haben, diesem Ruf der verbündeten deutschen Fürsten und Städte Folge zu leisten und die deutsche Kaiserwürde anzunehmen.
Demgemäß werden wir und unsere Nachfolger an der Krone Preußens fortan den kaiserlichen Titel in allen unseren Beziehungen und Angelegenheiten des Deutschen Reiches führen und hoffen zu Gott, dass es der deutschen Nation gegeben sein werde, das Vaterland einer segensreichen Zukunft entgegenzuführen.“

(Nach: Deutsche Geschichte in Quellen und Darstellung, Bd. 7. Stuttgart 1997, S. 466 f)

M4 *Text der Kaiserproklamation vom 18.1.1871*

1 a) Beschreibe die in M1 dargestellte Szene.
b) Welche Ereignisse führten zur Ausrufung des deutschen Kaiserreiches.

2 a) Schreibe einen Tagebucheintrag aus der Sicht des Königs (Quelle), in dem du erklärst, weshalb du den Kaisertitel annimmst.
b) Erkläre, was sich aus Sicht des Königs zur Situation von 1848/49 verändert hat (siehe S. 140)
c) Nimm dazu Stellung.

3 Die Reichsgründung ist eine „Revolution von oben." Erkläre.

4 a) Betrachte das Schaubild (M3). Erläutere deinen Mitschülern die Verfassung von 1871 in einem Kurzreferat.
b) Vergleiche die Verfassung von 1871 (M3) mit der Paulskirchenverfassung (siehe S. 141 M4).

5 Beschreibe das Staatsgebiet des Deutschen Kaiserreiches (Atlas, Karte: Das Deutsche Kaiserreich 1871).
.

Wir führen ein Gruppenpuzzle durch

M1 *Arbeit der Experten*

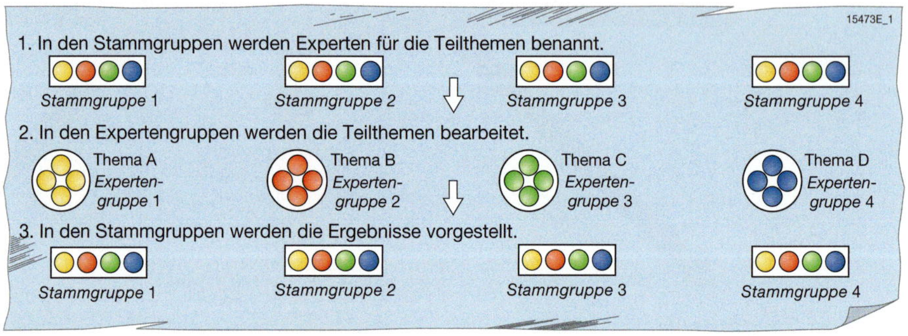

M2 *Ablauf eines Gruppenpuzzles*

Thema: Freiheit und Einheit in Deutschland

Seit den Befreiungskriegen gegen Napoleon wurde in Preußen und in anderen deutschen Ländern der Ruf nach Freiheit unüberhörbar. Der Protest der Liberalen gegen die Unterdrückung der Freiheit durch die Fürsten wurde immer lauter. Freiherr von Liebenstein sprach 1819 im badischen Landtag den Wunsch vieler freiheitlich Gesinnter klar aus:

„Meine Herren, die Freiheit der Presse, oder mit anderen Worten die volle Freiheit der Gedankenäußerung in Rede, Schrift und Bild, ist eine der großen politischen Fragen, die seit 30 Jahren [seit 1789] die ganze gesittete Welt beschäftigen und bewegen. An deren befriedigender Lösung sind die höchsten Interessen der jetzt lebenden und der kommenden Geschlechter geknüpft.

Alle zivilisierten Völker unseres Weltteils ringen nach gesetzlicher, verfassungsmäßiger Freiheit. Alle denkenden Köpfe unter diesen Völkern haben es längst erkannt, dass ohne volle Freiheit der Gedankenäußerung jede andere Freiheit trügerisch und vergänglich ist."

(Nach: Die Tribüne, Nr. 41 vom 17. August 1819)

M3 *Rede im badischen Landtag, 1819*

1 a) Fasse den Inhalt von M3 mit eigenen Worten zusammen.
b) Ordne die Quelle in den geschichtlichen Zusammenhang ein (siehe Einleitung).
c) Bestimme die Bedeutung der freien Gedankenäußerung.

Im Mai 1832 zogen etwa 30 000 Menschen zum Hambacher Schloss. Sie sangen politische Lieder und führten Fahnen in den Farben schwarz-rot-gold mit sich. Die seit der französischen Julirevolution von 1830 vorherrschende Stimmung war von Unruhe geprägt, die auch im Deutschen Bund zu spüren war. Ein Sprecher rief aus:

„Vaterland – Freiheit – ja! Ein freies deutsches Vaterland – dies der Sinn des heutigen Festes. Es wird kommen der Tag, der Tag des edelsten Siegesstolzes, wo der Deutsche vom Alpengebirg und der Nordsee, vom Rhein, der Donau und Elbe den Bruder im Bruder umarmt, wo die Zollschranken und Schlagbäume, wo alle Zeichen der Trennung und Bedrückung verschwinden, wo freie Straßen und freie Ströme den freien Umgang aller Nationalkräfte bezeugen. Dies ist der Gedanke des heutigen Festes, des herrlichsten, bedeutungsvollsten, das seit Jahrhunderten in Deutschland gefeiert wurde: die Wiedergeburt des Vaterlandes."

(Nach: Johann Georg August Wirth: Das Nationalfest der Deutschen zu Hambach. Neustadt 1832, S. 33 ff)

M4 *Rede beim Hambacher Fest, 1832*

2 a) Fasse den Inhalt von M4 mit eigenen Worten zusammen.
b) Ordne die Quelle in den geschichtlichen Zusammenhang ein (siehe Einleitung).
c) Beurteile die Vaterlandsliebe des Sprechers.

So geht ihr vor (siehe M2):

1. Schritt:
Bildet Stammgruppen mit je vier Schülern und teilt die Texte A–D auf. Jede Schülerin und jeder Schüler ist für den ausgewählten Text „Experte" und bearbeitet die Aufgaben in Stillarbeit.

2. Schritt:
Bildet nun Expertengruppen. Vergleicht die Einzelergebnisse. Entscheidet, wie ihr den anderen die Ergebnisse vermitteln wollt und wie die Mitschüler die Ergebnisse gut behalten.

3. Schritt, Teil 1:
Zurück in der Stammgruppe: Gegenseitig werden die Ergebnisse zu A, B, C und D vermittelt und aufgeschrieben, sodass alle Schülerinnen und Schüler dieselben Informationen haben.

3. Schritt, Teil 2:
Die Stammgruppe fasst die Ergebnisse auf einem Plakat zusammen. Die Plakate werden von jeder Gruppe vorgestellt und im Klassengespräch verglichen.

1849 wird das Scheitern der deutschen Revolution absehbar. Die Fürsten erkennen die Verfassung der Nationalversammlung nicht an. Die preußischen Soldaten sind den Aufständischen überlegen. In der Pfalz ist der Widerstand gegen die Staatsgewalt am heftigsten. Eine Gruppe von Abgeordneten der Nationalversammlung in Frankfurt ruft am 5. Mai 1848 das Volk noch einmal zum aktiven Widerstand gegen die Fürsten auf:

„Fürstenwillkür [Handeln ohne Regeln] vernichtet, was die Vertreter des souveränen [eigenständigen] Volkes beschlossen. Deutsche, jetzt gilt es abermals eure Freiheit gegen die Angriffe der Fürsten zu schützen. Blickt auf das Beispiel der tatenentschlossenen Pfälzer. Säumt nicht, bewaffnet euch, organisiert euch, benutzt eure Vereine. Seid mannhaft gerüstet für den Augenblick, wo ihr euch den Gewaltschritten der Willkürherren entgegenzustellen habt. Pfälzer! Deutschlands Männer können nicht tatenlos eurer Erhebung [Aufstand] zusehen, dass der Despotismus [Gewaltherrschaft] zur Vernichtung des ganzen Volkes Freiheit schreite!"

(Nach: Die deutsche Revolution 1848/49. München 1976, S. 318)

M5 *Verzweifelter Aufruf nach dem Scheitern der Revolution 1849*

3 a) Fasse den Inhalt von M5 mit eigenen Worten zusammen.
b) Ordne die Quelle in den geschichtlichen Zusammenhang ein (siehe Einleitung).
c) Untersuche, auf welche Art der Redner das Volk anspricht.

Die Revolution von 1848 war gescheitert, die Reichsgründung von 1871 wurde ohne Beteiligung des Volkes vollzogen. Otto von Bismarck, der preußische Ministerpräsident, hatte die Reichseinigung kriegerisch herbeigeführt. Seiner Meinung nach konnte Politik auch „mit Blut und Eisen" geführt werden (gemeint ist eine Politik mit kriegerischen Mitteln und äußerster Härte). Als erster Kanzler des Reiches war er zudem ein Gegner der Demokratie, persönlicher Vertrauter des Kaisers Wilhelm I. und Anhänger einer starken Monarchie. Die preußische Tradition von Militär und Autorität prägte die Politik und Gesellschaft. Die Farben des Kaiserreiches waren das preußische Schwarz und Weiß und das Rot der alten Reichsstädte. Für Kriegszeiten war die „Reichskriegsflagge" vorgesehen. In Elsass-Lothringen, das Frankreich nach dem Krieg an Deutschland abgeben musste, begegneten sich Franzosen und Deutsche nicht immer friedlich. In Schlesien, Ostpreußen und Posen waren Polen und Deutsche nicht immer gut Freund. Das Kaiserreich war also kein reiner Nationalstaat, in dem die Angehörigen der deutschen Nation freiheitlich und demokratisch in einem Staat zusammenlebten. Die Ziele der liberalen (freiheitlichen) Bewegung vom Beginn des 19. Jahrhunderts sind also 1871 nicht vollständig erreicht worden.

M6 *Urteil über die Enttäuschung der liberalen Hoffnungen 1871*

4 a) Fasse den Inhalt von M6 mit eigenen Worten zusammen.
b) Nimm Stellung zur Situation des Volkes. Beachte dabei den letzten Satz.

Wirtschaft und Arbeit

Charlie Chaplin im Spielfilm „Moderne Zeiten" („Modern Times"; gedreht 1933–1936)

M1 *So funktioniert eine Dampfmaschine: In einem Ofen (a) wird Feuer gemacht. Das Wasser im Kessel (b) verdampft. Der Wasserdampf wird so in den Zylinder (c) geleitet, dass er den Kolben (d) nach oben und unten drückt. Diese Bewegung wird durch das Gestänge (e) auf zwei Zahnräder (f) übertragen. Diese treiben das Schwungrad (g) an, das über einen Lederriemen (h) mit einer Maschine verbunden ist.*

Die Industrielle Revolution

Eine Maschine macht Dampf

Mit der Erfindung der **Dampfmaschine** 1769 durch James Watt begann die Industrialisierung in England. Nun konnte man in Fabriken Rohstoffe mit Maschinen verarbeiten und Waren herstellen. Die Massenproduktion begann.

Die Dampfmaschine setzte man auch ein in der Landwirtschaft, beim Antrieb der Lokomotiven und im Bergbau. Kohle und Erz wurden in großen Mengen abgebaut. Mit der Verfeuerung der Kohle in Hochöfen konnte massenweise Eisen verarbeitet werden. Dieses benötigte man wiederum zur Herstellung von Eisenbahnen und Maschinen. Wegen des Tempos der Veränderung spricht man von der **Industriellen Revolution**.

In Deutschland begann die Industrialisierung erst um 1840, aber um 1900 war das Deutsche Reich bereits ein führender Industriestaat in Europa.

M2 *Entwicklung der Kruppwerke in Essen, in denen Stahl produziert wurde*

Das Ruhrgebiet: Wandel in der Mitte Europas

1865 in Essen: Der 14-jährige Johannes versteht die Welt nicht mehr. Wo er als Kind noch auf Feldern geholfen und mit seinen Freunden gespielt hatte, wird überall gebaut. Es entstehen neue Fabrikanlagen, Bergwerke, Hochöfen und Arbeitersiedlungen. Sein Vater arbeitet für wenig Lohn „unter Tage", er selbst soll bald in einem Walzwerk arbeiten, um Geld für die Familie zu verdienen. Immer mehr Menschen kommen und suchen Arbeit. Viele reisen aus dem Osten Deutschlands an, seit sie nicht mehr gezwungen werden, als Bauern den Herren zu dienen. Einige Zugereiste sprechen Polnisch.

Aus Johannes' Heimatort ist eine Großstadt geworden, daran muss er sich erst gewöhnen: Es ist eng und schmutzig. Abenteuerlich findet Johannes die Eisenbahnen, die seit 1847 mit der unglaublichen Geschwindigkeit von 25 km/h durchs Ruhrgebiet fahren. Seine Oma sagt, dass man davon krank wird.

Seine Freundin Luise hat als Dienstmädchen im Haus eines Fabrikbesitzers eine Anstellung. Dieser wird „Unternehmer" genannt.

D3-074 www.diercke.de

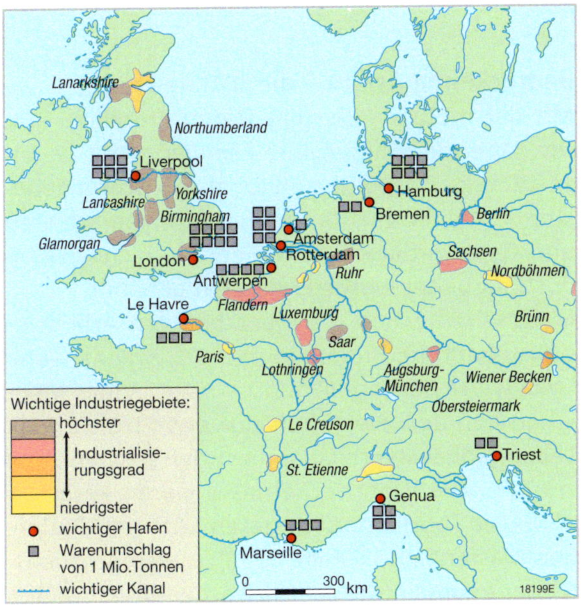

M3 *Industriegebiete in Europa um 1900*

Jahr	Großbritannien	Ruhrgebiet	Preußen	restliches Deutschland
1840	34,2	1,2	2,8	3,2
1850	50,2	2,0	4,6	5,1
1860	81,3	4,9	10,7	12,3
1870	112,2	11,8	23,3	26,4
1880	149,3	22,5	42,2	47,0
1890	184,5	35,5	64,4	70,7
1900	228,8	59,6	102,0	109,3
1910	268,7	86,9	143,8	152,8

M5 *Förderung der Steinkohle (Angaben in Millionen Tonnen)*
(Quellen: Großbritannien, Deutschland: B. R. Mitchell: European Historical Statistics 1750–1970. London 1975, S. 360 ff; Preußen, Ruhrgebiet: Carl Ludwig Holtfrerich: Quantitative Wirtschaftsgeschichte des Ruhrkohlenbergbaus im 19. Jahrhundert. Dortmund 1973, S. 16 ff)

M4 *Das Eisenwalzwerk (Gemälde von Adolph v. Menzel, 1875)*

Johannes berichtet: „Seit ich in der Fabrik arbeite, habe ich fast keine Freizeit mehr. Bis zum Abend muss ich schuften, 50 Stunden pro Woche. Nur am Sonntag darf ich ausruhen. Aber dann muss ich meistens bei der Hausarbeit helfen. Viele Kinder arbeiten in der Fabrik. Die Tätigkeit ist sehr, sehr hart, dreckig und laut. Der Umgangston ist rau; ständig werde ich angetrieben.
Mein Vater ist krank geworden und arbeitslos. Im Kohlebergbau hat er zu viel Staub in die Lunge bekommen. Die Arztkosten können wir kaum bezahlen. Mein Vater sagt: ‚Es wird Zeit, dass die Arbeiter gemeinsam etwas gegen die schlechten Bedingungen tun. Fabriken und Maschinen sind nicht nur ein Segen für die Menschheit.'"

M6 *Harte Arbeitsbedingungen um 1860*

1. Erkläre, wie eine Dampfmaschine funktioniert (M1).

2. Die Erfindung der Dampfmaschine war eine Revolution. Erläutere.

3. Beschreibe und vergleiche die Abbildungen in M2.

4. Beschreibe den Wandel im Ruhrgebiet mithilfe des Textes.

5. Nenne europäische Industriegebiete um 1900 (M3). Ordne Sie nach der Höhe ihres Warenumschlages.

6. a) Schließe anhand der Kohleförderung im Ruhrgebiet (M5) auf die industrielle Entwicklung.
b) Vergleiche die Entwicklung im Ruhrgebiet mit Großbritannien, Deutschland und Preußen.
c) Vergleiche die Kohleförderung in Großbritannien und Deutschland. Was stellst du fest?

7. a) Beschreibe M4 und bestimme die Absicht des Malers.
b) Johannes ist 14 Jahre alt. Vergleiche seine Schilderungen mit deiner eigenen Lebenssituation.

D3-075 www.diercke.de

Folgen der Industrialisierung

Europa verändert sich

Bis 1900 hatte Europa ein neues, moderneres Gesicht erhalten. Besonders in den Großstädten wurde das sichtbar. Beispielsweise förderte die Entwicklung von Elektrizität und Motoren den Verkehr.
Viele Menschen brachen aus den armen, ländlichen Gebieten auf, um in den Städten einen Arbeitsplatz zu finden. Dies führte zu einer **Urbanisierung** (Verstädterung). Aufgrund der verbesserten Medizin kam es zu einem Bevölkerungswachstum. Es gab immer mehr Menschen, die versorgt werden mussten. Unternehmer vergrößerten ihre Fabriken. Das nötige Geld mussten sie sich leihen, es entwickelte sich ein Bankwesen.
Mit der Industriellen Revolution gingen auch kulturelle Neuerungen einher. Zum Beispiel gab es nun Werbung, Kinos, Telefone, Fotografie, Freizeitkultur.
Das **Bürgertum**, dazu zählten Klein- und Großunternehmer, Kaufleute, Beamte sowie Angestellte in den Betrieben, Banken und Versicherungen, wurde selbstbewusster und wohlhabender. Reiche Großbürger wollten auch in der Politik mehr Einfluss erhalten.

Bedrückende Armut – die soziale Frage

Mit der Industrialisierung traten Probleme auf. Die Arbeiter konnten ihre Familien trotz 12- bis 14-stündiger Arbeit kaum ernähren. Schon neunjährige Kinder mussten in den Fabriken arbeiten und Geld verdienen. Diese neue Schicht der Industriearbeiter wurde **Proletariat** genannt.
Nicht selten waren die Menschen von Arbeitslosigkeit bedroht. Kündigungsschutz, Kranken- und Unfallversicherungen gab es nicht. Viele Menschen konnten die Arbeit nur etwa bis zum 40. Lebensjahr aushalten, dann wurden sie krank und starben. Die Wohnverhältnisse waren katastrophal. Die Fabriken verpesteten Luft und Boden. Das Massenelend führte 1830 zu ersten Arbeitsniederlegungen der Industriearbeiter. Mit diesen **Streiks** wollten die Arbeiter Druck auf die Unternehmer ausüben. Zwischen 1850 und 1900 kam es zu zahlreichen wütenden Arbeiteraufständen.
Die prekäre Lebenssituation der Arbeiter wurde als sogenannte „soziale Frage" in der damaligen Öffentlichkeit diskutiert.

M1 *„Villa Hügel" in Essen, das Wohnhaus der Familie Krupp mit 220 Räumen. Alfred Krupp (1812–1887) errichtete einen Stahlkonzern, der ein Weltunternehmen wurde.*

M2 *24 m² für sieben Personen. Die Arbeitersiedlungen entstanden in der Nähe der Fabriken. Mancher Arbeiter teilte sich ein Bett mit einem Kollegen, der in einer anderen Schicht arbeitete.*

	1848	heute
1 kg Butter	490 Min.	16 Min.
1 kg Mischbrot	42 Min.	11 Min.
1 kg Schweinefleisch	280 Min.	27 Min.
1 kg Kartoffeln	30 Min.	4 Min.

18198E_1

◁ **M3** *Der Warenwert in Arbeitszeit (Minuten): So lange musste man früher und muss man heute für einzelne Lebensmittel arbeiten.*

Wirtschaft und Arbeit

M4 *Streikende Klempner wurden „ausgesperrt". In den Arbeitskämpfen um 1900 war die Aussperrung ein oft angewandtes Mittel der Unternehmer, um auf streikende Arbeiter Druck auszuüben. Sie wurden aus dem Betrieb ausgeschlossen und bekamen dann keinen Lohn mehr, solange der Streik andauerte. Ein Streik war also für Arbeiter riskant, weil sie zum Teil wochenlang ohne Einkommen waren. Für Mitglieder von Gewerkschaften gab es Streikkassen, aus denen der Geldverlust teilweise bezahlt wurde. Dies gilt bis heute. (Foto, 1913)*

„Der Name Republik, so schön er ist,
genügt nicht allein.
Das arme Volk hat nichts im Magen,
nichts auf dem Leib und muss sich immer plagen.
Drum muss die nächste Revolution,
soll sie verbessern, eine soziale sein.

Ihr arbeitet früh und spät, und doch entbehren die meisten von euch der für Nahrung, Wohnung und Kleidung notwendigsten Gegenstände. Doch wird gerade denen von den Gütern der Erde am kärgsten zugeteilt, welche sie derselben mühsam im Schweiße ihres Angesichts abgewinnen müssen. Die Ursachen dieser immerwährenden, schlechten Zeiten sind aber nur die ungleiche Verteilung der Güter und die ungleich verteilte Arbeit. Das Mittel, diese grässliche Unordnung zu erhalten, ist das Geld."

(Nach: Wilhelm Welting: Grundsatzerklärung des „Bundes der Gerechten" (1838). In: Deutsche Geschichte in Quellen und Darstellung, Bd. 7. Stuttgart 1997, S. 236)

M5 *Auszüge aus einem Protestschreiben*

1 Berichte von den Veränderungen in Europa um 1900 (Text).

2 Verfasse einen Brief eines 15-Jährigen, der im Ruhrgebiet lebt, an seinen Cousin auf dem Land: Rätst du ihm, ins Ruhrgebiet zu kommen? Begründe.

3 Nenne Ursachen für die in M2 sichtbaren Wohnverhältnisse.

4 Vergleiche den Arbeitsaufwand für den Kauf von Lebensmitteln im Jahr 1848 und heute (M3).

5 a) Verfasse die politische Rede eines Klempners, in der du die in M4 gezeigte Plakataufschrift erklärst.
b) Verfasse die Gegenrede eines Unternehmers.

6 a) Bestimme den Adressaten von M5.
b) Deute das Gedicht am Anfang der Quelle.
c) Ermittle, wogegen sich die Kritik richtet.
d) Nenne die Ursachen, die der Autor für Missstände ausmacht.
e) Bestimme die Absicht des Verfassers.

M1 *„Proletarier aller Länder vereinigt euch!" Dieser sozialistische Wahlspruch galt für Sozialdemokraten und für Kommunisten. (Holzstich, 1896)*

Viele Antworten auf die soziale Frage

Seit den 1860er-Jahren gab es mehrere Arbeiterparteien. Sie traten unter anderem für einen Mindestlohn und eine Verbesserung der Arbeitsbedingungen ein. Zunächst wurden sie vom Staat verboten und polizeilich verfolgt. 1890 gründete sich die „Sozialdemokratische Partei Deutschlands (SPD)" neu. Einer der beiden ersten Vorsitzenden, August Bebel, wurde „Arbeiterkaiser" genannt. Nach 1900 wurde die SPD stärkste Partei im Kaiserreich. Sie wollte durch politische Veränderungen die Situation der Proletarier verbessern.

Die „Kommunisten" dagegen meinten, dass die Proletarier durch eine Revolution alle politische Macht an sich bringen müssten. Danach würden sie eine Gesellschaft aufbauen, in welcher der Gegensatz zwischen den beiden Klassen, Bürgertum und Proletariat, verschwindet. Die Begründer des Kommunismus, Karl Marx und Friedrich Engels, gingen davon aus, dass es den Arbeitern erst gut ginge, wenn die Fabriken nicht mehr den Unternehmern, sondern einem Staat gehörten, der von den Arbeitern geführt würde.

Ab 1895 setzte eine allmähliche Milderung der Not in Deutschland ein. Die Löhne stiegen, die Arbeitszeit verkürzte sich, die Kinderarbeit wurde eingeschränkt, Arbeitsschutz und Versicherungen wurden eingeführt. Dies war das Ergebnis vieler Bemühungen, um die soziale Frage zu lösen.

Arbeiterinnen und Arbeiter hatten früh begonnen, sich in Vereinen zusammenzuschließen. Aus ihnen gingen die **Gewerkschaften** hervor. Das sind größere Arbeiterorganisationen. Ihre Vertreter verhandelten mit den Unternehmern, organisierten Streiks und führten Sozialkassen ein.

Einige Unternehmer, wie Alfred Krupp, bauten für ihre Belegschaft gute Wohnungen, richteten Krankenkassen sowie eine Versorgung mit Lebensmitteln und Medizin ein. Sie wollten damit nicht nur die Lage der Arbeiter verbessern, sondern diese auch abhängig machen und kontrollieren.

Auch die Kirchen gründeten Arbeitervereine. Dort legte man vor allem Wert auf Bildung und sinnvolle Freizeitgestaltung und bot Familienhilfe an.

M2 *Karl Marx, 1818–1883 (koloriertes Foto um 1880)*

„Die Arbeit der Proletarier hat durch die Ausdehnung der Maschinerie und die Teilung der Arbeit allen selbstständigen Charakter und damit jeden Reiz für den Arbeiter verloren. Die Kommunisten erklären es offen, dass ihre Zwecke nur erreicht werden können durch den gewaltsamen Umsturz der bisherigen Gesellschaftsordnung. Das Proletariat wird seine Herrschaft dazu benutzen, dem Bürgertum nach und nach alles Kapital zu entreißen. Die Proletarier haben nichts zu verlieren als ihre Ketten. Sie haben eine Welt zu gewinnen. Proletarier aller Länder vereinigt euch!"

(Nach: Karl Marx, Friedrich Engels: Das Manifest der Kommunistischen Partei. In: Manfred Görtemaker: Deutschland im 19. Jahrhundert. Bonn 1986, S. 165 ff)

M2 *Aus dem Kommunistischen Manifest 1848*

1883/84 gründete Reichskanzler Otto von Bismarck (siehe S. 154/155) eine Kranken- und Unfallversicherung. Zum einen konnte der Staat nicht mehr tatenlos zusehen, wie Menschen in schlimmste Not gerieten. Zum anderen hatte Bismarck auch Angst, dass die Gewerkschaften zu stark werden könnten und eine Revolution ausbrechen würde. Die Arbeiter sollten erkennen, dass sie die Arbeiterführer nicht bräuchten.

M3 *Staatliche Sozialgesetze*

Jahr	Mitglieder
1869	77 200
1885	136 700
1890	357 200
1895	327 800
1900	848 800
1905	1 652 600
1913	2 997 100

M4 *Mitglieder in freien (sozialistischen), christlichen und liberalen Gewerkschaften*

M5 *August Bebel, 1840–1913 (koloriertes Foto um 1905)*

„Die sozialistische Arbeiterpartei fordert mit allen gesetzlichen Mitteln den freien Staat, die Abschaffung der Lohnarbeit, die Aufhebung der Ausbeutung in jeder Gestalt, die Beseitigung aller sozialen und politischen Ungleichheit, die gemeinschaftliche Produktion von Gütern mit staatlicher Hilfe. Die sozialistische Arbeiterpartei fordert allgemeines, gleiches und direktes Wahlrecht für alle Staatsangehörigen über 20 Jahre, die Entscheidung über Krieg und Frieden durch das Volk, die Aufhebung aller Gesetze, die die Meinungsfreiheit einschränken."

(Nach: Manfred Görtemaker: Deutschland im 19. Jahrhundert. Bonn 1986, S. 241)

M5 *Aus dem Gothaer Programm der Sozialdemokraten 1875*

1 Erarbeite einen kurzen Vortrag über die Lösungsansätze der sozialen Frage (Text).

2 Fertige ein Flugblatt an, in dem die Aussage in M1 unterstützt wird.

3 a) Teilt die Klasse in zwei Gruppen und bereitet ein Streitgespräch vor: Eine Gruppe nimmt die Position von M2 ein, die andere von M5.
b) Wählt je einen Sprecher.
c) Die beiden Sprecher führen das Streitgespräch.
d) Stimmt in der Klasse geheim ab: Wen würdest du unterstützen?

4 a) Beschreibe die Entwicklung der Mitgliederzahlen der Gewerkschaften (M4).
b) Begründe die Mitgliederzahl 1895 (Text).

5 Finde heraus, mit welchen Themen sich die deutschen Gewerkschaften heute besonders intensiv beschäftigen (www.dgb.de).

Beginn der Sozialgesetzgebung

M1 *Arbeiterfamilie um 1900*

Ein notwendiger Schritt

M2 *Otto von Bismarck*

Lohnfortzahlung im Krankheitsfall, Arbeitslosengeld, Rente im Alter, finanzielle Unterstützung bei Notfällen und Elterngeld sind Beispiele sozialer Leistungen, die für die meisten von uns heute selbstverständlich sind. Ende des 19. Jahrhundert herrschten in Deutschland noch andere Bedingungen: Die Menschen arbeiteten oft mehr als 14 Stunden am Tag und das sieben Tage in der Woche. In den meisten Betrieben gab es keine Unfallschutzvorrichtungen. Viele Arbeiter wurden bereits mit 40 Jahren erwerbsunfähig. Ohne Einkommen war die Versorgung der Familien nicht sichergestellt. Sie verarmten. Hilfe kam oft nur vonseiten der Kirchen oder von Selbsthilfeeinrichtungen der Arbeiter.

Seit Ende der 1880er-Jahre übernahm der Staat diese Aufgabe. Sozialgesetze wurden erlassen. Als maßgeblicher Begründer dieser Gesetze gilt der damalige Reichskanzler Fürst Otto von Bismarck. Bismarck wollte mit der Einführung der Sozialgesetze auch erreichen, dass die Arbeiter positiv über den vom Kaiser geführten Staat dachten.

Bis heute haben sich die Sozialgesetze nach und nach verbessert. Das soziale Netz wurde so stabil und engmaschig, dass jeder im Notfall eine Grundsicherung erhält.

„Der eigentliche Beschwerdepunkt des Arbeiters ist die Unsicherheit seiner Existenz. Er ist nicht sicher, dass er immer Arbeit haben wird, er ist nicht sicher, dass er immer gesund ist, und er sieht voraus, dass er einmal alt und arbeitsunfähig sein wird. Verfällt er aber der Armut auch nur durch längere Krankheit, so ist er darin nach seinen eigenen Kräften völlig hilflos, ... auch wenn er noch so treu und fleißig die Zeit vorher gearbeitet hat."

(Nach: Otto von Bismarck, Gesammelte Werke, Band 12, Berlin 1924, S. 320)

M3 *Der Beschwerdepunkt des Arbeiters*

„Die Unternehmen konnten in ihren Betrieben nach eigenem Gutdünken schalten und walten. Die Lohnhöhe wurde individuell mit den Arbeitern ausgehandelt. Tarifverträge oder ähnliche verbindliche Vereinbarungen zwischen Arbeitnehmern und Arbeitgebern gab es nicht.

In Arbeits- und Betriebsordnungen legten die Unternehmen Arbeitszeit und Pausen fest, forderten Pünktlichkeit und Disziplin, Gehorsam gegenüber Vorgesetzten."

(Nach: Rheinisches Industriemuseum Oberhausen; Katalog „Schwerindustrie". Essen 1997, S. 84)

M4 *Die Freiheit der Unternehmen*

Im Jahr 1800 musste ein Arbeiter 65 Stunden in der Woche arbeiten. 1840 musste er 90 Stunden arbeiten und 1880 70 Stunden. 1891 wurde die Sonntagsarbeit verboten. 1914 lag die durchschnittliche Wochenarbeitszeit bei 60 Stunden, 1949 bei 50 Stunden. 1956 wurde die 5-Tage-Woche eingeführt. 1975 betrug die Wochenarbeitszeit 40 und 1993 38,5 Stunden. Im Jahr 2000 musste ein Arbeiter 36,5 Stunden pro Woche arbeiten. 2003 wurde die Wochenarbeitszeit auf 37,4 Stunden erhöht.

M5 *Entwicklung der Wochenarbeitszeit*

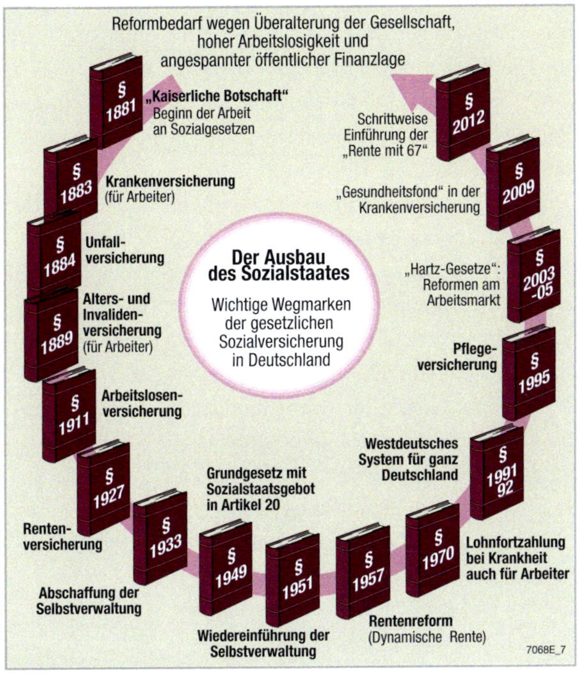

M6 *Geschichte der Sozialgesetzgebung*

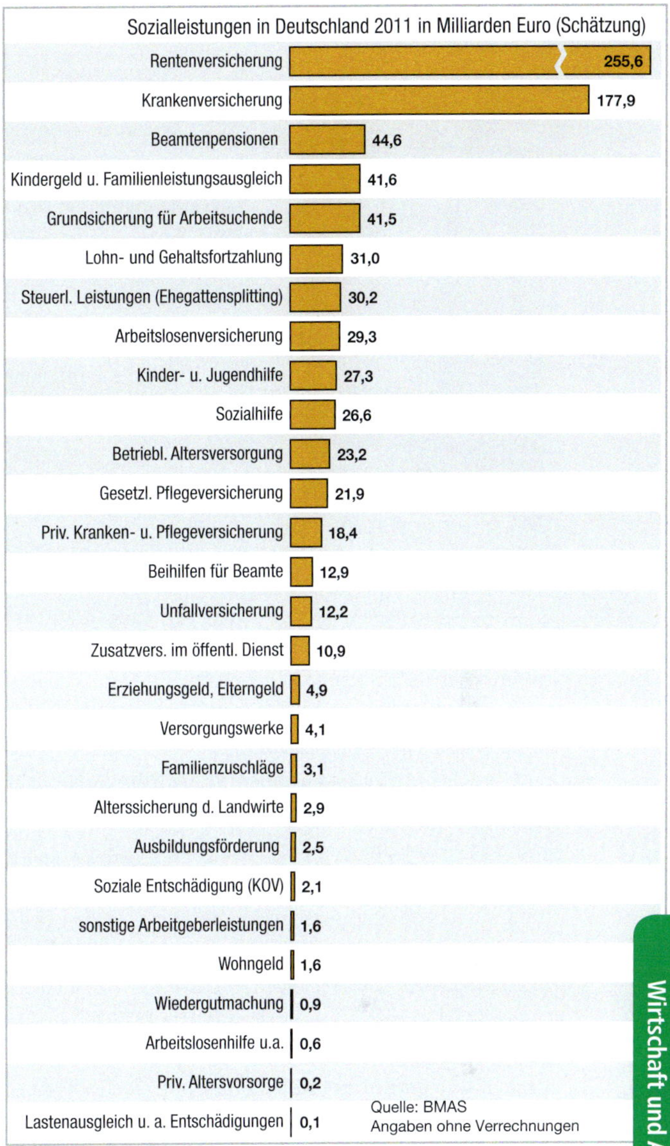

M7 *Die Kosten des sozialen Netzes*

1 Beschreibe die Situation der Arbeiter um 1900 (Text, M1, M3).

2 Betrachte M7.
a) Kläre die Begriffe.
b) Nenne Leistungen des sozialen Netzes, die von deiner Familie schon einmal in Anspruch genommen wurden.
c) Überlege, welche Leistungen regelmäßig, welche im Notfall gezahlt werden.

3 a) Stelle die Zahlen aus M5 in einem Säulendiagramm dar (zehn Wochenarbeitszeitstunden entsprechen einem Zentimeter).
b) Formuliere treffende Aussagen zu diesem Diagramm.
c) Ergänze das Säulendiagramm mit aktuellen Zahlen aus den Medien.

4 Benenne Gründe für Bismarcks Sozialgesetze und nimm dazu Stellung.

5 „Die Bundesrepublik Deutschland ist ein demokratischer und sozialer Bundesstaat“ (Art. 20 Grundgesetz). Bestimme die heutige Bedeutung sozialer Gerechtigkeit in Deutschland.

Lebensschicksale erarbeiten

M1 *In einer Baumwollspinnerei*

Die 10-jährige Betty Drake lebte in Leeds. Ihre Familie war arm. Zwar hatten ihr Vater und ihr ältester Bruder John Arbeit in der nahen Wollfabrik, doch was sie dort verdienten, reichte kaum zum Notwendigsten. Wehe, jemand wurde krank und brauchte einen Arzt oder Medizin!

Schon lange hatte sie mit ihrem Vater über das, was ihr im Kopf herumging, sprechen wollen. Doch das war nicht so einfach, denn morgens um fünf, wenn Vater und John zur Arbeit gingen, schlief sie meistens noch; und wenn Vater abends um neun heimkam, war er stets zu müde gewesen.

Auch war sich Betty nicht sicher, ob ihr Vater erlauben würde, eine bezahlte Arbeit anzunehmen. Bisher hatte er sehr darauf geachtet, dass sie regelmäßig sonntags den Gottesdienst und die Schule besuchte, um Schreiben, Lesen und Rechnen zu lernen. Und musste sie denn wirklich Mutter noch im Garten und Stall und bei der Versorgung der beiden kleinen Geschwister helfen? Konnte nicht Anne, jetzt, da sie zehn war, das kleine Stück Land versorgen, wo sie Kartoffeln anbauten, und das Schwein füttern, das sie jedes Jahr mästeten und verkauften um sich über Wasser zu halten?

Sicher, sie würde nicht fünf Schilling pro Woche verdienen wie die Jungen, die schon mit neun Jahren zwölf Stunden täglich – außer sonntags – ins Bergwerk gingen und dort Kohlewagen schoben. Mr. Benyon zahlte den Mädchen in seiner Baumwollspinnerei für eine nicht allzu schwere Arbeit, wie Bettys Freundinnen meinten, drei Schilling die Woche – die Miete für Haus und Garten, mit der ihre Eltern so oft in Rückstand gerieten.

Begeistert war Joshua Drake vom Vorschlag seiner Tochter nicht. Er wusste, dass die Arbeitszeit viel zu lang war und die Aufseher die Kinder prügelten, wenn ihnen die Augen zufielen und sie einen Fehler machten oder nicht schnell genug waren. Gewiss konnten nun, da die Maschinen überall von Dampfmaschinen angetrieben wurden, auch Frauen und Kinder viele Fabrikarbeiten verrichten, doch was waren das für Zeiten, die Väter zwang, ihre Kinder in der Fabrik oder im Bergwerk arbeiten zu lassen?

Betty freute sich über die Einwilligung ihres Vaters. In der Baumwollspinnerei verarbeiteten die Mädchen Baumwollfasern zu Fäden, aus denen Stoffe gewebt wurden.

Der Raum war heiß und stickig. Alles voller Staub, sodass man die andern nur durch einen Nebel sehen konnte. Allein der Gedanke ans Geld ließ Betty durchhalten und sich an die Arbeitsbedingungen gewöhnen.

Zwar war Betty froh, ihrem Vater jede Woche die drei Schilling geben zu können, doch machten ihr Hitze und Staub schwer zu schaffen. Heftige Schweißausbrüche und Hustenanfälle peinigten sie immer öfter.

Und der Aufseher, der Betty anfangs geduldig alle Handgriffe gezeigt hatte, trieb nun auch sie mit Ohrfeigen zur Arbeit an. Nach einem Vierteljahr erkrankte Betty und starb ebenso wie ihre Freundinnen wenige Wochen später.

(frei nach: Freya Stephan-Kühn, Was in Höhlen begann.)

M2 *Das kurze Leben der Betty Drake*

M3 *Kinderarbeit in einem englischen Bergwerk*

METHODE

Sechs Schritte, um Lebensgeschichten in Spielszenen umsetzen

1. Schritt: Informiere dich über die Zeit, in der die Geschichte spielt, und suche nach Requisiten.

- Lies die entsprechenden Schulbuchseiten oder deine Hefteinträge nochmals durch. Benutze zusätzliche Materialien.
- Überlege, mit welchen einfachen Requisiten du Personen oder bestimmte Orte treffend darstellen könntest.
- Denke auch daran, dass Theater Requisiten verleihen.

2. Schritt: Rollenkarten mithilfe des Textes entwickeln

Lass dir eine Kopie der Textvorlage geben und unterstreiche Textstellen, die für die jeweilige Rollenkarte wichtig sind. Gestalte mithilfe der Textstellen deine Rollenkarte.

3. Schritt: Mithilfe der Rollenkarten Gesprächstexte gestalten

Bestimmt einen Spielleiter. Setzt euch dann zusammen und entwickelt mit den verschiedenen Rollenkarten ein Gespräch. Verwendet dabei kurze Sätze und Ausrufe, die Gefühle ausdrücken. Darauf sollte der Spielleiter besonders achten.

4. Schritt: Baut die Szene im Raum auf.

Räumt Bänke und Tische etwas zur Seite. Bezeichnet verschiedene Spielorte (Stall, Garten, Küche, ...) mit Wortkarten. Verteilt die Requisiten und gestaltet die Personen und den Raum aus.

5. Schritt: Die Szene proben

Hinweise des Spielleiters: Sprecht laut, langsam und deutlich, damit euch jeder hören und verstehen kann. Achtet auf Pausen, unterschiedliche Lautstärken und Körpersprache. Legt die Orte fest, an denen ihr sprecht.

6. Schritt: Führt die Szenen auf und sprecht über den Auftritt.

Spielt die Szene vor. Vergesst nicht die Hinweise des Spielleiters. Lasst euch beim Vorspielen nicht ablenken. Beschreibt nach der Vorführung, was gut gelungen ist.

Du bist Betty Drake und 10 Jahre alt.
Deine Familie besitzt nur das Notwendigste zum Leben. Du hast Angst, dass dein Bruder oder dein Vater krank wird. Ihr habt nicht genug Geld, um einen Arzt zu bezahlen und um ein Medikament zu kaufen.
Deshalb möchtest du sicherheitshalber in einer Fabrik eine bezahlte Arbeit annehmen.
Schließlich sprichst du mit deinem Vater und versuchst, ihn von deiner Idee zu überzeugen.

M4 *Rollenkarte Betty*

Du heißt James Drake und arbeitest täglich von 5:00 Uhr bis 21:00 Uhr in einer Wollfabrik.
Zu Hause bist du immer müde und erschöpft. Zudem plagt dich ständig die Sorge, wie du bei deinem geringen Verdienst deine sechsköpfige Familie ausreichend ernähren sollst. Als Betty dir ihre Hilfe anbietet, lehnst du zunächst ab. Du weißt, dass die Arbeitszeit in der Fabrik für Betty zu lang ist, und dass Aufseher die Kinder verprügeln.
Trotzdem lässt dich der Gedanke Bettys nicht los, dass deine Familie schnell in noch größere Not geraten könnte. Schließlich stimmst du widerwillig zu.

M5 *Rollenkarte Herr Drake*

Vater und Sohn unterhalten sich auf dem Weg zur Arbeit über Betty.
Betty bittet ihre Mutter darum, dass Anne mehr zu Hause mithelfen könnte.
Betty unterhält sich mit Freundinnen über die Arbeit in der Baumwollspinnerei.
Betty und der Aufseher in der Baumwollspinnerei.

M6 *Spielszenen*

1 Lies die Geschichte von Betty Drake und gib sie mit eigenen Worten wieder.

2 Kinderarbeit während der Industriellen Revolution:
a) In welchen Betrieben arbeiteten Kinder und was mussten sie dort tun? Antworte mithilfe von M2.
b) Informiere dich auf den Schulbuchseiten nochmals über die Industrielle Revolution.

3 Betty möchte Geld verdienen und ihren Vater überzeugen. Spielt die Szene mithilfe der beschriebenen Methode und der Rollenkarten (M4, M5).

4 a) Gestaltet die Spielszenen in M6.
b) Findet weitere Szenen.

Altindustriegebiete verändern sich

Industrialisierung: Textil- und Schwerindustrie

Ein Beispiel für ein Industrieland in Westeuropa ist Großbritannien. Es war das erste Industrieland der Erde. Alles begann mit der Textilindustrie. Seit mehr als 600 Jahren wurden an den Hängen der Pennines Schafe gehalten. Die Wolle der Tiere wurde jahrhundertelang in mühsamer Heimarbeit mit Spinnrädern verarbeitet. 1764 wurde die „Spinning Jenny" erfunden, eine Maschine, die ohne menschliche Arbeitskraft Wolle zu Fäden verspinnt. Die Erfindungen der Dampfmaschine und des mechanischen Webstuhls ermöglichten die Herstellung von Stoffen in kurzer Zeit.

Neben der Textilindustrie machte aber die **Schwerindustrie** Großbritannien zum führenden Industrieland der Erde. Die Erfindung des Hochofens ermöglichte es, mithilfe von Steinkohle große Mengen Eisenerz zu schmelzen und damit Eisen zu gewinnen. Am Rand der Pennines entstand Mitte des 19. Jahrhunderts mit über 180 Hochöfen und 400 Steinkohlengruben das damals größte Industriegebiet der Welt. Wegen der Kohle und der trostlosen Umgebung nannte man es „Black Country". Viele Arbeitskräfte wurden gebraucht. Auch Kinderarbeit war üblich. 1890 arbeiteten zehnjährige Kinder neun Stunden lang unter Tage. Das Elend war groß.

INFO

Altindustrien

Die Altindustrien stammen aus der Anfangszeit der Industrialisierung (Ende 18. bis Mitte des 19. Jh.). Dazu gehören die Textilindustrie und die Schwerindustrie. Regionen, deren Wirtschaft von Altindustrie bestimmt wird, nennt man Altindustriegebiete.

Krise und neuer Aufschwung

In der zweiten Hälfte des 20. Jahrhunderts gerieten die Textilindustrie und die Schwerindustrie in eine Krise. Die Maschinen waren veraltet. Man brauchte zu viele Rohstoffe, Energie und Arbeitskräfte. Die Produktionskosten waren zu hoch. Textilien aus Südostasien wurden billiger als in Europa angeboten. In Südostasien arbeitete man mit modernen Maschinen und zahlte niedrigere Löhne.

Auch Stahl erhielt aus Asien Konkurrenz. Länder wie Korea bieten ihn bis heute besonders preiswert an. Es werden geringere Löhne gezahlt und es gibt weniger Auflagen zum Umweltschutz.

Im „Black Country" mussten daher viele Werke schließen. Die Menschen wurden arbeitslos. Deshalb gewährt die britische Regierung seit 1984 Zuschüsse, um alte Fabriken zu modernisieren und neue Industrien anzusiedeln. Dazu zählen Raumfahrt, Computertechnik, Flugzeug- und Fahrzeugbau. Ein **Strukturwandel** wurde eingeleitet.

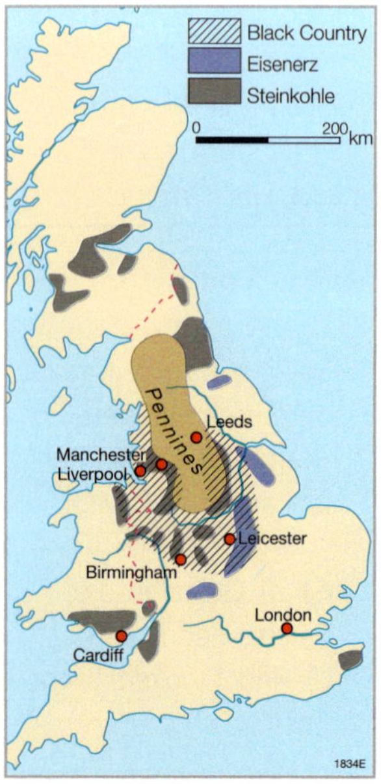

M1 *„Black Country"*

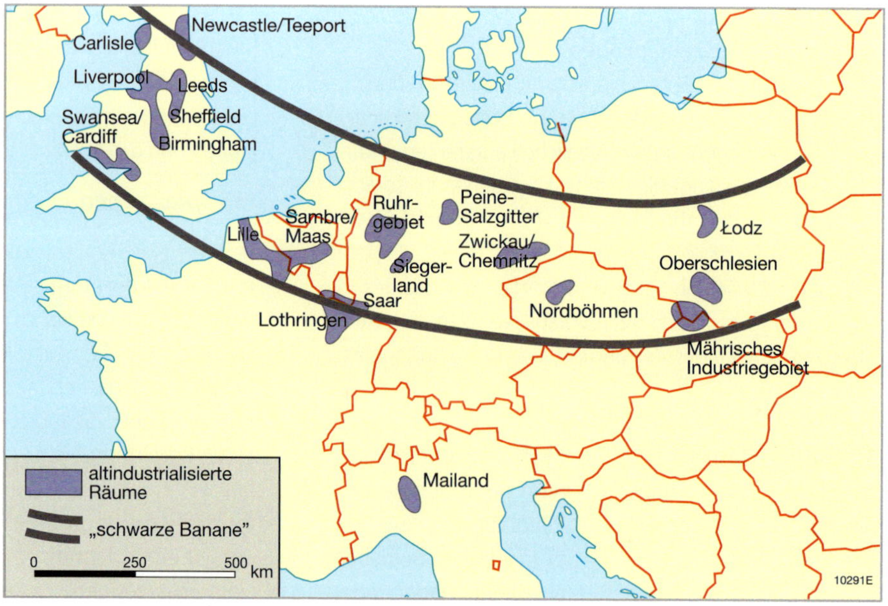

M2 *Schwarze Banane – altindustrialisierte Räume in Europa*

D3-116
www.diercke.de

Das struppige, verstreute Dorf zog sich in lähmender, hoffnungsloser Hässlichkeit über eine lange, schauerliche Meile hin: Häuser, ganze Reihen erbärmlicher kleiner, schmutziger Backsteinhäuser mit schwarzen Schieferdächern, spitzwinklig und düster. Mit einem flüchtigen Blick nahm man die schreckliche, seelenlose Hässlichkeit des Kohle und Eisen produzierenden Mittelenglands hin. Man hörte das Rasseln der Kohlensiebe an der Grube, das Ächzen der Förderwellen, das Scheppern rangierender Loren und das Pfeifen der Stollenlokomotiven.

(Nach: D.H. Lawrence: Lady Chatterley. Reinbek 1990, S. 56)

M3 *Das „Black Country" um 1900*

Im 19. und 20. Jahrhundert waren das Hochofenwerk Phoenix-West und das Stahlwerk Phoenix-Ost in Dortmund die wirtschaftliche Grundlage der Region. Die Krise der Kohle- und Stahlindustrie brachte auch das Ende für Phoenix. Die Werke wurden geschlossen.
Die Stadt, das Land Nordrhein-Westfalen und die EU unternahmen große Anstrengungen, um das rund 200 ha große Gelände neu zu nutzen.
Hier entstand ein Technologiestandort für Mikrotechnologie und IT, ergänzt durch Freizeit- und Kultureinrichtungen.

M7 *Strukturwandel durch Wachstumsbranchen*

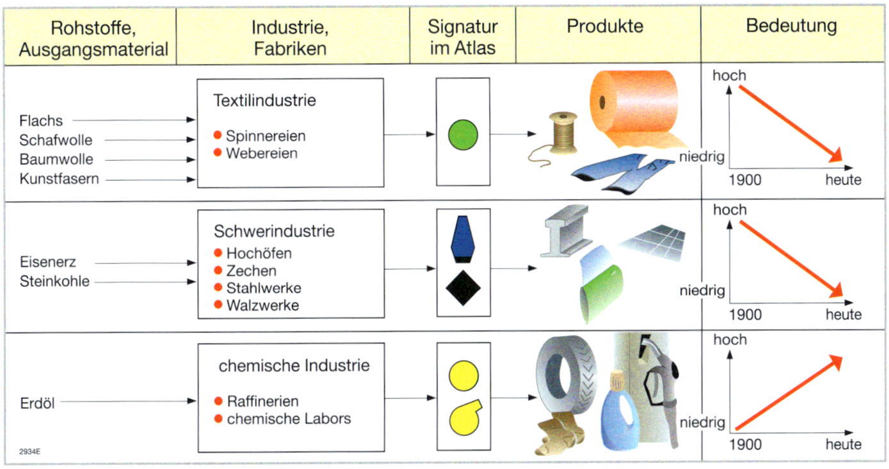

M4 *Schrumpfende und wachsende Industrien*

M5 *Veraltetes Stahlwerk*

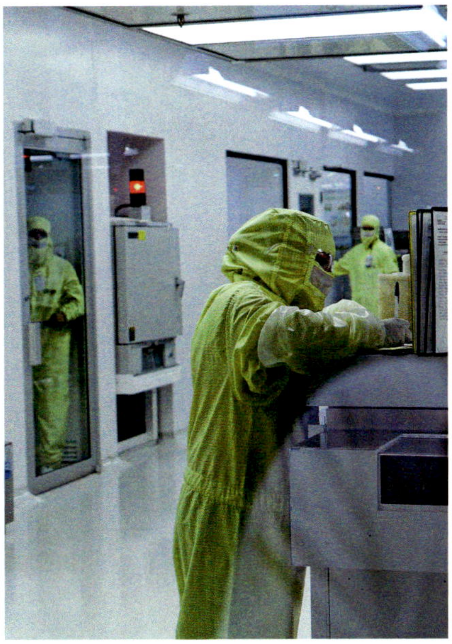

M6 *In einem Hightech-Betrieb*

1. Beschreibe die Entwicklung der Industrie in Großbritannien. Benutze die Begriffe: Heimarbeit, industrielle Fertigung, Textilindustrie, Schwerindustrie, Arbeitersiedlungen.

2. Erläutere, was man unter dem „Black Country" versteht (M1).

3. Lies den Text M3. Schreibe Wörter heraus, die das „Black Country" kennzeichnen und erzähle mit eigenen Worten nach.

4. a) Ermittle, welche Industrien heute im „Black Country" angesiedelt sind (Atlas, Karte: West- und Mitteleuropa – Wirtschaft und Verkehr).
b) Erläutere den Strukturwandel im „Black Country".

5. Das Phoenix-Projekt im Ruhrgebiet ist ein gutes Beispiel für den Strukturwandel einer Region (Internet). Begründe.

Die Technische Revolution

M1 *Start ins PC-Zeitalter: Innenleben des Elektronenrechners „Bull Gamma 3", der nach 1953 zur Beschleunigung eines Großcomputers benutzt wurde.*

INFO

Technische Revolution

Die Erfindung des Computers 1941 gilt als Technische Revolution, weil er die Arbeitsabläufe in sämtlichen Bereichen grundlegend verändert hat: von der Landwirtschaft über die Industrie und die Dienstleistungen bis in unseren Alltag hinein. Es begann eine Zeit der schnellen Verbreitung immer neuer Erfindungen und technischer Neuentwicklungen.

Während der Industriellen Revolution wurden in den Fabriken viele Arbeitskräfte gebraucht, die die neuen Maschinen bedienen mussten. Mit der Technischen Revolution wurden dagegen viele Arbeiten automatisch von Maschinen, Instrumenten und Robotern übernommen.

Historiker sehen in der Industrialisierung den Vorläufer unserer heutigen Technikwelt. Industrielle und Technische Revolution gingen ineinander über.

Technik auf dem Vormarsch

Steffis Großvater erzählt gern von früher: „Als ich so alt war wie du, fuhren nicht so viele Autos auf den Straßen. Nur wenige Menschen besaßen einen Fernseher. Der Computer war noch in den Kinderschuhen. Zum Telefonieren gingen meine Eltern in eine Telefonzelle. Fast alle Küchen- und Hausarbeiten haben wir mit der Hand gemacht. Mit meinen Freunden traf ich mich oft spontan draußen und nicht im Chatroom. Zum Heizen musste ich Kohlen aus dem Keller schleppen. Ein einziges Mal war ich als kleines Kind mit dem Bus in der Großstadt: zu einer Röntgenuntersuchung. In den Urlaub zu fliegen, war für meine Familie ein unerreichbarer Luxus.

Seit der ersten Landung von Astronauten auf dem Mond 1969 – da war ich zwanzig – ging die technische Entwicklung so rasend schnell, wer soll da noch mitkommen?"

Steffi hat in Gesellschaftswissenschaften aufgepasst: „Ich glaube, Opa, du hast die Technische Revolution bewusst erlebt". Ihr Opa nickt: „Und du?"

M2 *Ein Beispiel für technischen Wettbewerb zwischen Ländern: Die USA und die Sowjetunion konkurrierten zwischen 1945 und 1990 auf vielen technischen Gebieten, so auch in der Raumfahrt. Die Sowjetunion schaffte am 12.4.1961 die erste bemannte Fahrt ins All, die USA am 21. Juli 1969 die erste Mondlandung. Heute forschen die USA und Russland (früher Sowjetunion) gemeinsam im All.*

M3 *Etwa 6500 Physiker aus 80 Nationen nutzen den Teilchenbeschleuniger CERN in Genf – ein „Wunderwerk der Technik". Kleinste Teilchen stoßen in einem 27 km langen unterirdischen Tunnel fast mit Lichtgeschwindigkeit zusammen. Ziel ist es, die Entstehung des Universums zu erforschen.* ▷

Es gab zu allen Zeiten Menschen, die den Fortschritt in der Technik kritisierten, weil auch immer Nachteile auftraten. Das gilt für Griechen und Römer in der Antike, die Bewohner der blühenden mittelalterlichen Städte sowie für die Menschen während der Industriellen Revolution im 19. Jahrhundert.
Mitte des 18. Jahrhunderts war es unter anderem Jean Jacques Rousseau, der sich heftig gegen den technologischen Optimismus der Aufklärung wandte, obwohl er selbst Aufklärer war.
Der Dichter Johann Wolfgang von Goethe bemerkte um 1800, dass viele Zeitgenossen die Technik verteufelten. Viele der früheren Kritiker äußerten Angst vor einer Technik, die man irgendwann nicht mehr beherrschen könne.

M4 *Technikkritik in der Geschichte*

Stoffe wie Tantal oder Indium sind in Kameras, Flachbildschirmen oder Handys unverzichtbar. Sie kommen jedoch selten auf der Erde vor und die weltweiten Reserven dieser Metalle reichen nur noch wenige Jahre. Die Technik-Konzerne suchen fieberhaft nach neuen Fundstätten und technischen Alternativen. Aber Ersatzstoffe sind noch nicht entwickelt worden.

M5 *Bestimmte Metalle werden knapp*

❶ Beantworte die Schlussfrage an Steffi aus deiner Sicht (Text).

❷ Erstelle eine Tabelle, in der du einen Tag lang notierst, zu welcher Uhrzeit du welche technischen Geräte benutzt. Tauscht euch in der Klasse aus.

❸ a) Benenne das Revolutionäre an der Erfindung des Computers (M1).
b) Benenne das Revolutionäre an der ersten Mondlandung (M2).
c) Bewerte die beiden Ereignisse.

❹ a) Erläutere die Technikkritik und -skepsis im Verlauf der Geschichte (M4).
b) Nimm aus deiner Sicht Stellung zur Technikkritik.

❺ Entwerft in Gruppen Plakate,
a) die für Technik werben,
b) die Technik kritisieren.

❻ Was geschieht bei Stromausfall? Entwirf ein Szenario.

Wirtschaft und Arbeit

Industrie und Dienstleistungen

Industrie-Erzeugnisse und Dienstleistungen in unserem Alltag

Der Radiowecker schaltet sich ein, Musik erklingt. Die zwölfjährige Sophie wird in ihrer frisch gewaschenen Bettwäsche wach. Sie macht das Licht an und steht auf. Im Bad duscht schon ihr Bruder Marius. Nachdem Sophie sich angezogen hat, geht sie in die Küche. Hier hat ihre Mutter ein Frühstück für die Kinder vorbereitet. Die Heizung ist schön warm, die Brötchen stehen auf dem Tisch. Schnell isst sie etwas und stürmt zur Tür hinaus. In drei Minuten fährt der Schulbus, in einer Dreiviertelstunde beginnt der Unterricht …

In der **Industrie** werden Tausende Dinge hergestellt, die wir täglich benutzen, wie der Radiowecker, die Bettwäsche, der Schulbus, der Strom oder das Heizöl.
Zahlreiche Firmen und Menschen helfen, dass wir all diese Dinge kaufen und benutzen können. Sie versorgen uns mit verschiedenen **Dienstleistungen**. So bekommen wir die Schulhefte von einem Verkäufer im Schreibwarenladen. Der Verkäufer hat einen Dienstleistungsberuf. Der Schulbus wird von einer Busfahrerin gesteuert, die bei einem Verkehrsunternehmen angestellt ist. Auch sie ist eine „Dienstleisterin“. Und die Mathematiklehrerin ist bei der Stadt Hamburg angestellt und wird von dieser bezahlt. Auch die Schule ist ein Dienstleistungsbetrieb.

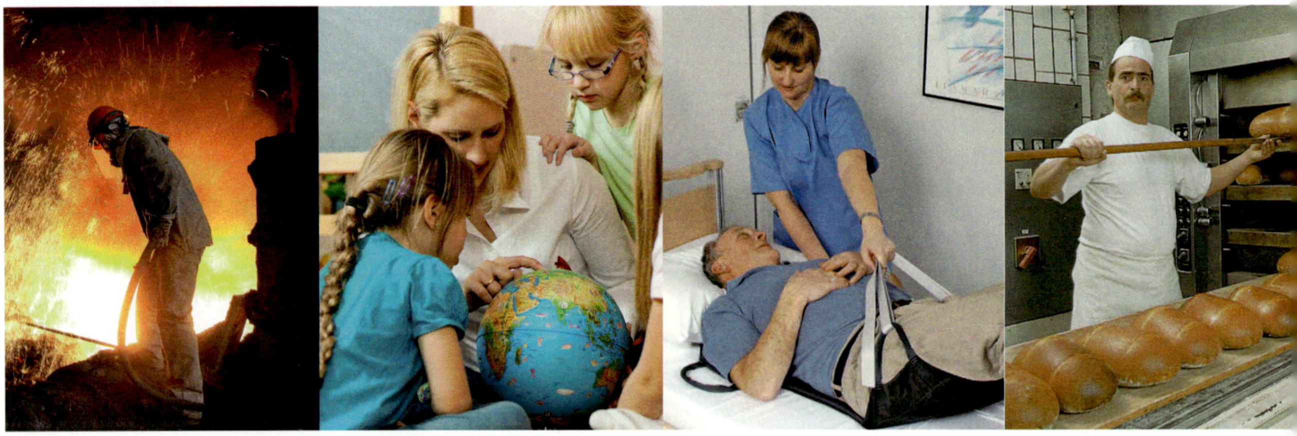

M1 *Berufe in der Industrie und im Dienstleistungsbereich*

INFO

Bereiche der Wirtschaft
Man unterscheidet drei Wirtschaftsbereiche: die **Land- und Forstwirtschaft** (primärer Sektor), die Industrie (sekundärer Sektor) und den Dienstleistungsbereich (tertiärer Sektor).
In der Land- und Forstwirtschaft werden vor allem pflanzliche Produkte erzeugt: Nahrungsmittel für Menschen und Tiere, aber auch pflanzliche Rohstoffe, die weiterverarbeitet werden können (z. B. Holz zur Herstellung von Möbeln, Sisal zur Herstellung von Teppichen oder Raps zur Herstellung von Biodiesel).

In der Industrie werden die unterschiedlichsten Produkte mithilfe von Maschinen hergestellt. Auch der Bergbau zählt in vielen Ländern zur Industrie. Hier werden zum Beispiel Kohle oder Öl aus der Erde gewonnen.

Der Bereich der Dienstleistungen ist sehr breit gefächert. Zu ihm zählen Gaststätten, Hotels, Banken, Versicherungen, Krankenhäuser oder Universitäten. Sie und viele weitere Betriebe bieten den Kunden ihre Dienste an. Im Dienstleistungsbereich sind heute die meisten Menschen beschäftigt.

D3-071 www.diercke.de

M4 *Probleme der Menschheit*

M6

Der Mensch hat sich im Laufe seiner Entwicklung immer größere Landflächen genommen, um Nahrung und Energie zu gewinnen, um zu wohnen und zu reisen, um Abfälle zu entsorgen.

Wäre der Mensch von heute auf morgen verschwunden, würde als erstes (mehr) Ruhe einkehren. Der Verkehrslärm erstirbt, die Luft wird reiner. Nach und nach würden die Lichter ausgehen, zur Stille gesellt sich die Sternenvielfalt des Nachthimmels, die im kunstlichtdurchfluteten Europa kaum mehr erlebbar ist. Sehr schnell, nach 24 oder 48 Stunden, wird man die ersten Blackouts erleben, weil den Kraftwerken der Brennstoff fehlt. Kernkraftwerksbauten könnten dank ihrer massiven Hülle Jahrhunderte überstehen. Ihre Lebensdauer ist sehr lang, es sei denn, die Zerstörung kommt von innen her. Mangels Wartung mag es in dem einen oder anderen Atomkraftwerk der Welt zur Kernschmelze kommen – mit der Folge, dass die „Genesung" von Mutter Erde in weiten Landstrichen durch die Strahlenbelastung verzögert wird.

Fast alle anderen Gebäude verschwinden umweltschonend. Die Natur erobert sich den Raum zurück, den die Gebäude einnehmen, indem sie die Bauten bewächst. Zuerst zerfressen Würmer, Käfer, Pilze und Bakterien die Holzhäuser und Bauteile mit textiler Bespannung. Auch den Stahl-Glas-Konstruktionen werden – je nach Lage und Ausführung – nur einige Jahrzehnte gegeben. Es werden sich Moos, Algen und anderes Grün ansiedeln.

Beton könnte sehr lange halten. Tragwerke wie Pfeiler, Decken, Brücken werden mehr als 100 Jahre stehen bleiben, nur sind sie unter dichten Pflanzen nicht mehr zu erkennen. Allerdings: Die Beständigkeit bleibt nur, wenn der Stahl, mit dem der Beton verstärkt ist, nicht mit Luft in Berührung kommt und zu rosten beginnt. Andernfalls sprengt das Metall Betonteile ab, Wasser dringt ein, die Zersetzung beschleunigt sich.

Ohne menschliche Eingriffe würde sich auf 90 bis 95 Prozent der Fläche Deutschlands Wald entwickeln. Dazu gäbe es ein paar Seen, Sümpfe, Flussauen und Bergland. Damit stünden die Gewinner in der Tierwelt fest:

Spechte und Rothirsche, aber auch Insekten, die Totholz mögen, würden das Land in großer Zahl bevölkern. Kulturfolger des Menschen wie Weißstorch, Feldlerche, Hausspatz und Wanderratte hätten das Nachsehen.

(Nach: Hamburger Abendblatt 25.10.2006)

M5 *Wenn die Erde plötzlich ohne Menschen wäre ...*

1 a) Diskutiert, inwiefern der Konsum von Produkten aus dem Umland der Umwelt hilft.
b) Gib M6 eine passende Bildunterschrift.

2 Entwickle eine Mindmap zum Thema „Wenn die Erde plötzlich ohne Menschen wäre" (M5, siehe S. 62).

3 „Umwelthauptstadt Europas": Im Jahr 2011 schmückte sich Hamburg mit dem Titel.
a) Beschreibe Maßnahmen, mit denen Hamburg versuchte, sich im Jahr 2011 als würdige Umwelthauptstadt zu präsentierten (www.umwelthauptstadt.hamburg.de).
b) Bewerte diese Aktivitäten.

Wirtschaft und Arbeit

Der Sozialstaat

Arm und Reich in der Fußgängerzone

M1 *Demonstration*

Armut im Wohlstand

Immer mehr Reiche, immer mehr Arme

In Deutschland leben immer mehr Menschen im Wohlstand. So hat sich die Zahl derjenigen, die pro Monat nach Abzug der Steuern mindestens 5000 Euro verdienen, in den letzten Jahren vervielfacht.

Gleichzeitig müssen sich immer mehr Menschen finanziell einschränken oder verdienen so wenig, dass sie staatliche Hilfe benötigen. Junge Leute finden oft keine Lehrstelle. Immer mehr Menschen führen ein Leben am **Existenzminimum**.

Wissenschaftlerinnen und Wissenschaftler befürchten, dass sich Deutschland zu einer **Zweidrittelgesellschaft** entwickelt. Das heißt: Zwei Drittel der Bevölkerung verfügen über regelmäßige Einkommen und können Vermögen bilden. Ein Drittel der Bevölkerung verdient sehr wenig oder lebt von staatlicher Unterstützung.

M2 *Suppenküche*

M3 *Auf einem Empfang*

Das Hamburger Straßenmagazin Hinz&Kunzt erscheint seit 1993 einmal im Monat. Es versteht sich als Lobby für sozial Schwache. Erhältlich ist das Magazin bei den 500 Verkäufern im gesamten Stadtgebiet und im Hamburger Umland. Es kostet 1,90 Euro, davon geht ein Euro an den Verkäufer beziehungsweise die Verkäuferin. Hinz&Kunzt erscheint mit durchschnittlich 68650 Exemplaren und ist damit das auflagenstärkste unter den rund 40 Straßenmagazinen in Deutschland.

M3 *Obdachlosenzeitung in Hamburg*

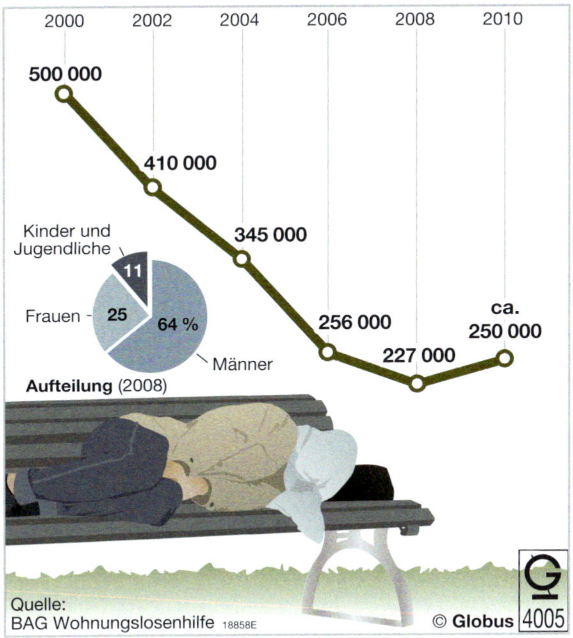

M5 *Obdachlosigkeit in Deutschland*

Aufmerksamkeit und Liebe? David kann sich nicht erinnern, dass ihm eines von beidem je entgegengebracht worden wäre. Und trotzdem ist er Optimist. Seine Mutter starb, als er ein Jahr alt war. Vollkommen überfordert flüchtete sich der Vater in den Alkohol. David kam in ein Heim.
Ständig wechselnde Betreuer konnten David die Familie nicht ersetzen. Seine Freunde wurden beim Abholen von von ihren Müttern herzlich in die Arme geschlossen, David wartete auf den Fahrer eines Gemeinschaftsbusses. David suchte den Kontakt zu seinem Vater. Er schrieb ihm Briefe, bekam aber nie eine Antwort.
Mit zehn Jahren kam David in eine WG der Evangelischen Jugendhilfe. Doch nach Abschluss seiner Ausbildung zur Fachkraft für Lagerlogistik wurde er arbeitslos. Die WG musste er verlassen. Das Jugendamt zahlte nicht mehr. Was ihm blieb, waren ein Koffer und ein Zettel mit der Adresse einer Notunterkunft. Dort konnte David schlafen, den Tag verbrachte er auf der Straße. Seine Geldsorgen löste er mit Betrügereien.
Heute lebt David wieder in Hamburg, in einem 16-Mann-Zimmer einer Notunterkunft, und verkauft Hinz&Kunzt. Auf die Frage, was er sich von der Zukunft wünscht, antwortet er ganz spontan: „Eine eigene Familie in einem Einfamilienhaus, nichts Protziges, nur eben genügend Platz für eine Familie. Und einen Job in meinem Ausbildungsberuf."

(Nach: www.hinzundkunzt.de/archiv/momentaufnahme- 226, verändert)

M4 *David*

In den Eingängen von Kaufhäusern, Banken und Supermärkten liegen sie, um wenigstens ein bisschen Schutz vor der klirrenden Kälte zu finden. Viele Obdachlose ertragen die aktuellen Nachttemperaturen von deutlich unter minus zehn Grad im Freien. Die Menschen bleiben draußen, weil sie drinnen nicht die Bedingungen vorfinden, unter denen sie leben wollen. „Das sind Massenunterkünfte, da gibt es kein schönes Einzelzimmer mit Schlüssel. Das sind Mehrbettsäle, in denen man den Rucksack und seinen restlichen Besitz nicht einschließen kann. Der wird neben das Bett gestellt, womöglich ist der am nächsten Tag weg. Es gibt eine große Angst vor Diebstahl."

(Nach: www.n-joy.de/news_wissen/kaelte167.html, gekürzt)

M6 *Massenunterkünfte*

1 Werte M5 aus.

2 Nenne Gründe, die dazu führen, dass Menschen obdachlos sind. Ergänze die Informationen dieser Doppelseite durch eine Internetrecherche, z.B. unter: www.hinzundkunzt.de.

3 Beschreibe die Bilder (M1, M2) und formuliere Gedanken, die du den dort abgebildeten Menschen zuordnen würdest.

4 Prüft, ob ihr gemeinsam einen von der Obdachlosenhilfe „Hinz und Kunzt" organisierten Stadtrundgang machen wollt. (Anmeldung per Mail (info@hinzundkunzt.de oder Telefon 040-32108311).

M1 *Agentur für Arbeit – Hilfe bei Arbeitslosigkeit*

Deutschland – ein Sozialstaat

Einer für alle, alle für einen

Die gesetzliche Krankenversicherung (GKV) ist eine wichtige Säule im System der sozialen Sicherung (M3). Es ist eine Pflichtversicherung für alle Arbeitnehmer bis zu einem bestimmten Einkommen sowie für Rentner, Arbeitslose, Auszubildende und Studenten. Das grundlegende Prinzip ist die Solidargemeinschaft. Arbeitnehmer und Arbeitgeber zahlen jeden Monat Beiträge, die von der Höhe des Einkommens abhängig sind. Wer wenig verdient, zahlt niedrigere Beiträge als derjenige, der mehr verdient. Wird ein Mitglied krank, zahlt die Kasse die Arzt- oder Krankenhauskosten – und zwar unabhängig davon, wie hoch die Kosten sind. So wird denjenigen, die Hilfe brauchen, durch die Mithilfe der Gemeinschaft aller geholfen.

Das Fürsorgeprinzip

Die Fürsorge des Staates tritt dann ein, wenn sich jemand aus eigener Kraft nicht helfen kann und keine Versorgungs- und Versicherungsleistungen in Anspruch nehmen kann.

Die Leistungen sind unabhängig davon, ob jemand die Notlage selbst verschuldet hat oder nicht. Sie werden aus Steuermitteln bezahlt; allerdings nur dann, wenn es niemanden gibt, der zum Unterhalt herangezogen werden kann. Wenn die Fürsorgeleistungen nicht mehr benötigt werden, muss man sie in der Regel nicht zurückzahlen.

Auch die Förderung von Schülern und Studenten durch BAföG fällt unter das Fürsorgeprinzip. Die Höhe der Zuwendungen richtet sich nach dem Einkommen der Eltern.

INFO

Sozialwahl

Die Sozialwahlen sind die drittgrößten Wahlen in Deutschland nach den Wahlen zum Deutschen Bundestag und denen zum Europäischen Parlament. Bei der Sozialwahl wählen Versicherte alle sechs Jahre ihre Vertreter in die Parlamente der Sozialversicherung. Diese Parlamente treffen Grundsatzentscheidungen bei den Sozialversicherungsträgern. Mit der Sozialwahl übernehmen Versicherte daher Verantwortung in eigener Sache.

Sozialwahl 2011
Zukunft wählen.

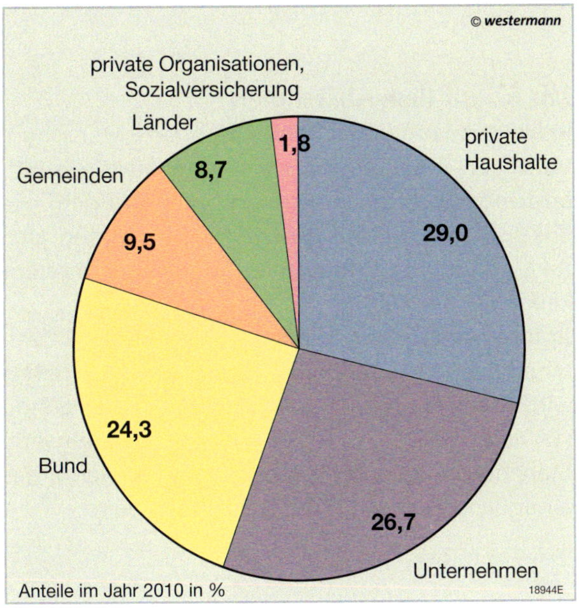

M2 *Wer finanziert den Sozialstaat?*

M4 *Wer unterstützt wen?*

INFO

Sozialstaat

Die Bundesrepublik Deutschland ist ein demokratischer und sozialer Bundesstaat". So steht es in Artikel 20 unserer Verfassung – dem Grundgesetz.
Der Sozialstaat verpflichtet sich, allen Bürgern soziale Gerechtigkeit zu gewährleisten. Der Begriff „sozial" kommt aus dem Lateinischen und heißt „gemeinsam", „verbunden". Es soll niemand allein gelassen werden, wenn er durch schwierige Umstände, wie zum Beispiel Krankheit oder Arbeitslosigkeit, in Not geraten ist. Der Staat unterstützt durch die Sozialhilfe mit dem Nötigsten. Der Staat sorgt auch für alte und kranke Menschen, wenn sie selbst oder ihre Angehörigen dazu nicht in der Lage sind. Die Sozialpolitik soll dazu beitragen, dass sich die Menschen in ihrem Staat wohlfühlen und dass es möglichst wenig Streit und Ärger in der Gesellschaft gibt.

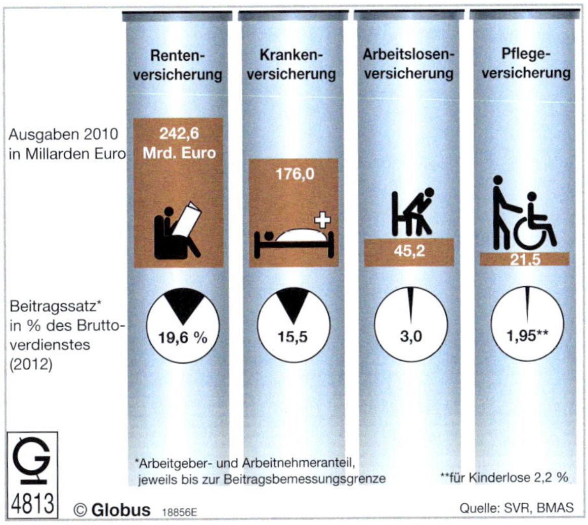

M3 *Säulen der sozialen Sicherung*

1 a) Werte M3 aus.
b) Informiere dich über eine Säule der sozialen Sicherung genauer (Internet). Stelle sie deiner Klasse vor.

2 a) Du musst eine Blinddarmoperation durchführen lassen. Erläutere an diesem Beispiel die Vorteile der Krankenversicherung.
b) Erkläre, woher die Krankenkasse das Geld hat, mit dem sie die Operation bezahlt.

3 Erläutere das „Fürsorgeprinzip".

4 Werte M4 aus (siehe S. 313). Beschreibe und bewerte die Aussage der Karikatur.

Das Leben im Alter

When I'm sixty-four
When I get older loosing my hair,
many years from now,
will you still be sending me a Valentine,
birthday greetings, bottle of wine?
If I'd be out till quarter to three,
would you lock the door?
Will you still need me, will you still feed me,
when I'm sixty-four?]

M1 *Beatles-Songtext*

Mit 67 auf dem Abstellgleis?

In Deutschland leben immer mehr alte Menschen. Viele von ihnen sind bis ins hohe Alter gesund, leistungsfähig, geistig fit und planen noch ihre Zukunft. Sie unternehmen Reisen, bilden sich fort, gehen ihren Hobbys nach, betreuen ihre Enkelkinder, sind einfach aktiv.
Je älter jemand wird, umso größer ist die Wahrscheinlichkeit, dass er krank oder hilfsbedürftig wird. Wenn Ehepartner, Geschwister und Freunde sterben, werden viele ältere Menschen einsam. Manchen fällt es dann schwer, die Probleme des alltäglichen Lebens ohne Hilfe zu meistern.

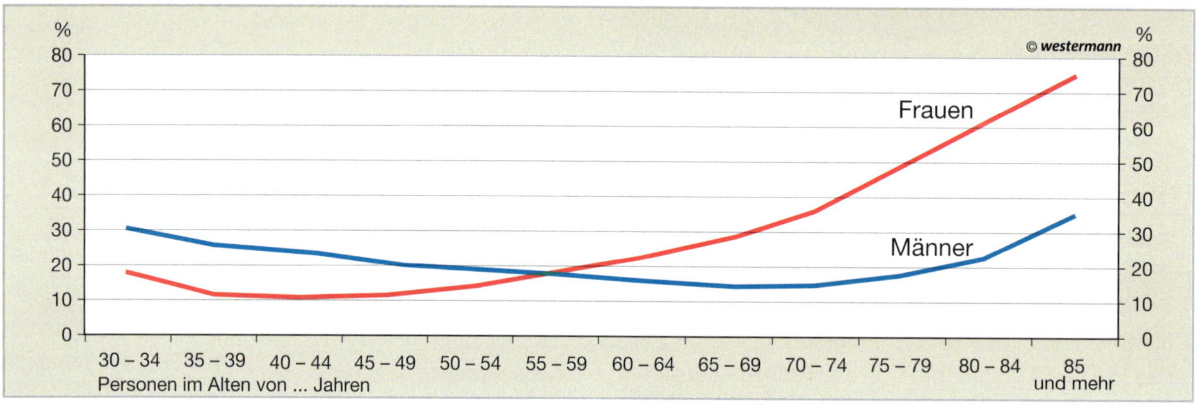

M2 *Anteil der Alleinlebenden nach Altersgruppen*

M3 *Aktive Senioren*

M4 *Viele ältere Menschen sind einsam*

Leben im Alter hat viele Gesichter

Elfriede Körner, 87:

„Ich lebe seit dem Tod meines Mannes allein in einer 2-Zimmer-Wohnung. Sie ist voller Erinnerungen. Die meisten meiner Bekannten sind schon gestorben. Besuch bekomme ich selten, seit meine Tochter im Ausland lebt. Meine kleine Rente reicht gerade für das Nötigste. Die meiste Zeit verbringe ich vor dem Fernseher, denn Laufen fällt mir mittlerweile schwer. Mir geht alles immer langsamer von der Hand. Die Hausarbeit ist ziemlich beschwerlich. Gott sei Dank nimmt mir eine Nachbarin manchmal das Einkaufen ab. Allmählich werde ich vergesslich, ich weiß nicht, wie lange ich noch ohne fremde Hilfe leben kann. Aber ich versuche es, solange es geht, denn einen teuren Platz im Altenheim kann ich mir nicht leisten. In mein Telefon habe ich mir die wichtigsten Telefonnummern einspeichern lassen, damit ich im Notfall um Hilfe bitten kann. Ich habe eigentlich gar keinen richtigen Spaß mehr am Leben."

M5 *Alleine wohnen*

Käte Fries, 69:

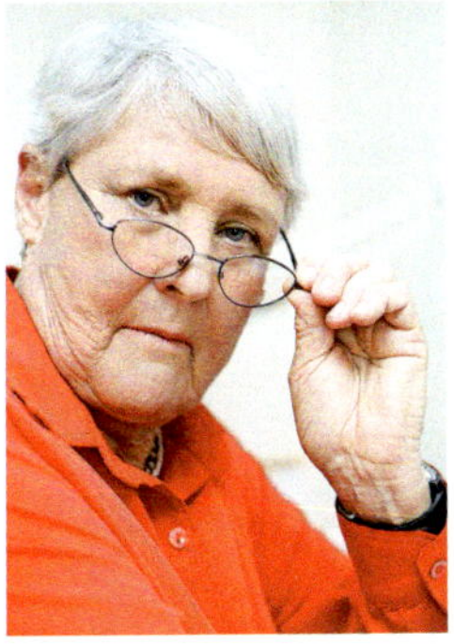

„Sie werden es nicht glauben, aber ich studiere wieder. Es macht mir richtig Spaß zwischen all den jungen Leuten. Ich lebe in einer Altenwohngemeinschaft.
Da bin ich die Jüngste. Außer mir leben da noch drei Herren und zwei weitere Damen im Alter von 73 und 87 Jahren. Wir haben uns zusammen ein großes Haus mit Garten gemietet. Gemeinsam können wir uns eine Haushälterin und eine Putzfrau leisten. Auf diese Weise können wir alle unseren gewohnten Lebensstandard halten. Es ist schön, wenn immer jemand zum Reden da ist und wir gemeinsame Unternehmungen planen können.
Aber ich muss auch die Möglichkeit haben, mich zurückzuziehen."

M6 *Wohngemeinschaft*

Robert und Klara Meyerling, 73 und 71:

„Früher hätten wir es uns nie träumen lassen, dass es uns im Alter einmal so gut gehen würde. Im Sommer sind wir für ein paar Monate in Deutschland und schauen nach dem Rechten. Dann besuchen wir die Kinder und Freunde. Unser großes Haus haben wir verkauft und sind stattdessen in eine Eigentumswohnung gezogen. Vom restlichen Geld konnten wir uns auf Mallorca eine Finca kaufen. Die kalte Jahreszeit verbringen wir dort. Das milde Klima tut unseren alten Knochen gut. In der Wohnanlage leben viele Deutsche, es gibt deutsche Geschäfte und beim Arzt wird Deutsch gesprochen. Aber unser Spanisch ist inzwischen auch nicht schlecht. Trotzdem haben wir Vorkehrungen getroffen, dass wir, wenn wir sterben, in Deutschland beerdigt werden, denn das ist und bleibt unsere Heimat."

M7 *Ein Alterssitz im Süden*

1. Werte das Diagramm M2 aus.

2. Hör das Lied (M1) an und übersetze den Text. Welche Gefühle und Ängste drückt der Songschreiber aus?

3. M3 und M4 zeigen alte Menschen in besonderen Situationen. Beschreibe und nimm dazu Stellung.

4. Lest die Berichte über die Lebenssituation älterer Menschen (M5–M7). Stellt Gemeinsamkeiten und Unterschiede fest.

5. Führt selbst Interviews mit älteren Menschen durch, um herauszufinden, wie sie leben und was sie möglicherweise vermissen. Stellt die Ergebnisse der Klasse vor.

6. Stellt euch vor, ihr seid 70 Jahre alt.
   a) Wie möchtet ihr dann leben?
   b) Was müsst ihr tun, damit eure Wunschvorstellungen auch Wirklichkeit werden können?
   c) Gestaltet Plakate zum Thema „Mein Leben mit 70".

Der Generationenvertrag

Jung sorgt für Alt

Jeder Berufstätige zahlt, solange er arbeitet, in die Rentenversicherung ein. Von diesem Geld erhalten die, die nicht mehr arbeiten, ihre Rente. Wenn der heutige Berufstätige seinerseits in Rente geht, zahlt die nachfolgende Generation für ihn. Das funktioniert, solange die Zahl der Erwerbstätigen weit höher ist als die der Rentner. Diese stillschweigende Vereinbarung nennt man Generationenvertrag.

Der Generationenvertrag in der Krise

„Ich komme mit meiner Rente gut aus. Aber ich frage mich, wie das in Zukunft bei meinen Kindern und Enkelkindern sein wird", sagt eine Rentnerin im Jahre 2012.
In diesem Konflikt befindet sich unsere Gesellschaft heute. Viele junge Menschen durchlaufen eine längere Ausbildung. Ältere gehen früher in den Ruhestand. Damit verkürzen sich die Beitragszahlungen.
Je höher die Arbeitslosenquote ist, desto weniger Geld fließt in die Rentenkassen. Durch sinkende Geburtenraten wird es in Zukunft immer weniger Berufstätige geben, die für die ältere Generation einzahlen werden. Die Menschen haben eine längere Lebenserwartung, müssen also länger versorgt werden. Man kann heute schon ausrechnen, dass im Jahre 2050 von 100 Beitragszahlern 65 Rentner bezahlt werden müssen. Im Augenblick werden von 100 Beitragszahlern 39 Rentner finanziert. Immer wieder drücken heutige Rentner ihren Unmut darüber aus, dass Renten zu selten erhöht werden und ihr Lebensstandard sinkt. Viele sind der Auffassung, dass ihnen nach einem arbeitsreichen Leben und 45 oder mehr Jahren der Beitragszahlung eine höhere Rente zustehen sollte.
Da nicht von einer schnellen Verbesserung der Situation ausgegangen werden kann, verweisen Politiker immer wieder darauf, dass jeder Bürger auch privat für das Alter vorsorgen sollte.

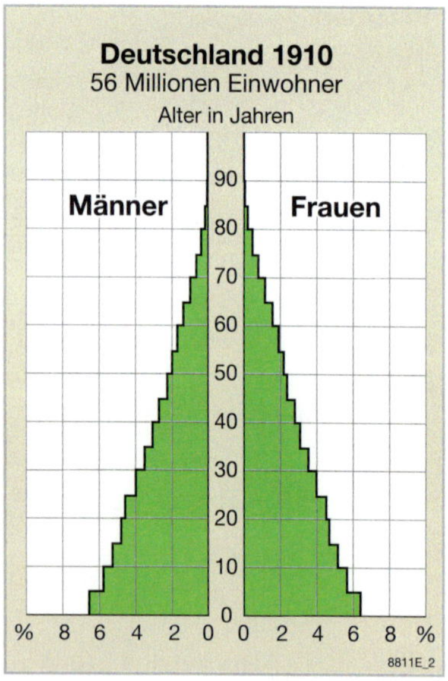

M1 *1910*
Diese Altersstruktur wird aufgrund der Form „Pyramide" genannt. Sie zeichnet sich durch viele junge und wenig alte Menschen aus (hohe Sterberate, geringe medizinische Kenntnisse).

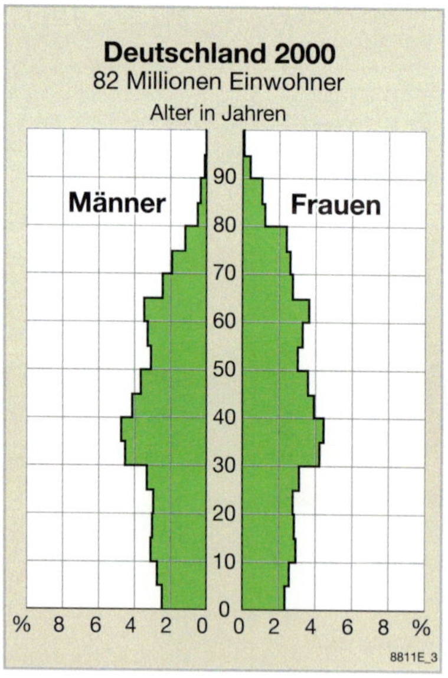

M2 *2000*
Diese Altersstruktur wird aufgrund ihrer Form als Pilz bezeichnet. Sie zeichnet sich durch eine geringe Anzahl junger Menschen und eine große Anzahl alter Menschen aus, ein „Koloss auf tönernen Füßen".

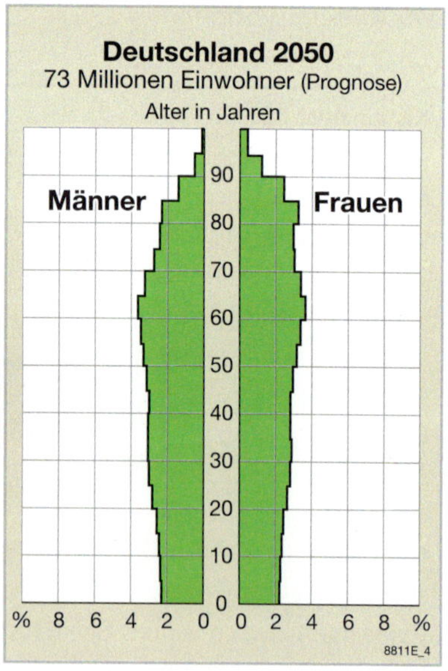

M3 *2050*
So wird die Altersstruktur vermutlich im Jahr 2050 aussehen. Durchschnittlich werden die Deutschen 50 Jahre alt sein. Heute liegt das Durchschnittsalter bei 41 Jahren.

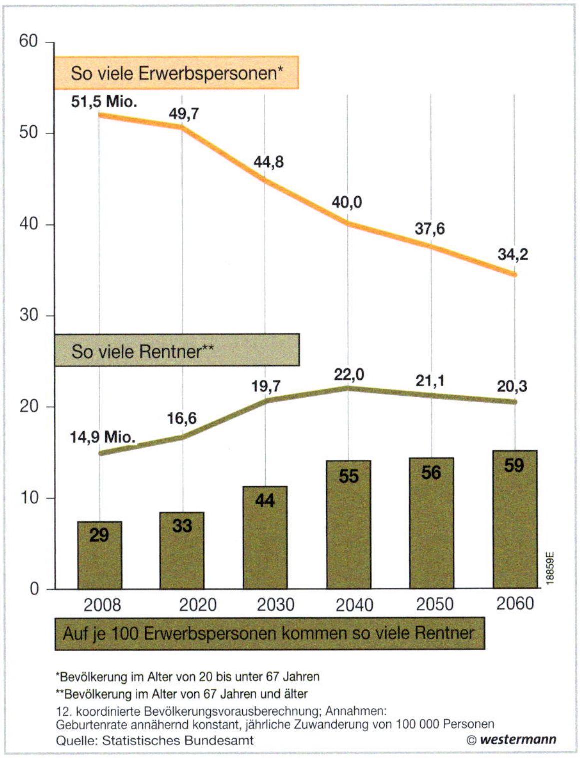

M4 *Generationenvertrag in Gefahr*

M6 *Demonstration gegen Altersarmut*

M5 *Karikatur*

1 a) Vergleiche die Abbildungen M1, M2 und M3.
b) Erläutere die festgestellten Unterschiede.

2 Erkläre, was man unter „Generationenvertrag" versteht.

3 a) Der „Generationenvertrag ist in Gefahr." Erläutere diese Befürchtung (M4, M5).
b) Was könnte der Mann in der Mitte zu dem Jungen sagen (M5)?

4 Suche dich selbst in M3 im Jahre 2050.
a) Überlege, wie deine Situation dann aussieht.
b) Welche Konsequenzen wird es für dich haben?

Städte – Orte des stetigen Wandels

Bevölkerungszahl		
	Nigeria	**Deutschland**
1950	30 Mio.	68 Mio.
2000	115 Mio.	82 Mio.
2050	433 Mio.	71 Mio.
Bevölkerungswachstum 2011:	+2,5%	-0,2%
Kinder pro Frau 2011:	5,7	1,4
Lebenserwartung 2011:	52 J.	80 J.

M3 *Ein typisches Entwicklungs- und Industrieland im Vergleich*

1 Erkläre, wieso von einer „Bevölkerungsexplosion" gesprochen wird (M1, M2).
1

2 a) Erstelle zu der Tabelle M3 ein Diagramm.
b) Vergleiche die Bevölkerungsentwicklung in den beiden Staaten.

3 Ermittle, auf welchen Kontinenten es zu einem besonders starken Bevölkerungswachstum kommt (siehe S. 216/217, Atlas).

4 a) Stelle M4 in einem aussagekräftigen Schaubild dar.
b) Berechne, um wie viel Prozent sich die einzelnen Gruppen (z. B. Afrikaner) verändern werden.

Wenn die Welt ein Dorf mit nur 100 Einwohnern wäre, wären davon: 5 Nordamerikaner, 9 Lateinamerikaner, 12 Europäer, 14 Afrikaner und 60 Asiaten. Wenn die Zahl der Dorfbewohner jährlich um eine Person steigen würde, würde das Dorf im Jahr 2050 bereits 145 Einwohner haben. Davon wären: 7 Nordamerikaner, 10 Europäer, 12 Lateinamerikaner, 31 Afrikaner und 85 Asiaten.

M4 *Was wäre, wenn …?*

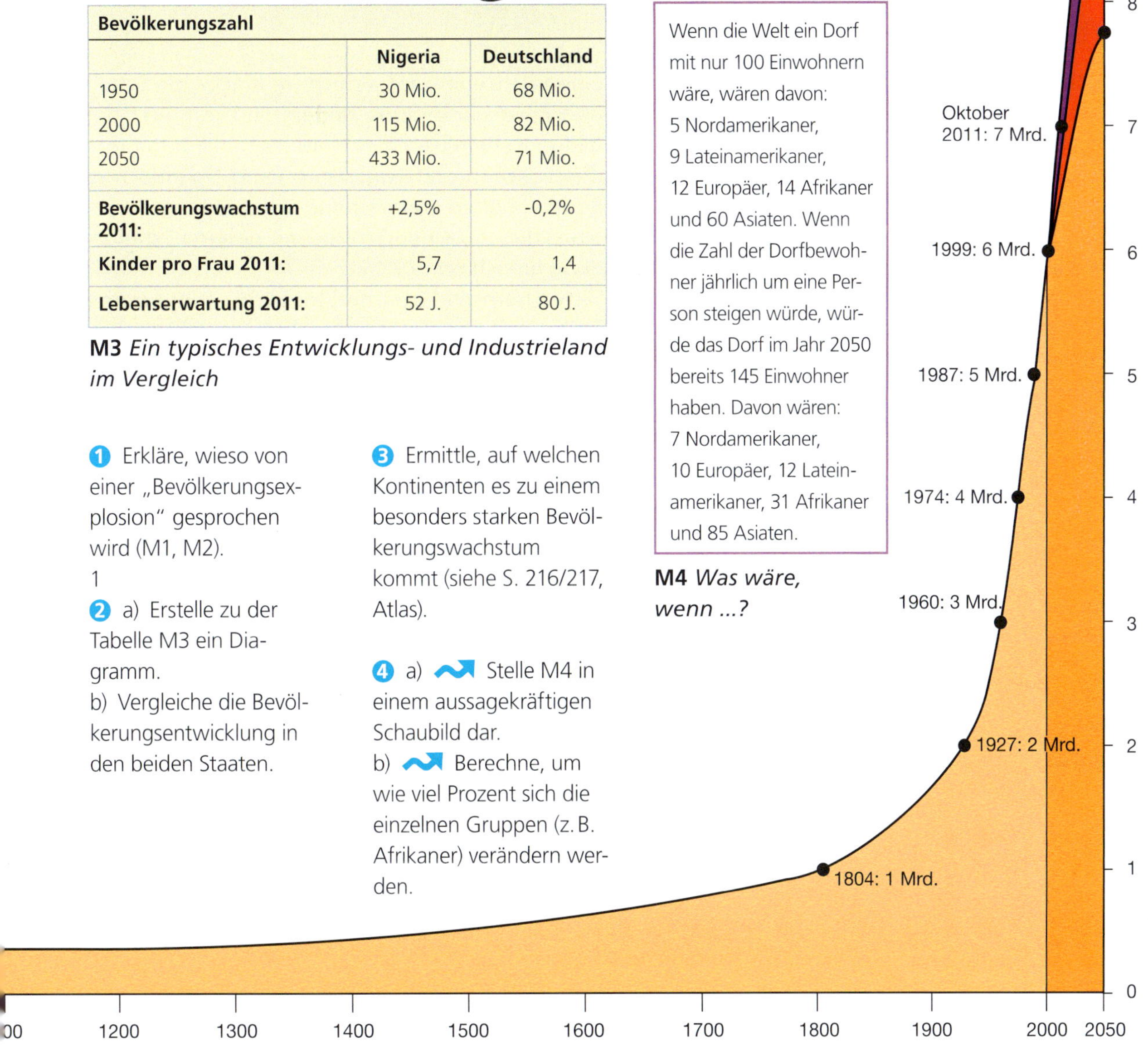

◁ **M1** *Ajamu Boma aus Nigeria ist stolz auf seine 18 Enkelkinder, denn die Kinder sorgen nach und nach für den Lebensunterhalt der Familie mit.*

Viele Kinder – erwünscht

Zahlreiche Kinder – für Arme unentbehrlich

Von den 158 Kindern, die pro Minute geboren werden, leben die meisten in Entwicklungsländern. Kinderreich sind dort vor allem arme Familien. Kinder sind wichtig für die gesamte Lebensplanung: In vielen Entwicklungsländern gibt es zum Beispiel keine staatliche Altersversorgung, keine Arbeitslosen- und keine Krankenversicherung. Im Alter leben die Menschen bei ihren Kindern.

Werden die Eltern einmal krank, dann müssen die Kinder die Eltern mitversorgen. Sie müssen dann zum Beispiel die Feldarbeit erledigen und das Geld für nötige Medikamente erwirtschaften.

Bis zu 50 Mio. Kinder haben deshalb feste, allerdings sehr schlecht bezahlte Arbeitsplätze in Industriebetrieben. Mit ihrem geringen Einkommen tragen sie zum Lebensunterhalt ihrer Familie bei. So sorgt eine hohe Kinderzahl für die finanzielle Absicherung der armen Familien.

Die Rolle der Frauen

In vielen Ländern ist das Leben der Frauen sehr stark auf die Rolle als Ehefrau und Mutter ausgerichtet. Die Eltern sind daher oft nicht bereit, in die Bildung ihrer Töchter zu investieren. Die Mädchen sollen lieber zu Hause bleiben, wo sie im Haushalt, bei der Erziehung der Geschwister und auf dem Feld helfen können. Viele dürfen nicht einmal eine Grundschule besuchen. In Afrika betrifft dies 40 Prozent aller Mädchen. Sie sind daher Analphabeten und können weder lesen noch schreiben.

Eine Faustregel sagt jedoch: Je länger die Schul- und Berufsausbildung dauert und je höher der Bildungsabschluss einer Frau, desto niedriger ihre Kinderzahl. Im afrikanischen Land Uganda zum Beispiel haben Frauen ohne Schulbildung durchschnittlich 7,8 Kinder, solche mit höherer Schulbildung jedoch nur 3,9.

Viele Eltern sind bestrebt, möglichst früh für ihre Tochter eine „gute Partie" zu sichern. Nicht selten werden Mädchen daher bereits im Kindesalter verheiratet, pro Jahr sind das weltweit etwa zehn Millionen. Für diese Mädchen ist es normal, dass sie schon vor dem 18. Lebensjahr mindestens einmal Mutter geworden sind. Auch diese frühe Mutterschaft trägt dazu bei, dass die **Geburtenrate** hoch bleibt und die Bevölkerung schnell wächst.

Land	Anteil der Analphabeten (2010)	durchschnittliche Kinderzahl (2011)
Deutschland	1 %	1,5
Japan	1 %	1,4
USA	1 %	2,1
Brasilien	10 %	1,8
Peru	11 %	2,4
Südafrika	11 %	2,4
China	6 %	1,6
Indien	37 %	2,5
Mali	71 %	6,1
Niger	74 %	6,9

M2 *Analphabetismus insgesamt und Kinderzahl von Frauen*

D3-030 www.diercke.de

M3 *Aufklärungsarbeit in Indien*

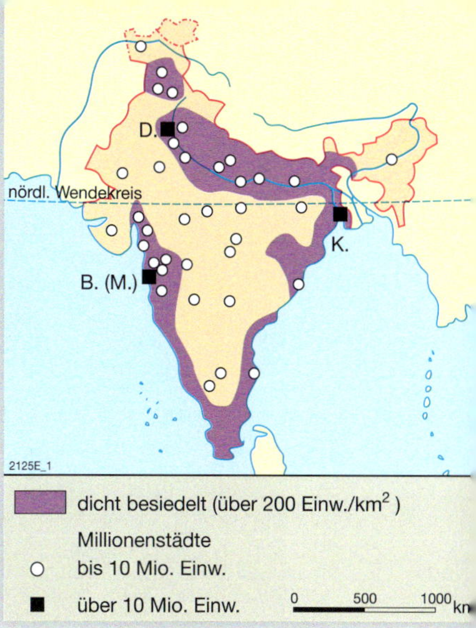

M5 *Indien – Besiedlung*

Aufklärung auf dem Dorf

Das ganze Dorf ist zusammengekommen. Die Mädchen und Frauen leuchten in den bunten Farben ihrer Saris. Aus der blauen UNICEF-Tasche packen Mädchen Modelle der weiblichen und männlichen Genitalien aus. Junge Männer und Frauen erklären ohne Scheu vor der versammelten Dorfjugend den Gebrauch der Kondome. …

Jungen und Mädchen in den Dörfern führten bislang ein völlig getrenntes Leben voneinander. Viele der Mädchen gehen nicht zur Schule, stattdessen beschränkt sich ihr Leben auf den Haushalt der Familie und die Vorbereitung auf eine frühe Ehe.

Die chronische Benachteiligung der Mädchen und Frauen, gerade auf dem Land, gehört zum Alltag. Mädchen haben kein Mitspracherecht und gelten als so minderwertig, dass weibliche Föten entgegen dem Gesetz oft gezielt abgetrieben werden. Dies lässt sich an Zahlen ablesen: Im Bundesstaat Maharashtra kamen zuletzt auf 1 000 Jungen unter sechs Jahren nur 913 Mädchen. Die Mädchen fehlen, weil sie eine schlechtere ärztliche Versorgung hatten, vernachlässigt wurden – oder schon vor der Geburt abgetrieben wurden.

Einer der Jungen auf dem Dorfplatz sagt: „Die Mädchen waren früher für uns nicht mehr wert als die Schuhe an unseren Füßen."

(Nach: www.Unicef.de [UNICEF: United Nations International Children's Emergency Fund = Kinderhilfswerk der UNO])

M4 *Stille Revolution in den Dörfern*

Bevölkerungszahl	
1950:	350 Mio.
2011:	1 200 Mio.
Geburtenrate	
1950:	44 ‰
2011:	23 ‰
Kinder pro Frau	
1950:	6 Kinder
2011:	2,5 Kinder

M6 *Indien Bevölkerungsentwicklung*

INTERNET

Informationen bietet die Organisation InWEnt, die auch Entwicklungshelfer ausbildet:
www.inwent.org/v-ez/lis/indien

1 Nenne Gründe für die unterschiedlichen Geburtenraten in Industrie- und Entwicklungsländern.

2 Errechne, wie viele Enkelkinder deine Großeltern haben. Vergleiche mit M1.

3 Erkläre den Zusammenhang zwischen Bildung und Zahl der Kinder bei Frauen.

4 a) Beschreibe die Bevölkerungsentwicklung und die Bevölkerungsverteilung in Indien (M4, M5, M6).
b) Verfasse einen kurzen Steckbrief mit allen Angaben zum Staat Indien, die dir wichtig erscheinen.

5 Erörtere die Stellung der Mädchen in Indien (M4).

M1 *Ärztliche Versorgung auf dem Land – nicht überall selbstverständlich*

Sinkende Sterberaten

Bessere Lebensbedingungen – längeres Leben

Bis zu Beginn des 20. Jahrhunderts führte die hohe Kinderzahl noch nicht zu einem hohen Bevölkerungswachstum, denn die meisten Menschen starben sehr früh. Es gab weder genügend Ärzte noch Krankenhäuser. Da Massenimpfungen weitgehend unbekannt waren, starben Millionen Menschen bei Seuchen oder Epidemien.
Auch die Nahrungsmittelversorgung war unzureichend. So starben zum Beispiel 1849–1851 nach einer Kartoffelmissernte in Irland etwa eine Million Menschen (eine weitere Million wanderte aus).
Aufgrund der hohen Sterberate war deshalb in vielen Ländern über Jahrhunderte die durchschnittliche Lebenserwartung sehr niedrig – in der Regel unter 40 Jahre.
Fortschritte in der medizinischen Versorgung und in der Hygiene brachten den Umbruch. Auch Impfstoffe wurden entwickelt. Hinzu kamen ein Ausbau der Katastrophenhilfe bei Hungersnöten und eine Verbesserung der Versorgung mit Nahrungsmitteln und sauberem Trinkwasser. Dadurch stieg die Lebenserwartung in zahlreichen Ländern in wenigen Jahrzehnten stark an und die Sterberate sank rapide.
Da die Geburtenrate jedoch hoch blieb oder nur leicht sank– nahm das Bevölkerungswachstum zu, die Bevölkerungszahl begann zu explodieren.

INFO

Sterberate
Die Sterberate ist die Zahl der Todesfälle auf 1000 Einwohner. Sie wird in Promille (‰) oder auch in Prozent (%) angegeben.

Wachstumsrate
Die Wachstumsrate ergibt sich als Differenz aus der Geburten- und der Sterberate. Erst eine hohe Geburtenrate in Verbindung mit einer sinkenden Sterberate führt zu einer hohen Wachstumsrate.

Geburtenrate minus Sterberate gleich Wachstumsrate
GR – SR = WR

	GR	–	SR	=	WR
Welt (2011)	20 ‰	–	8 ‰	=	12 ‰ (1,2%)
Industrieländer	11 ‰	–	10 ‰	=	1 ‰ (0,1%)
Entwicklungsländer	22 ‰	–	8 ‰	=	14 ‰ (1,4%)

D3-159 www.diercke.de

Indien: Die Sterberate sinkt, die Bevölkerung wächst

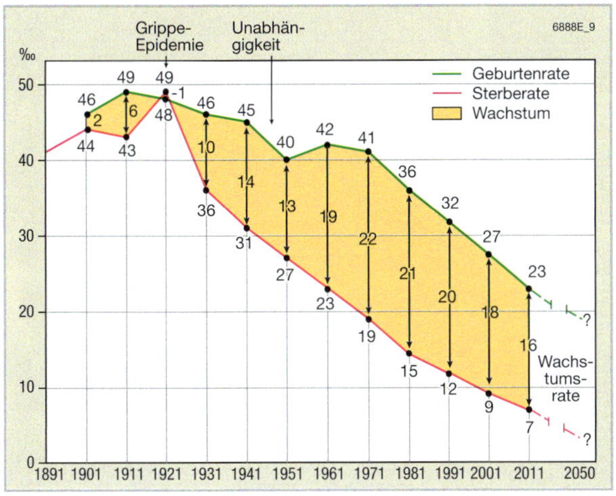

M2 *Entwicklung der Geburten, Sterbe- und Wachstumsrate in Indien*

INFO

Säuglingssterblichkeit

Die Säuglingssterblichkeit gibt die Zahl der gestorbenen Säuglinge (Kinder im ersten Lebensjahr) pro 1000 Geburten innerhalb eines Jahres an.
In Indien lag die Säuglingssterblichkeit 2008 bei 57 Prozent (zum Vergleich: In Deutschland lag sie bei vier Prozent). Dabei sind große räumliche Unterschiede festzustellen. In einigen ländlichen Regionen ist die Säuglingssterblichkeit aufgrund der schlechten hygienischen Versorgung sehr hoch. Im nordöstlichen Bundesstaat Bihar lag sie 2008 bei 61 Prozent. In Regionen mit guter Versorgungsinfrastruktur, wie z. B. dem südlichen Bundesstaat Kerala, lag die Säuglingssterblichkeit dagegen bei nur 14 pro 1000 Geburten.

Gestiegene Lebenserwartung

Zwischen 1891 und 1901 ging die Bevölkerung Indiens aufgrund von Hungersnöten, Seuchen und Epidemien um 41 Mio. zurück, 1918 starben 18,5 Mio. Menschen während einer Grippeepidemie. Erst seit Beginn der 1920er-Jahre wurden die Lebensbedingungen besser.
So glichen sich bereits 1991 die Sterberaten in Indien und Deutschland an (10 pro 1 000). Das durchschnittliche Alter der indischen Bevölkerung lag 2011 bei 25 Jahren, während die durchschnittliche Lebenserwartung für Männer 63 Jahre (1971: 44 Jahre) und für Frauen 65 Jahre (1971: 46 Jahre) betrug. In Deutschland beträgt die durchschnittliche Lebenserwartung für Männer 75 Jahre und für Frauen 82 Jahre.
(Nach: www.wikipedia.de: Indien)

M3 *Aus einem Internet-Lexikon (leicht verändert)*

Problem: sauberes Trinkwasser auf dem Land

In Indiens Städten haben inzwischen die meisten Menschen Zugang zu sauberem Trinkwasser. Auf dem Land muss jedoch immer noch ein Fünftel der Bevölkerung ungereinigtes Wasser trinken. Eine Abwasserentsorgung ist weitgehend unbekannt. Deutlich wird dies am Ganges, dem heiligen Fluss der Hindus. Die Millionen Menschen an seinem Ufer beziehen zwei Drittel ihres Trinkwassers aus dem Fluss. Gleichzeitig leiten Privathaushalte und Fabriken oft ungeklärt ihre Abwässer ein und bestatten im heiligen Fluss jährlich Tausende von Toten.
So enthält das Flusswasser 2000-mal so viele Kolibakterien wie in Indien erlaubt, zudem hohe Konzentrationen von Arsen, Blei und Zink.

M4 *Der Ganges: heiliger Strom, Trinkwasserreservoir, Abwasserkanal*

1. Nenne Gründe für die allgemeine Bevölkerungsentwicklung in Indien (M2, M3).
2. Anfang des 20. Jahrhunderts kam es in Indien zu einer schweren Grippeepidemie. Erläutere die Folgen (M2).
3. Erörtere Folgen des hohen Bevölkerungswachstums in den Entwicklungsländern.
4. Erläutere, wie das hohe Bevölkerungswachstum in den Entwicklungsländern gebremst werden kann.

M1 *Staatlich geförderte Betreuung von Kindern aus Ein-Kind-Familien in China*

Weniger Menschen durch Familienplanung

Ein Ziel – zwei Wege

China mit 1,3 Mrd. und Indien mit 1,2 Mrd. Einwohnern sind die beiden bevölkerungsreichsten Länder der Erde. Hier lebt fast ein Drittel der Weltbevölkerung. Beide Länder wollen die Geburtenrate durch Familienplanung senken, um das Bevölkerungswachstum zu bremsen. Hierbei gehen sie jedoch unterschiedliche Wege.

Indien hatte als erstes Land der Welt 1952 erkannt, dass ein hohes Bevölkerungswachstum zu großen wirtschaftlichen Schwierigkeiten führt. Damals bekam jede Frau im Durchschnitt sechs Kinder. Durch gezielte Maßnahmen der Familienplanung – kostenlose Verteilung von Anti-Baby-Pillen und Kondomen – wurde diese Zahl bis heute mehr als halbiert.

Aber die Bevölkerung wächst immer noch zu stark. Überall im Land werden deshalb Vorträge über Geburtenkontrolle gehalten. Plakate und Fernsehspots werben für eine geringe Kinderzahl.

Doch alle diese Maßnahmen der Familienplanung können nur Erfolg haben, wenn die Frauen auch lesen und schreiben können. Denn die Schlüsselrolle bei der Lösung des Bevölkerungsproblems ist der Bildungsgrad der Frauen. So haben Frauen ohne Schulbildung im Durchschnitt sechs und diejenigen mit höherer Bildung weniger als drei Kinder. Ziel muss es daher sein, den Bildungsstand der Frauen zu erhöhen.

Die chinesische Regierung versucht seit Jahrzehnten, die mit dem Bevölkerungswachstum verbundenen Probleme mit staatlich erzwungener Geburtenkontrolle zu bewältigen. Sie wirbt auf Plakatwänden und im Fernsehen für die Ein-Kind-Familie. Verhütungsmittel werden kostenlos ausgegeben. Das Mindestheiratsalter wurde für Männer auf 22, für Frauen auf 20 Jahre festgelegt.

Es gibt Anreize vom Staat für Paare, die höchstens ein Kind bekommen: Ein-Kind-Familien erhalten jährlich Geld vom Staat. Bei der Krankenversorgung, in Kindergarten und Schule und bei der Arbeitsplatzzuteilung werden Einzelkinder bevorzugt. Ehepaare, die sich sterilisieren lassen, bekommen eine Prämie und werden ausgezeichnet. Paare, die mehr als ein Kind bekommen, werden bestraft. Beim zweiten Kind drohen den Eltern Abzüge vom Lohn. Für jedes „überzählige" Kind muss eine Geldstrafe bezahlt werden.

INFO

Familienplanung
Mit Familienplanung bezeichnet man alle Maßnahmen, um die Zahl der Kinder in einer Familie zu beschränken. In den Ländern, in denen die Bevölkerung über Familienplanung aufgeklärt wurde, gingen die Kinderzahl und auch die Kindersterblichkeit zurück.

D3-030 www.diercke.de

M2 *Werbung für Familienplanung in Indien*

China ist auf dem Weg in eine Gesellschaft der Alten. Hier leben bereits 134 Mio. Menschen über 60 Jahre; in 20 Jahren werden es 280 Mio. sein. Ursache hierfür ist die staatliche Ein-Kind-Politik. Es werden so wenige Kinder geboren, dass sich bald ein Arbeitskräftemangel abzeichnet. Und wer soll dann die vielen Rentner finanzieren?

(Nach: Anna Marohn. In: Handelsblatt vom 23.05.2010, S. 9)

M5 *China steht vor einer Überalterung*

Die Ein-Kind-Politik ist in China selbst nicht unumstritten. Jedoch ist das Problem der Überbevölkerung so groß, dass die Regierung an eine generelle Aufhebung der Maßnahmen vorerst nicht denkt. Inzwischen dürfen Paare, die selbst Einzelkinder sind, ein zweites Kind haben. In Shanghai versuchen die Behörden sogar, Paare dazu zu überreden, ein zweites Kind zu bekommen. Der Hintergrund: Bereits jetzt sind 22 Prozent der Shanghaier über 60 Jahre alt, 2020 werden es nach Schätzungen bereits 34 Prozent sein.
Die generelle Familienplanungspolitik der Regierung ist damit aber nicht infrage gestellt.

M3 *Die Ein-Kind-Politik in China wird gelockert*

In Indien sind vor allem die armen Familien kinderreich, denn Kinder sind häufig ihr einziges Kapital: Kinder können bei der Feldarbeit helfen, auf den Straßen der Städte Gebäck, Souvenirs und Getränke verkaufen oder betteln. Dadurch tragen sie zum Familieneinkommen bei. Schon ein dreijähriges Kind verdient in der Stadt durch Betteln mehr, als es verbraucht. Bis zu 50 Mio. Kinder haben sogar einen festen Arbeitsplatz in der Industrie.
Es ist für Ehepaare wichtig, zahlreiche Nachkommen zu haben, da immer noch viele Kinder während der ersten Lebensjahre sterben. Vor allem Söhne sind für die soziale Absicherung der Eltern wichtig. Sie müssen für die Eltern aufkommen, wenn diese krank sind oder nicht mehr arbeiten können. Denn eine Arbeitslosen-, Kranken- und Rentenversicherung gibt es kaum.

M4 *Kinder sind das Kapital der Armen in Indien*

1 a) Beschreibe die Ergebnisse der Familienplanung in Indien.
b) Erläutere, warum die indische Politik zur Familienplanung bisher nicht so erfolgreich ist (M4).

2 a) Beschreibe die Ergebnisse der Familienplanung in China.
b) Erläutere, warum die Familienplanung in China so erfolgreich sein konnte.
c) Beurteile Folgen dieser strikten Familienplanung (M3, M6).

3 Erörtere Maßnahmen der Familienplanung in Indien und China im Vergleich.

4 a) Erläutere die Aussage des Plakats zur Familienplanung in Indien (M2).
b) Vermute, warum die indische Regierung es so darstellen ließ.

Hunger besiegen

M1 *Damit Höchsterträge erzielt werden, muss jede einzelne Reispflanze genau im Abstand von 15 cm zur nächsten Pflanze gesetzt werden.*

M3 *In den überschwemmten Reisfeldern werden häufig auch noch Enten oder Fische gehalten, ein weiterer Beitrag zur Nahrungsmittelerzeugung.*

Mehr Nahrung durch die Grüne Revolution

Reis ist das wichtigste Grundnahrungsmittel für knapp die Hälfte der Weltbevölkerung. Etwa 95 Prozent der heutigen Reisproduktion findet in Asien statt. Reis benötigt hohe Temperaturen über 30 °C und viel Feuchtigkeit. Im Gebirge werden an den Hängen Terrassen angelegt, die nach dem Einsetzen der Jungpflanzen bewässert werden.

Als Grüne Revolution wird unter anderem die in den 1960er-Jahren begonnene Einführung neuer Hochleistungs-Reissorten bezeichnet. Grundlage dafür war der Einsatz der Gentechnik. Diese neuen Reissorten verfügen über große Körner mit einer guten Lagerfähigkeit. Kurze Wachstumszeiten ermöglichen mehrere Ernten im Jahr. Mit diesen Neuzüchtungen konnte man die Erträge erheblich steigern.

Von 1970 bis 2010 hat sich der durchschnittliche Reisertrag in Indien etwa verdoppelt – in China sogar mehr als verdreifacht (M6). Allerdings sind die neu gezüchteten Hochleistungssorten anfällig gegen Krankheiten. Sie bedürfen sorgfältiger Behandlung mit Pflanzenschutzmitteln. Ist die Bewässerung einmal unterbrochen oder wird nicht genügend Dünger zugeführt, dann sind die Erträge wesentlich geringer.

Teure Bewässerungsanlagen, Maschinen, Dünger, Pflanzenschutzmittel und Hochleistungssaatgut können sich nur reiche Bauern mit großem Landbesitz leisten. Für Millionen Kleinbauern, die meist weniger als einen Hektar Land bewirtschaften, sind diese Modernisierungen unerschwinglich.

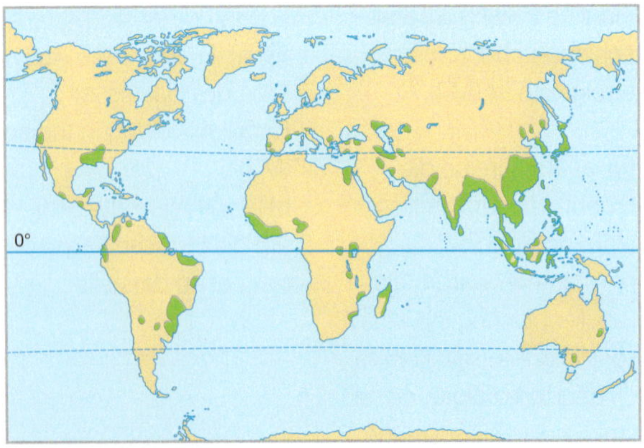

M2 *Reisanbaugebiete der Erde*

Für Millionen armer Bauernfamilien ist Reis fast das einzige Nahrungsmittel. Morgens, mittags und abends gibt es Reis – gekocht, gebraten oder in der Suppe. Beilagen wie Gemüse oder gar Fleisch können sich arme Familien nur an wenigen Tagen im Monat leisten.

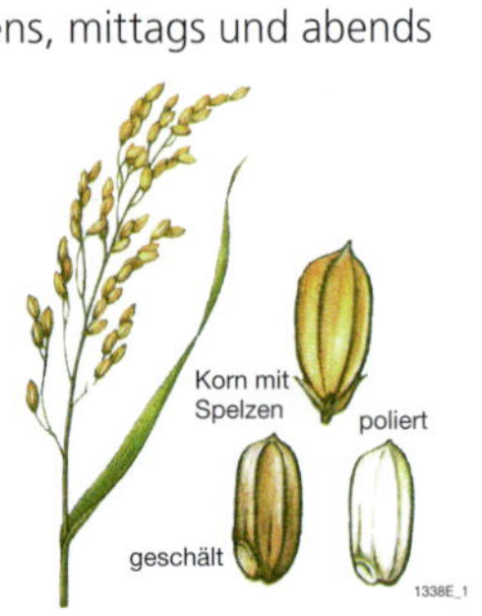

M4 *Die Verwendung von Reis*

D3-032 www.diercke.de

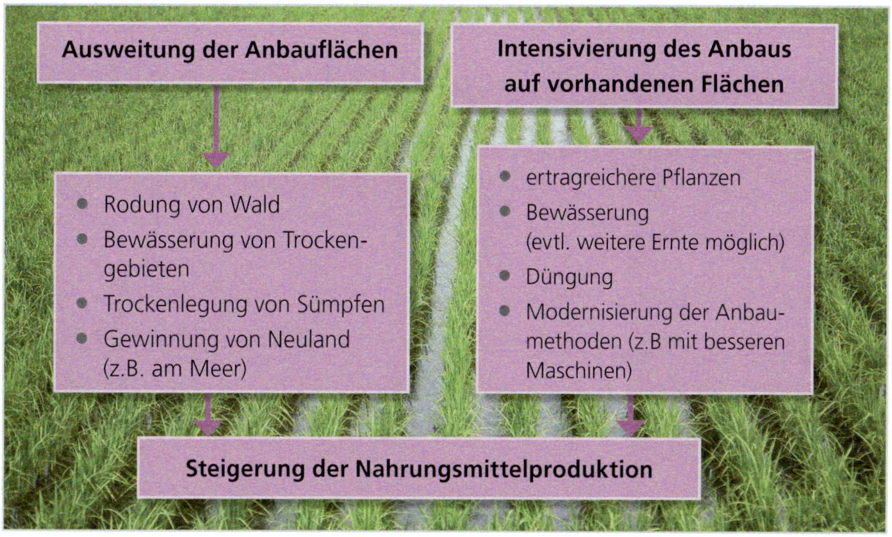

◁ **M7** *Möglichkeiten zur Steigerung der Nahrungsmittelproduktion*

	Anbaufläche (in Mio. ha)		Erzeugung (in Mio. t)		Hektar-Ertrag (in t)		Einwohnerzahl (in Mio.)	
Land	**1960**	**2010**	**1960**	**2010**	**1960**	**2010**	**1960**	**2010**
VR China	27,0	30,1	56,2	197,2	2,1	6,6	671	1 372
Indien	34,7	37,0	53,4	120,6	1,5	3,3	452	1 225
Indonesien	6,9	13,2	12,0	66,4	1,7	5,0	97	240
Japan	3,3	1,6	16,1	10,6	4,9	6,6	94	127
Südkorea	1,1	0,9	4,6	5,8	4,2	6,4	25	48
Malaysia	0,5	0,7	1,0	2,5	2,0	3,6	8	28
Nepal	1,0	1,5	2,1	4,0	2,1	2,7	10	30
Pakistan	1,2	2,4	1,6	7,2	1,3	3,0	49	174
Philippinen	?	?	3,9	15,8	1,2	3,6	27	93
Thailand	6,1	11,0	10,1	31,6	?	?	27	69
Vietnam	4,7	7,5	?	?	1,9	5,3	34	88

M5 *Reisanbau und Einwohnerzahlen in Süd- und Ostasien*

Der „Goldene Reis" verdankt den Namen seiner Farbe. Er enthält zwei Gene der Osterglocken, die dafür sorgen, dass der Reis Beta-Karotin produziert und damit die Vitamin-A-Produktion anregt. Vitamin A unterstützt das Knochenwachstum des Menschen und fördert die Sehkraft, es hält Haut und Schleimhäute gesund und macht den Körper damit widerstandsfähig gegen Infektionen. Mehrere Hundert Millionen Menschen, vor allem in den Entwicklungsländern, leiden weltweit unter Vitamin-A-Mangel, viele von ihnen werden blind, etwa zwei Millionen sterben jedes Jahr an den Folgen.
Allerdings weisen manche Forscher darauf hin, dass der Genuss von gentechnisch veränderten Nahrungsmitteln noch nicht genug erforscht ist. Sie können gesundheitsschädlich sein.

M6 *Der neue „Goldene Reis"*

1 a) Bestimme in M2 die Lage von fünf der in M5 genannten Reisanbauländer.
b) Benenne fünf weitere Reisanbauländer, die außerhalb von Asien liegen (Atlas).

2 a) Vervollständige die Tabelle (M5), indem du die fehlenden Werte (= Fragezeichen) errechnest. Dabei gilt: Anbaufläche x Hektarertrag = Erzeugung.
b) Bestimme jeweils die beiden Länder Asiens, die die größte Anbauflächen und die höchsten Hektarerträge beim Reisanbau haben.
c) Bestimme die beiden Staaten, die die Hektarerträge bei Reis zwischen 1960 und 2010 besonders steigern konnten.

3 Schreibe eine E-Mail, in der du einem Freund erklärst,
a) was man unter „Grüner Revolution" versteht, und
b) welche positiven und negativen Folgen damit verbunden sind.

4 Erörtere das Für und Wider der in M7 aufgeführten Maßnahme zu Steigerung der Nahrungsmittelproduktion.

Industrieländer – immer weniger Menschen

M1 *Karikatur*

M2 *Karikatur*

Achtung! Die Bevölkerung schrumpft!

In einigen Industrieländern ist seit mehreren Jahren die Geburtenrate unter die Sterberate gesunken. Die Ursachen dafür sind vielfältig: Das Heiratsalter ist gestiegen. Vielen Frauen ist es wichtig, vor einer geplanten Mutterschaft eine Berufsausbildung abzuschließen und zunächst einmal in ihrem Beruf zu arbeiten. Von den Regierungen wird es gefördert, dass Frauen die gleichen beruflichen Möglichkeiten haben wie Männer.

Da zur Alterssicherung und auch zum Ansehen eines Paares eine hohe Kinderzahl nicht mehr nötig ist, sind Ein- und Zweikindfamilien die Regel. Viele Paare entscheiden sich auch gegen Kinder. Ihnen erscheinen die Kosten und Unannehmlichkeiten, die durch Kinder entstehen, zu hoch. In Deutschland schätzt man, dass ein Kind seinen Eltern bis zur Volljährigkeit Kosten in Höhe von 200 000 bis 300 000 Euro verursacht. Schließlich sind die Möglichkeiten der Empfängnisverhütung so gut, dass die Zahl ungewollter Schwangerschaften stark zurückgegangen ist.

Alarmierende Szenarien

„Das Überleben der Nation steht auf dem Spiel", lautete die Schlagzeile der größten japanischen Tageszeitung am 1. Januar 2006. Die japanische Bevölkerung war erstmals geschrumpft und man hatte errechnet, dass sich die Zahl der Japaner bis 2100 auf 64 Mio. halbieren würde.

Für Staaten mit schrumpfender Bevölkerung werden bedrohliche Szenarios entworfen. Wenn es immer weniger Kinder gibt, kommt es zu einer Überalterung der Bevölkerung. Wenigen jüngeren Menschen im arbeitsfähigen Alter von 15 bis 65 Jahren stehen viele ältere Menschen von über 65 Jahren gegenüber.

In Deutschland zum Beispiel kamen 1900 auf einen alten Menschen 12,4 Personen mittleren Alters, heute ist das Verhältnis 1 zu 4.

	1950	2000	2050*
Industrieländer	12	19	33
Entwicklungsländer	6	8	21

*UNO-Prognose

M3 *Anteil der über 60-Jährigen an der Gesamtbevölkerung (in %)*

	2007	2050*
Deutschland	82,3	71,4
Italien	59,3	55,9
Japan	127,7	95,2
Russland	141,7	109,4

*UNO-Prognose

M4 *Bevölkerungsprognose (in Millionen)*

Deutschland – Die Geburtenrate sinkt

M5 *Familie in Deutschland (1910)*

M7 *Lebenserwartung in Deutschland (nach Regionen)*

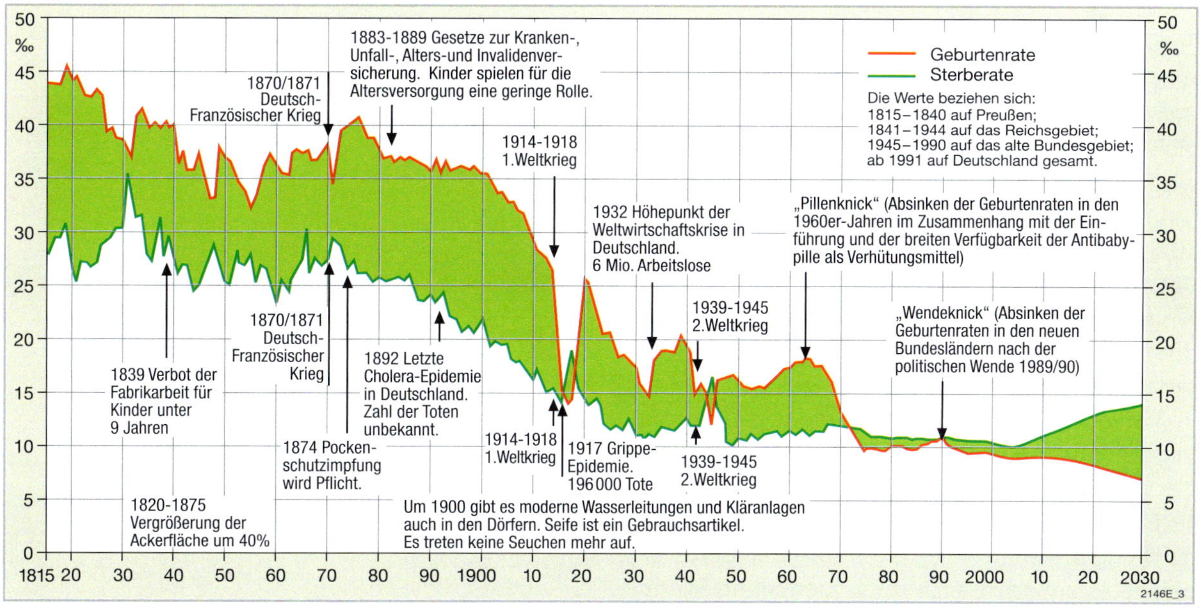

M6 *Entwicklung der Geburten- und Sterberate in Deutschland*

1 a) Erkläre, warum die Geburtenzahlen in vielen Industrieländern sinken.
b) Bewerte die Auswirkungen auf den Altersaufbau und mögliche Folgen, die sich daraus ergeben.

2 Untersuche einen Sachverhalt, der die Geburten- oder die Sterberate Deutschlands beeinflusst hat, genauer (M6, Geschichtsbuch, Lexikon, Internet). Stelle dein Ergebnis der Klasse vor.

3 Führt eine Umfrage durch.
a) Fragt Großeltern und Eltern, wie viele Geschwister sie haben.
b) Tragt die Ergebnisse in eine gemeinsame Tabelle ein und wertet sie aus.

4 Erörtere Maßnahmen zur Steigerung des Bevölkerungswachstums.

M1 *In Delhi (Indien)*

Bevölkerungswachstum und Megastädte

Entwicklung der Städte – ein weltweiter Prozess mit vielen regionalen Unterschieden

Das Wachstum der Weltbevölkerung ist sehr ungleich verteilt. Ähnlich verhält es sich mit dem Anwachsen der Ballungsräume und der Verstädterung. Die Menschen der Zukunft werden vor allem Städter sein. In der Gegenwart betrifft die weitere Verstädterung fast ausschließlich die Entwicklungs- und Schwellenländer. In den Industrieländern leben bereits drei von vier Menschen in Städten.

In den Industrieländern begann die Verstädterung mit der Industrialisierung im 19. Jahrhundert: Großes Bevölkerungswachstum, Fortschritte in der Technik, Steigerung des Lebensstandards und Arbeitsmöglichkeiten ließen die Städte wachsen. Dort gelang es zunächst auch rasch, genügend Wohnraum und die nötige Infrastruktur zu schaffen.

Später, nach dem Zweiten Weltkrieg, setzte der Verstädterungsprozess – mit großen regionalen Unterschieden – in den Entwicklungsländern ein. Dabei ist festzustellen, dass in den reichen Industrieländern der Anteil der Bevölkerung in Städten besonders hoch ist, und umgekehrt ist in den armen Entwicklungsländern der Anteil an Städtern niedrig. Es gibt also, allgemein gesehen, einen Zusammenhang zwischen Entwicklungsstand und Verstädterung.

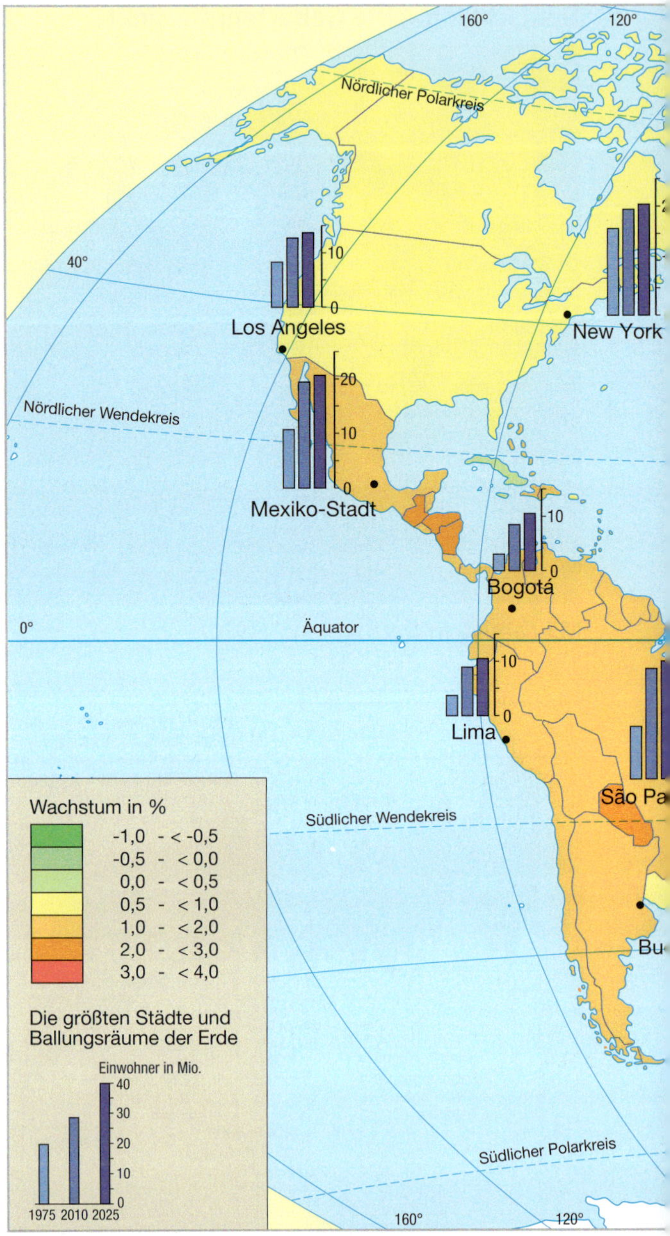

M2 *Durchschnittliches Bevölkerungswachstum in den Ja*

M3 *Wir warten darauf, dass die Stadt zu uns kommt …*

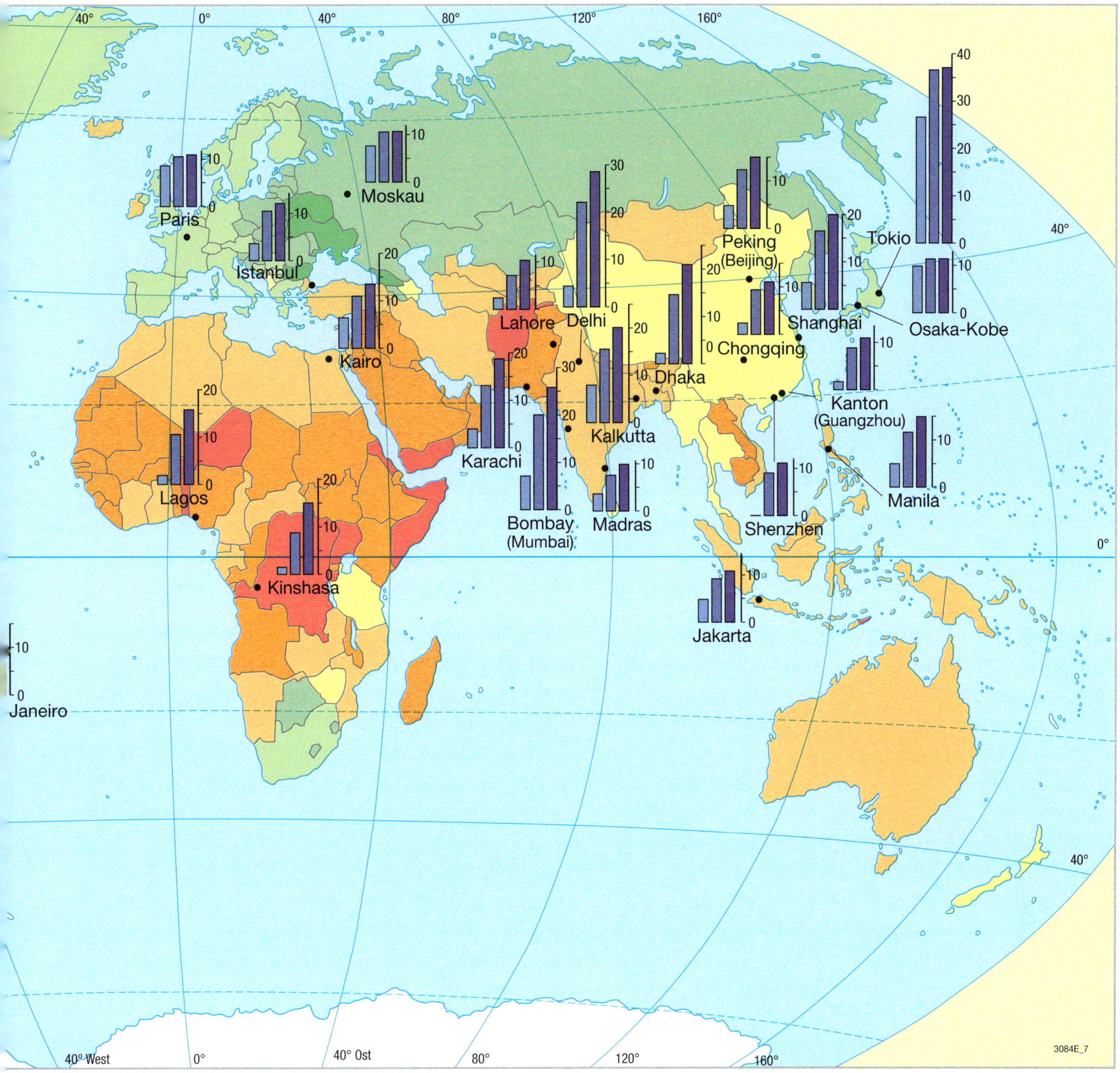

)5–2010 der Länder der Erde und Megastädte, die 2025 zehn Millionen Einwohner und mehr haben werden.

1 Nenne:
a) 10 Länder mit sehr hohem Bevölkerungswachstum,
b) 10 Länder mit geringem Bevölkerungswachstum,
c) 10 Länder mit abnehmender Bevölkerung.

2 Interpretiere die Karikatur (M3).

3 Bewerte das Städtewachstum auf der Erde.

4 Beschreibe, wie sich
a) die Anzahl,
b) die Verteilung der Megastädte in der Welt verändert hat (M2).

5 Erstelle einen Steckbrief mit den wichtigsten Informationen über eine Megastadt deiner Wahl (Atlas, Lexikon, Internet).

M1 *Abgase verschmutzen die Luft in vielen chinesischen Städten*

Ökologische Probleme

Kehrseite des rasanten Wirtschaftsbooms

Die Folgen des Bevölkerungswachstums und vor allem der rasanten wirtschaftlichen Entwicklung haben in Indien und in China zu erheblichen Umweltproblemen geführt.

Die Einleitung verschmutzter Industrie- und Haushaltsabwässer beeinträchtigt in vielen Regionen die Wasserqualität und führt zu einem Mangel an sauberem Trinkwasser. Immer mehr Menschen, vor allem in den Großstädten, leiden unter der Luftverschmutzung. Wachsende Abfallmengen stellen ein weiteres Problem dar.

Für die Regierungen Chinas und Indiens gilt es, ein Gleichgewicht zwischen dem wirtschaftlichen Wachstum und dem verantwortungsvollen Umgang mit Boden, Luft und Wasser zu finden. „Umweltbewusstes Handeln muss zur zweiten Natur jedes Unternehmens und jedes Einzelnen der Gesellschaft werden", sagte ein chinesischer Umweltschützer.

Die chinesische Regierung lehnt jedoch aus Angst vor der Verlangsamung des Entwicklungstempos die Begrenzung der **Emissionen** von Treibhausgasen ab.

Häufig werden in China und Indien, bestehende Umweltgesetze und Umweltschutzstandards nicht umgesetzt. Oft beschränkt man sich nur darauf, Umweltschäden zu verwalten oder davor zu warnen.

	Anteil am weltweiten CO_2-Ausstoß	Anteil an der Weltbevölkerung
China	21,0	20,1
USA	19,9	4,6
Indien	4,6	17,0
Japan	4,3	1,9
Deutschland	2,8	1,2

M2 *CO_2-Ausstoß und Bevölkerung (2010, Angaben in Prozent)*

INFO

Kohlenstoffdioxid

Kohlenstoffdioxid (CO_2) ist eine chemische Verbindung aus Kohlenstoff und Sauerstoff. Es ist ein natürlicher Bestandteil der Luft. Mit der Verbrennung von Kohle, Öl und Gas erhöht sich der Gehalt an CO_2 in der Lufthülle. Nach Ansicht vieler Wissenschaftler führt dies sowie die Abholzung von Wäldern, die viel Kohlendioxid verbrauchen, zu einer Verstärkung des natürlichen Treibhauseffekts und damit weltweit zur Erwärmung der Atmosphäre.

D3-038 www.diercke.de

M3 *Verschmutzter Strand im Südosten Chinas*

M5 *Müll sammelt sich in einem Stausee*

In China geraten die Folgeschäden des rasanten Wirtschaftswachstums außer Kontrolle: Knapp eine halbe Million Menschen sterben jährlich an den Folgen der Umweltverschmutzung.

16 der 20 weltweit am stärksten verschmutzten Städte liegen in China. Die massive Umweltverschmutzung hat Krebs zur häufigsten Todesursache in städtischen Gebieten gemacht.

Der wirtschaftliche Schaden durch Umweltzerstörung wird auf mindestens zehn Prozent des **Bruttoinlandsproduktes (BIP)** geschätzt. Das entspricht etwa dem jährlichen Wirtschaftswachstum. Chinas Regierung sind die Zahlen ein Dorn im Auge. Nach Angaben der „Financial Times“ hat die Regierung die Weltbank dazu gezwungen, die Todeszahlen aus ihrem aktuellen Umweltbericht über China zu streichen.

Angesichts der wachsenden Zahl lokaler Proteste gegen die zunehmenden Umweltverschmutzungen wächst die Angst der Regierungsbehörden vor Unruhen. Die Informationen aus dem Umweltbericht könnten weiteren Ärger provozieren.

Jüngst verstärkte die Regierung ihre Bemühungen für den Umweltschutz. Unter anderem wurde begonnen, die schmutzigsten Industrieanlagen zu schließen und Abgasnormen für Autos anzuheben.

(Nach: www.welt.de/wissenschaft/article1000319/Massensterben_durch_Umweltverschmutzung.html, 21.02.11)

M4 *Massensterben durch Umweltverschmutzung*

Zwar wächst Chinas Abfallproduktion mit rund 4,8 Prozent nur halb so schnell wie die Wirtschaft, aber die jährlich knapp 260 Mio. t kommunaler Abfall haben die vorhandenen Entsorgungsanlagen an ihre Grenzen gebracht. Zum allergrößten Teil landet der Müll auf Deponien. Verbrannt wird gut ein Fünftel, nur ein kleiner Rest wird recycelt. In kleineren Städten oder ländlichen Regionen existieren kaum staatlich betriebene Müllanlagen. Abfall wird dann in die freie Natur entsorgt – beispielsweise direkt in den Fluss.

Chinas Regierung setzt nun auf den Bau von Müllverbrennungsanlagen. Die Anlagen verbrauchen weniger Platz und können überdies Strom produzieren. Weitere Grundwasserverschmutzung durch die Deponien wird verhindert. Kritiker fürchten durch die Verbrennung jedoch noch größeren Schaden. Bei Verbrennung von Plastik entsteht der Giftstoff Dioxin. Chinas gesetzliche Regelungen erlauben einen zehnmal höheren Dioxinausstoß als die EU-Staaten.

(Nach: www.taz.de/1/zukunft/wirtschaft/artikel/1/muellflut-bedroht-yangtse/, 01.02.11)

M6 *Müllflut*

1. Beschreibe Ursachen und Folgen der Umweltbelastungen in China.

2. Suche in Zeitungen und im Internet aktuelle Berichte, die beschreiben, wie die Bevölkerung und Regierungsstellen in unterschiedlichen Landesteilen auf diese Probleme reagieren.

Kinder und Jugendliche – Lebenswelten im Vergleich

So lebe ich

„Mein Name ist Zhou und ich lebe am Stadtrand von Peking. Vor zwei Jahren bin ich mit meiner Familie hierher in eine neue Wohnung gezogen. Vorher haben wir mehr in Richtung Stadtzentrum gelebt. Jedoch mussten wir unser altes Wohnviertel (Hutong) verlassen, da unser Hutong neuen Bürogebäuden weichen musste. Wir hatten keine Wahl, die Regierung hat es so beschlossen. In der neuen Wohnung haben wir zwar mehr Komfort, jedoch sind meine Freunde jetzt sehr weit weg. Aber ich will mich nicht beklagen. Der wirtschaftliche Aufstieg ist wichtig für China und da muss man mit vielen notwendigen Maßnahmen leben können. Es ist wirklich wahnsinnig interessant, wie schnell sich Pekings Stadtbild durch den Wirtschaftsboom in den letzten Jahren verändert hat. Das Straßennetz wurde enorm ausgebaut und Wolkenkratzer prägen immer häufiger das Aussehen der Stadt."

M1 *Zhou berichtet*

„Ich heiße Ma Liya und lebe in einem kleinen Dorf östlich der Stadt Lanzhou. Meine Familie arbeitet, wie die meisten Dorfbewohner, in der Landwirtschaft. Wir leben in einfachen Lehmhütten ohne Stromanschluss und Heizung. Die warmen Mahlzeiten bereitet meine Mutter auf einer Feuerstelle in der Küche. In unserem Dorf gibt es keine befestigten Straßen. Das Leben ist sehr hart für uns, da der Verdienst in der Landwirtschaft nicht besonders hoch ist. Meine Eltern wollen, dass es mir später einmal besser geht. Dafür werde ich aber unser Dorf verlassen und in eine große Stadt ziehen müssen. Nur dort hat man die Chance auf besser bezahlte Jobs. Dafür ist eine gute Schulbildung wichtig, die ich auf unserer Dorfschule nicht erwerben kann."

M3 *Ma Liya berichtet*

M2 *Im Klassenzimmer*

M4 *Fastfood – in China immer beliebter*

M5 *Morgenappell mit Nationalhymne*

Der amtierende Ministerpräsident auf dem Parteitag der Kommunistischen Partei Chinas: „Schüler aus armen Familien auf dem Land werden ab 2007 von den Gebühren für Lehrbücher sowie dem Schulgeld befreit. Somit können alle Kinder die Schule besuchen und die allgemeine Schulpflicht erfüllen."

M8 *Zitat des chinesischen Ministerpräsidenten*

M6 *Freizeit in der Ganztagsschule*

INFO

Schule in China

Die allgemeine Schulpflicht in China beträgt neun Jahre. Mit sieben Jahren werden die Kinder eingeschult und besuchen sechs Jahre lang die Grundschule, danach vom 13. bis 15. Lebensjahr die Unterstufe der Mittelschule. Nach Bestehen der Abschlussprüfung können sie in die Oberstufe der Mittelschule gehen. Wer auf die Universität gehen will, muss die staatliche Aufnahmeprüfung bestehen.

Leistungsdruck macht den Schülern das Leben schwer

Staat und Eltern stellen harte Anforderungen an die chinesischen Kinder. Wer etwas werden will, erlebt schon in der Grundschule harten Stress. Einen zweiten Bildungsweg für Pechvögel oder Spätstarter gibt es nicht. Gute Schulen verlangen bis zu 30000 Yuan (ca. 3000 Euro) pro Jahr. Daher werden die Kinder gezwungen, bis tief in die Nacht zu lernen. Knapp die Hälfte aller Schüler bekommt nicht ausreichend Schlaf. Zwei Grundschüler, die ihre Aufgaben nicht bewältigten, trauten sich im letzten Winter aus Angst vor Strafe nicht nach Hause und erfroren nachts auf dem Feld. Schule in China setzt immer noch auf die alten asiatischen Tugenden wie Gehorsam, Fleiß und stures Auswendiglernen von Texten und Zahlen. Dabei besteht die Gefahr, dass den Schülern später wichtige Fähigkeiten fehlen. Erschöpfte Eltern, Lehrer und Kinder wenden sich inzwischen gegen den Druck. Seit neuestem gibt es weniger Hausaufgaben, und die Notenlisten, die bisher in den Schulfluren aufgehängt waren, wurden entfernt. Doch leichtere Prüfungen sind vorerst nicht geplant.

M7 *Chinesische Schülerinnen und Schüler kämpfen mit hohen Erwartungen*

1. Stelle die unterschiedlichen Lebenssituationen von Zhou und Ma Liya dar (M1, M3).
2. Vergleiche deinen Schultag mit dem von chinesischen Schülern.
3. Erkläre, warum eine gute Schulbildung in China einen sehr hohen Stellenwert hat.

M1 *Das Generalkonsulat der Volksrepublik China in Hamburg*

M2 *Chinesisches Containerschiff im Hamburger Hafen*

China in Hamburg – eine Projektidee

Aus einem Projektprotokoll einer 8. Klasse aus Hamburg:

„Wir hatten uns im Unterricht anhand der Schulbuchthemen über China informiert, als die Idee aufkam, Chinesisches in Hamburg zu entdecken. Sofort fielen uns Standorte verschiedener China-Restaurants ein. Doch was gibt es noch? Das Generalkonsulat, Exponate im Völkerkundemuseum, die von der letzten Silvesterparty übrig gebliebenen Feuerwerkskörper, ...

Projektauftrag: China in Hamburg

Fertige eine Fotomappe an.

Arbeitsanregungen

- Jede Gruppe präsentiert mindestens 12 eigene Fotos (Mindestgröße 9 x 13 cm), mit denen sich „Chinesisches" in Hamburg dokumentieren lässt.
- Jedes Foto wird für den Betrachter kommentiert. Wenn man vom Fotomotiv ausgeht, lassen sich in der Regel unterschiedliche Themenfelder finden in die das Foto eingebettet werden kann. Den thematischen Schwerpunkt der jeweiligen Bildtexte wählt die Gruppe. Beachtet beim Abfassen der Texte die übliche Zitierweise.
- Jede Fotomappe enthält neben dem Deckblatt ein Inhalts- und Literaturverzeichnis.

In Kleingruppen wurde die Spurensuche vorbereitet: Telefonbücher wurden durchgesehen, Museums- und Stadtführer studiert, Anfragen bei der Handelskammer und beim Generalkonsulat brachten weitere Hinweise.

Ziel jeder Gruppe sollte es sein, eine kommentierte Fotomappe über die Ergebnisse der eigenen Recherchen zu erstellen. Die ausgewählten Fotomotive sollten also jeweils in einen selbstbestimmten Themenbereich eingebettet werden. Die in China produzierte und in einem Hamburger Kaufhaus entdeckte Baseballkappe konnte somit Anlass sein, sich beispielsweise über Arbeits- und Produktionsbedingungen in China, über die Bekleidung chinesischer Jugendlicher oder über Chinas Außenhandel mit Deutschland zu informieren.

Ausgerüstet mit der Kamera ging es dann in Kleingruppen aus zwei oder drei Schülern auf Spurensuche. Vieles wurde dabei entdeckt:

- die chinesische Ärztin, die über Akupunktur und Naturheilverfahren informierte;
- das Atelier eines chinesischen Künstlers;
- das Reisebüro, das sich auf China spezialisiert hat;
- das Hamburg-Büro einer chinesischen Export- und Importfirma;
- das Hinweisschild „Made in China" auf vielen unterschiedlichen Produkten.

D3-152 www.diercke.de

Bereits 1890 siedelten sich in St. Pauli rund um die Schmuckstraße etwa 40 Asiaten an. In der im Volksmund „Chinesenkolonie“ genannten Ansiedlung gab es zahlreiche Gemischtwarenläden und Restaurants, aber auch illegale Glückspiellokale und „Opiumhöhlen“.
Heute leben ca. 3400 chinesische Staatsangehörige in Hamburg. Es gibt rund 200 chinesische Restaurants und Lebensmittelläden, 2,4 Prozent der ausländischen Gäste Hamburgs sind Chinesen.
Als Zeichen der freundschaftlichen Beziehungen brachten 1989 Hamburger Kaufleute das erste Drachenboot in die Hansestadt. Zum 800. Hamburger Hafengeburtstag fand das erste offizielle Deutsche Drachenbootrennen auf der Binnenalster statt und wird nun jährlich wiederholt. Auch chinesische Kunst gibt es in Hamburg: Im Völkerkundemuseum sind chinesische Holzblockdrucke sowie Schattenspielfiguren ausgestellt.
(Nach: Welt am Sonntag vom 29.08.2004)

In einem chinesischen Restaurant

M3 *China an Alster und Elbe*

Das Fundament des deutschen und europäischen Wirtschaftsaustausches mit China wurde 1845 gelegt, als nämlich ein Hamburger Unternehmer erstmals eine europäische Firmenniederlassung in Guangzhou gründete.
Damals wie heute ist Hamburg ein Knotenpunkt des europäischen Handels mit China. Allein in Shanghai machen etwa 500 Hamburger Unternehmen Geschäfte und 50 von diesen Unternehmen haben dort sogar eine Niederlassung. Die Mitarbeiter und Familien der über 400 chinesischen Firmen fühlen sich wohl in ihrem Hanbao und sind fester Bestandteil des gesellschaftlichen Lebens der Hansestadt. Viele von ihnen engagieren sich gemeinsam mit ihren deutschen Mitbürgern in Vereinen und Institutionen, die es sich zum Ziel gesetzt haben, den Hamburgern die faszinierende Kultur Chinas näherzubringen. Hierzu gehört beispielsweise die Chinesisch-Deutsche Gesellschaft, die Ausstellungen, Vorträge und Theateraufführungen organisiert.
Ähnliche Ziele verfolgen die Hamburger China-Gesellschaft und die Hamburger Sinologische Gesellschaft, die eng verbunden sind mit dem bereits 1919 gegründeten Seminar für Sprachen und Kultur Chinas an der Universität Hamburg. Eine für die chinesischen Unternehmen wichtige Kommunikationsplattform bietet die Vereinigung der chinesischen Kaufmannschaft in Deutschland, die in Hamburg ihren Sitz hat. Flankierende Unterstützung erfahren die europaweit einzigartigen wirtschaftlichen und kulturellen Beziehungen durch das in Hamburg ansässige chinesische Generalkonsulat und seine Handelsabteilung.
Zahlreiche chinesische Firmen und Organisationen haben sich bereits für Hamburg entschieden und hier ihre Europazentrale errichtet. Demnächst wird in Hamburg eine chinesische Schule nach chinesischem Unterrichtsmodell ihren Betrieb aufnehmen. Dies wird die Stadt für chinesische Firmenvertreter noch attraktiver machen.
(Nach: www.hk24.de, 21.01.2011)

In einer chinesischen Schule in Hamburg

M4 *China in Hanbao (Hamburg)*

Bevölkerungsdiagramme auswerten

Von Pyramiden, Glocken und Pilzen

Ein **Bevölkerungsdiagramm** (auch Bevölkerungspyramide genannt) zeigt den Altersaufbau einer Bevölkerung und den Anteil von Frauen und Männern in den einzelnen Altersstufen.

Dabei kann man vom Modell her drei Grundtypen unterscheiden: die Pyramide, die Glocke und den Pilz.

Diese drei Grundformen vereinfachen die Form der Diagramme sehr stark. Dadurch werden jedoch die jeweiligen Aussagen umso deutlicher. Natürlich verlaufen in jedem Land die Entwicklungen anders: langsamer oder schneller, stärker oder schwächer, aber die Kernaussage dieser Modelle ist auf alle Bevölkerungen übertragbar. So lassen sich Rückschlüsse ziehen auf die Lebensbedingungen der Bevölkerung, auf historische Ereignisse, auf die weitere Bevölkerungsentwicklung und auf zukünftige Möglichkeiten und Probleme der jeweiligen Bevölkerung.

INFO

Modelle

Modelle stellen komplizierte Sachverhalte vereinfacht dar und verdeutlichen dadurch bestimmte Kernaussagen. Die Bevölkerungsdiagramme sind eine einfache Form von Modellen, da sie nur einen Zustand abbilden. Es gibt aber auch Modelle, die zahlreiche Abläufe bzw. verschiedene Prozesse zusammenfassen. So gibt es zum Beispiel ein „Modell der Plattentektonik" oder unterschiedliche Klimamodelle. Um letztere auszuwerten, benötigt man heute die weltweit leistungsfähigsten Supercomputer.

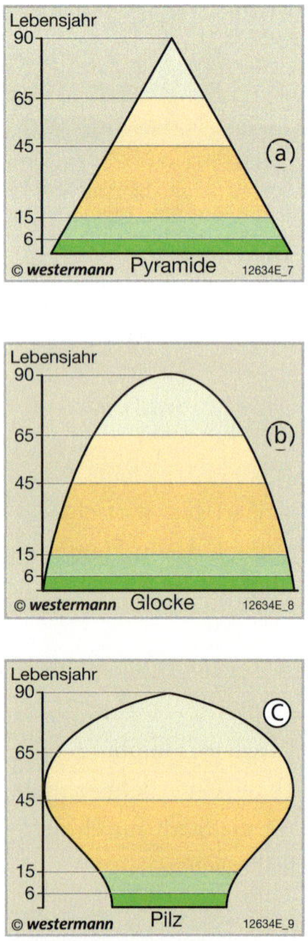

M1 *Modelle von Bevölkerungsdiagrammen*

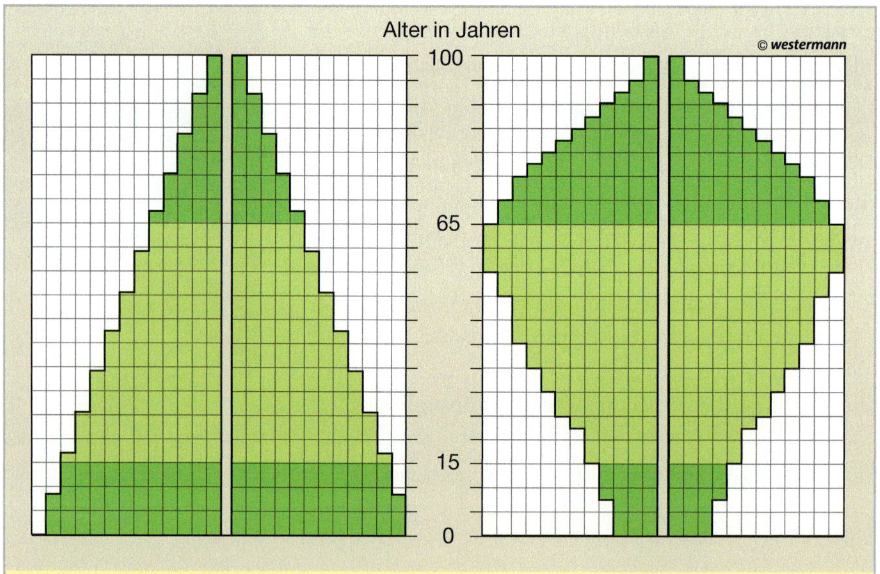

hoch, steigt an	**Geburtenrate**	niedrig, nimmt ab
hoch niedrig	**Anzahl der unter 10 - Jährigen über 65 - Jährigen**	niedrig hoch
„junge", wachsende Bevölkerung	**Schlussfolgerung**	„alte", schrumpfende Bevölkerung

2148E_4

M2 *Typische Bevölkerungsdiagramme (schematisch)*

D3-030
www.diercke.de

Ein Bevölkerungsdiagramm in vier Schritten auswerten

1. Beschreibung der Form des Diagramms

Beschreibe den Umriss. Welchem Modell entspricht es am ehesten (Pyramide, Glocke, Pilz)?
Nenne die auffälligsten Werte (z.B. die Zahl der Kinder von 1–5 Jahren und die Zahl der Menschen über 80 Jahre).

2. Interpretation der Form

Interpretiere die Form der Diagramme.
- Hat das Diagramm eine breite Basis, das heißt, gibt es viele Geburten, wächst die Bevölkerung?
- Verjüngt sich das Diagramm nach oben stark, das heißt, sterben viele Leute früh?
- Werden viele Leute alt, ist die Lebenserwartung hoch?

3. Abweichungen vom Modell

- Beschreibe, wo sich starke Abweichungen vom Modell ergeben (z.B. besonders viele Menschen in einer Altersgruppe oder besonders viele Frauen in einer Altersgruppe).
- Erkläre diese Abweichungen. Dazu musst du dir meist Zusatzinformationen beschaffen (z.B.: Warum sind so viele Männer in einer Altersgruppe gestorben?).

4. Folgerungen und Probleme

Stelle die Folgerungen und Probleme dar, die aus dem Diagramm ablesbar sind. Gehe dabei zum Beispiel folgenden Fragestellungen nach:
Was bedeutet die Bevölkerungsentwicklung für
- die Ernährung? (Könnte es Ernährungsprobleme geben?)
- für die Bildung? (Müssen mehr Schulen gebaut werden?)
- für den Arbeitsmarkt? (Gibt es Arbeitslose oder zu wenig Arbeitskräfte?)
- für die Versorgung der älteren Bevölkerung? (Müssen mehr Plätze in Seniorenheimen geschaffen werden?)

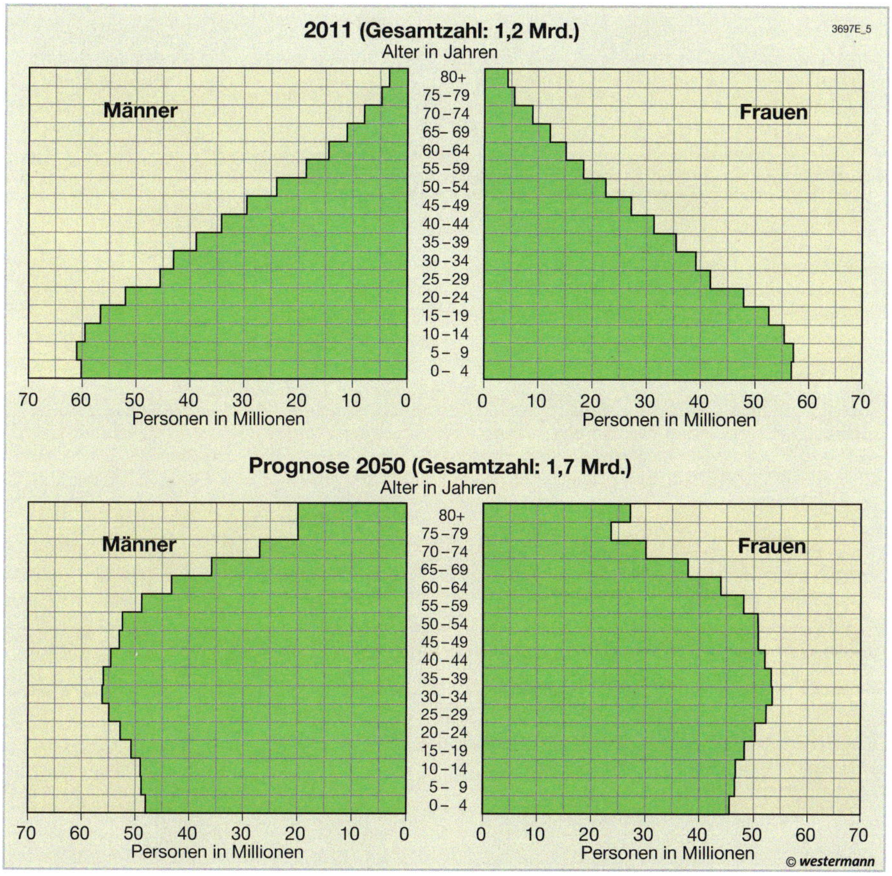

M3 *Bevölkerungsdiagramme Indiens 2011 und 2050 (Prognose)*

1 a) Werte das Bevölkerungsdiagramm von Indien 2011 aus.
b) Beschreibe die wichtigsten Veränderungen 2050.

2 Indien 2011 könnte man auch bezeichnen als
- „Land der Kinder und Jugendlichen",
- „Land der Männer".

Erkläre die beiden Bezeichnungen mit Zahlen aus dem Bevölkerungsdiagramm Indiens (M3 oben).

An der Schwelle zum Industriestaat: Südafrika

Blick auf Kapstadt

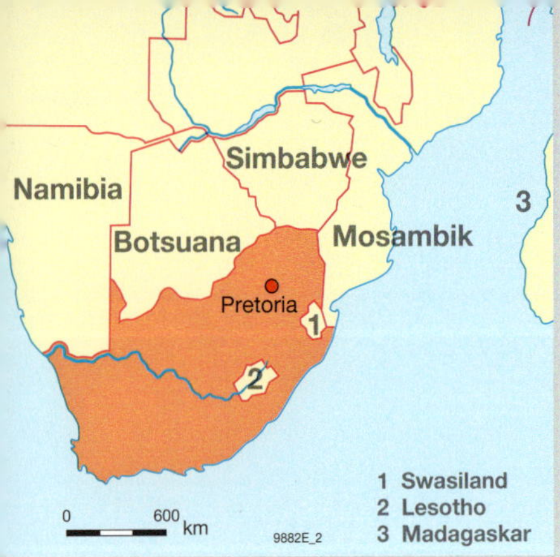

M1 *Lage von Südafrika*

„Unser Land ist anders als der Rest von Afrika!"

Diese Aussage hört man oft in Südafrika. Tatsächlich nimmt das Land eine Sonderstellung unter den afrikanischen Staaten ein. Es verfügt einerseits über die meisten gut ausgebildeten Arbeitskräfte, eine leistungsfähige Industrie und Landwirtschaft sowie über eine gut entwickelte **Infrastruktur** (z. B. Verkehrsnetz, Schulen). Seine günstige Lage am Kap der Guten Hoffnung und der Export wichtiger Rohstoffe verstärken die besondere Stellung des Landes in Afrika.
Andererseits gibt es in Südafrika auch eine Vielzahl von Problemen, zum Beispiel Spannungen zwischen Arm und Reich sowie zwischen den einzelnen Volksgruppen. Problematisch ist auch eine hohe Kriminalitätsrate und die Verbreitung von Aids.

INFO 1

Nelson Mandela (geb. 18.07.1918)

... ist ein ehemaliger führender Anti-Apartheid-Kämpfer Südafrikas und war von 1994 bis 1999 der erste schwarze Präsident des Landes. Er gilt als einer der wichtigsten Vertreter im Kampf gegen die weltweite Unterdrückung der Schwarzen sowie als Wegbereiter des versöhnlichen Übergangs von der Apartheid zu einem demokratischen Südafrika. 1993 erhielt er den Friedensnobelpreis.

Land im Umbruch

1652 errichtete der Niederländer Jan van Riebeeck aufgrund der strategisch wichtigen Lage am Kap der Guten Hoffnung eine Raststation für Handelsschiffe, die zwischen Europa und Südostasien unterwegs waren. Damit begründete er die niederländische Kolonialzeit, bis das Gebiet 1806 zu einer britischen Kolonie wurde. Nach dem Zweiten Weltkrieg machte Südafrika lange als Land der Apartheid international Schlagzeilen. Apartheid bedeutet die Trennung von Menschen nach ihrer Hautfarbe. So gab es zum Beispiel nach Hautfarbe unterteilte Schulen oder Strände.
Schwarze hatten kein Wahlrecht. Sie mussten außerhalb der großen Städte in Homelands oder am Stadtrand in **Townships** leben, wo die Lebens- und Arbeitsbedingungen sehr schlecht waren. Heute ist die Apartheid gesetzlich abgeschafft. Nur zusammen und nicht gegeneinander sollen alle Bevölkerungsgruppen das „neue" Südafrika aufbauen. Eine Forderung heißt deshalb: „Sich in gemeinsamer Verantwortung gegenseitig achten und verstehen lernen."

INFO 2

Kolonie

Bezeichnung für einen auswärtigen Landbesitz eines Staates (Kolonialmacht). Er wird zumeist durch Eroberung erworben. Die Kolonie dient dem wirtschaftlichen und politischen Vorteil der Kolonialmacht.

M2 *In einer Ballettschule*

D3-170 www.diercke.de

Lernen an Stationen: Südafrika – an der Schwelle zum Industrieland?

Aufgabe

Das Prinzip des Stationenlernens ist euch schon bekannt. Hier sollt ihr in Dreiergruppen die verschiedenen Stationen unter der Fragestellung „Südafrika – an der Schwelle zum Industrieland?" bearbeiten. Auf die Formulierung einzelner, kleinschrittiger Arbeitsaufträge wird diesmal verzichtet. Nach Durchsicht der Materialien sollt ihr selbstständig Fragen und Problemstellungen formulieren und danach eure Arbeit gliedern. Eure Arbeitsergebnisse sind später mithilfe von PowerPoint oder OpenOffice zu präsentieren.

Durchführung

Beginnt mit der Station „Länderanalyse mit dem Atlas", damit ihr einen ersten Überblick über Südafrika bekommt. Welche Reihenfolge ihr für die übrigen Stationen wählt, ist euch selbst überlassen. Die Zusatzstation „Tourismus" bearbeitet ihr jedoch zuletzt, falls ihr noch Zeit habt. Für die erste Station setzt ihr euch in euren Dreiergruppen zusammen, zu den anderen gibt es Stationentische.

Zusatzaufgabe

Zu den übrigen Stationen findet ihr auf den folgenden Doppelseiten Materialien. Zusätzlich sollt ihr selbst weitere Materialien zu den fünf Themenbereichen besorgen. Dazu wird die Klasse in fünf Gruppen aufgeteilt.
Jede Gruppe hat nun bis zum Beginn der Arbeit an den übrigen Stationen Zeit, Zusatzmaterialien (Statistiken, Grafiken, Fotos, Texte, ...) aus dem Internet (siehe auch Internettipps), Büchern, Zeitungen usw. zu ihrem Thema zu besorgen. Jedes Material wird zweimal kopiert und die Materialien werden zu Beginn des freien Stationenlernens auf dem jeweiligen Stationentisch ausgelegt. So haben alle Schülerinnen und Schüler Zugriff auf die Zusatzmaterialien.

Station 1: Länderanalyse mit dem Atlas

INFO 3

Länderanalyse mit dem Atlas

Vielleicht habt ihr schon einmal einen Ländersteckbrief erstellt. Dabei werden zahlreiche Informationen zu verschiedenen Bereichen (z. B. Lage, Naturraum, Wirtschaft, Bevölkerung, Verkehr, Kultur, Geschichte, Politik) aus verschiedenen Quellen zusammengesucht.
Bei einer Länderanalyse mit dem Atlas hingegen steht euch nur eine Quelle zur Verfügung: euer Atlas. Darin findet ihr aber eine Vielzahl physischer und thematischer Karten auf verschiedenen Maßstabsebenen, aus denen ihr Informationen über euer Land ablesen könnt.

INTERNET

www.info.gov.za
(South African Government Information; unter „about sa" zahlreiche Informationen [engl.])
www.southafrica.info
(verschiedenste Informationen und Beiträge)
www.suedafrika.org
(Botschaft der Republik Südafrika)
Länderinformationen:
www.bfai.de
www.bmz.de
www.auswaertiges-amt.de
Hinweis:
Die Datenlage ist zum Teil schwierig. Oft sind Daten unvollständig oder veraltet.

M3 *Automobilproduktion in Südafrika*

1 Fertigt als Einstieg in das Stationenlernen eine Länderanalyse mit dem Atlas zu Südafrika an. Teilt die Atlaskarten, die zu analysierenden sind, untereinander auf.

Station 2: Bevölkerung

M1 *Landeswappen*

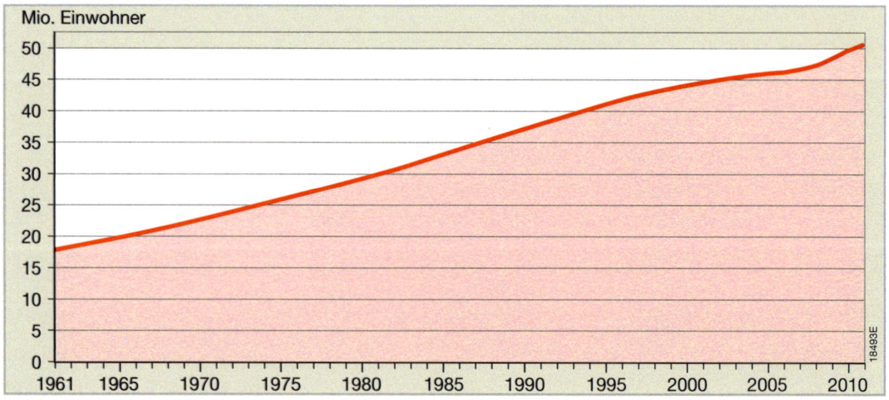

M3 *Bevölkerungsentwicklung 1961–2010*

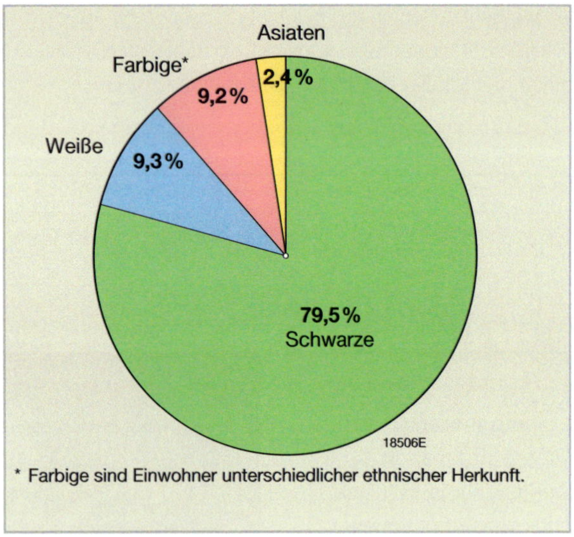

M2 *Bevölkerungszusammensetzung (2010)*

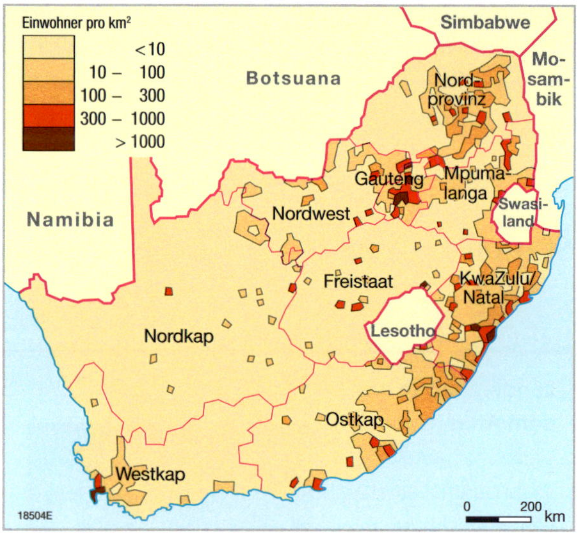

M4 *Bevölkerungsverteilung in Südafrika (2009)*

INFO 1

Fruchtbarkeitsrate
Die Fruchtbarkeitsrate gibt an, wie viele Kinder eine Frau durchschnittlich im Laufe ihres Lebens gebiert, wenn die heutige (altersspezifische) Geburtenrate zwischen ihrem 15. und 49. Lebensjahr konstant bleibt.

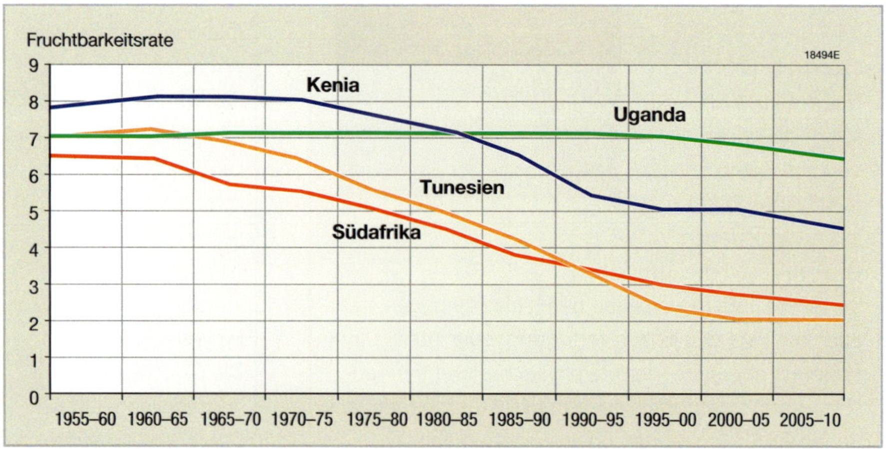

M5 *Entwicklung der Fruchtbarkeitsrate in verschiedenen afrikanischen Ländern*

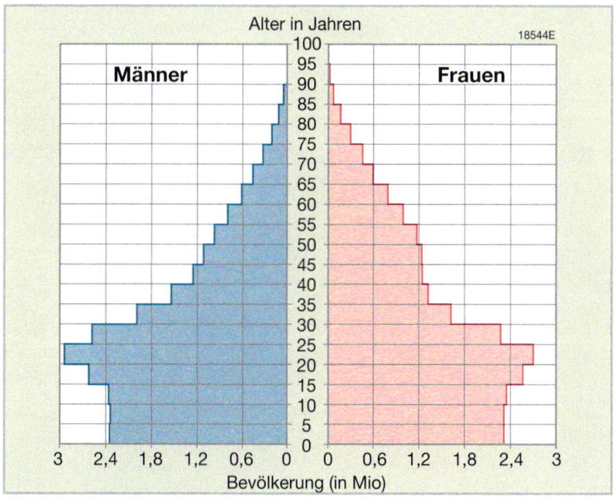

M6 *Altersaufbau*

INFO 2

Aids

Zu den größten Gesundheitsproblemen Südafrikas gehört Aids. Knapp ein Viertel der südafrikanischen Bevölkerung zwischen 15 und 49 Jahren ist mit dem HI-Virus infiziert. Das hat Folgen für die Lebenserwartung, die heute bei ca. 53 Jahren liegt.

	1995	2000	2005	2010
männlich	56,9	52,9	49,8	50,0
weiblich	64,2	58,8	53,8	53,1

M9 *Lebenserwartung bei Geburt*

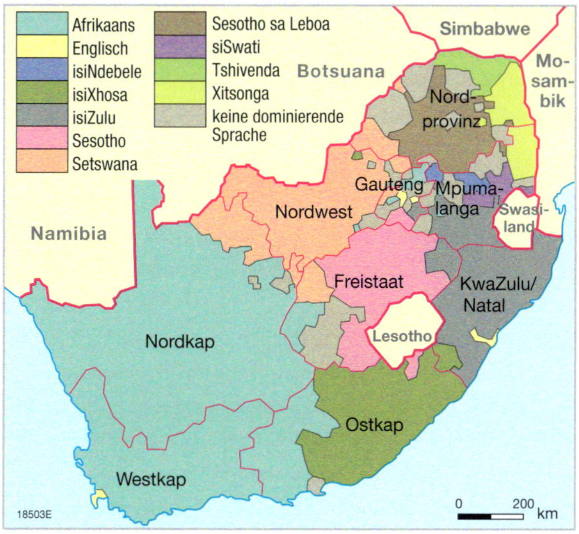

M7 *Verteilung der Sprachen*

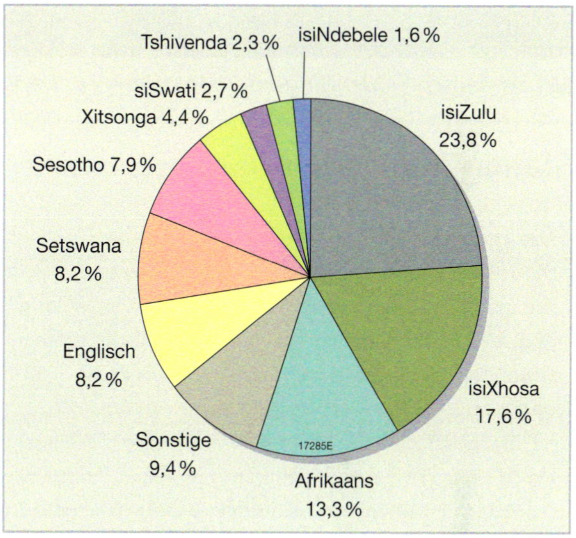

M10 *Offizielle Sprachen und ihre Verbreitung in der Bevölkerung*

M8 *„Weißes Gebiet" – die Rassentrennung war überall offensichtlich*

INFO 3

Apartheid

Als Apartheid wird die Periode der Rassentrennung in Südafrika bezeichnet. Sie hatte ihre Hochphase von den 1940er- bis zu den 1980er-Jahren. Sie endete 1994 mit einem Regierungswechsel.

M1 *Somalische Flüchtlinge demonstrieren in Kapstadt gegen fremdenfeindliche Gewalt*

Station 3: Migration

Der Hass wächst

Südafrika ist, gemessen an seiner Einwohnerzahl, das derzeit größte Einwanderungsland der Erde. Vier Millionen Menschen sind seit dem Ende der Apartheid hierhergeströmt, manche Schätzungen gehen von bis zu sechs Millionen aus.

Jahrelang hat die südafrikanische Regierung die Ursachen der Masseneinwanderung ignoriert und deren Folgen bagatellisiert. Sie unternahm nichts gegen die Selbstzerstörung des Nachbarlandes Simbabwe; allein vor dem Terrorregime des Präsidenten Mugabe sind etwa drei Millionen Menschen nach Südafrika geflohen. Die Nordgrenze des Landes ist löchrig, Zehntausende Menschen werden von Schlepperbanden eingeschleust. Illegale beschaffen sich bei bestechlichen Beamten die nötigen Papiere. Geburtsurkunde, Arbeitsgenehmigung, Personalausweis, alles ist käuflich. Kapstadt, die am schnellsten wachsende Metropole Südafrikas, ist für die Einwanderer ein besonders attraktives Ziel, hier begegnen einem jeden Tag Menschen aus allen Regionen Afrikas. Tonkiso, der Autowäscher, stammt aus Malawi. Die Kellnerin Alcinda wanderte aus Mosambik ein. Der Maskenhändler Issa kommt aus dem Senegal. Der Parkplatzwächter Kisimba ist Kongolese. Chenjerai, der Steinschleudern, Badebürsten und Kochlöffel verkauft, wurde in Simbabwe geboren. Hunger, Not und Hoffnungslosigkeit haben die Zuwanderer hierhergetrieben. Sie träumen von einem besseren Leben. Südafrika ist im Vergleich zu ihren armen Herkunftsländern wohlhabend, es wirkt wie ein Magnet auf Flüchtlinge.

Die Einwanderer arbeiten hart, leben sparsam, und ihre kargen Einkünfte überweisen sie an die Familien daheim. Ihr bescheidener Erfolg weckt Neid und Missgunst der Einheimischen, vor allem der armen, die selbst nichts haben. Sie werden nicht als Leidensgefährten wahrgenommen, sondern als Konkurrenten im Verteilungskampf um knappe Güter: Arbeit, Lebensmittel, Wasser, Strom, Medikamente, Baumaterial, Brennholz, ein Dach über dem Kopf.

Die Fremdenfeindlichkeit, sagt Wissenschaftler Loren Landau, sei allmählich von den Armenvierteln in die Wohnzimmer der Bessergestellten gewandert. Die neue schwarze Mittelschicht empöre sich zwar über das mörderische Treiben, zugleich aber betrachte sie ihr Land als Heimat der »echten« Südafrikaner – man habe schließlich selbst genug Sorgen und könne nicht auch noch die Probleme Afrikas lösen, so die Argumentation. Im Alltag ist vom kosmopolitischen Geist der neuen Verfassung nicht mehr viel zu spüren. »Südafrika gehört allen, die hier leben«, steht in der 1996 beschlossenen Präambel. Heute wäre ein anderer Satz zutreffender: »Südafrika gehört allen, die hier geboren sind.«

(Nach: www.zeit.de/2010/18/Einwanderungsland-Suedafrika, 30.04.2010)

M2 *Einwanderungsland Südafrika*

	1980	1985	1990	1995	2000	2005
Bevölkerung	29239000	33178000	36877000	41894000	45610000	47432000
geschätzte Anzahl internationaler Immigranten	983441	1815235	1224938	1097790	1022374	1106214
Anteil von Frauen an den Immigranten	34,1 %	35,2 %	37,3 %	38,9 %	40,1 %	41,4 %
geschätzte Anzahl der Flüchtlinge nach Südafrika	0	0	0	96.651	14.801	28.263
Anteil der Flüchtlinge an den Immigranten	0	0	0	8,8 %	1,4 %	2,6 %
		1980–1985	1985–1990	1990–1995	1995–2000	2000–2005
Wachstumsrate der Gesamtzahl der Immigranten im angegebenen Zeitraum		12,3 %	-7,9 %	-2,2 %	-1,4 %	1,6 %

M3 *Entwicklung der Immigration (Einwanderung) 1980 – 2005 in Südafrika*

Was bedeutet Migration für Südafrika?
Migration, soweit es sich um gut ausgebildete Menschen handelt, ist hochwillkommen, besonders wenn es um Fähigkeiten geht, die bei uns selten sind. […] Probleme entstehen, wenn Menschen ohne Ausbildung in eine Umgebung kommen, wo es schon sehr viele ohne Ausbildung und ohne Jobs gibt. Zwar sind wir im Vergleich mit anderen afrikanischen Ländern weiter, aber auch unsere Wirtschaft entwickelt sich noch. Die Arbeitslosigkeit ist hoch. In der südafrikanischen Gesellschaft spiegelt sich die ganze Entwicklungs-Welt – von Lebensstandards wie in reichen Ländern bis zur bitteren Armut […].

Aber es kommen doch viele nicht oder schlecht ausgebildete Menschen nach Südafrika …
Absolut richtig. Und genau das ist die Herausforderung. Die meisten Menschen kommen aus wirtschaftlichen Gründen, auch wenn viele Asylgründe vorschieben. […]

Was tut die Regierung? Verstärkt sie die Grenzkontrollen?
Unsere Grenzen sind so weiträumig, es ist völlig unmöglich, sie zu kontrollieren. Wir müssen stattdessen versuchen, wirtschaftliche Möglichkeiten in den Ländern zu schaffen, aus denen die Migranten kommen. Aber das ist ein langer Weg.

(Nach: General-Anzeiger Bonn vom 30.10.2008)

M4 *Interview mit Mavuso Msimang, Generaldirektor im südafrikanischen Innenministerium*

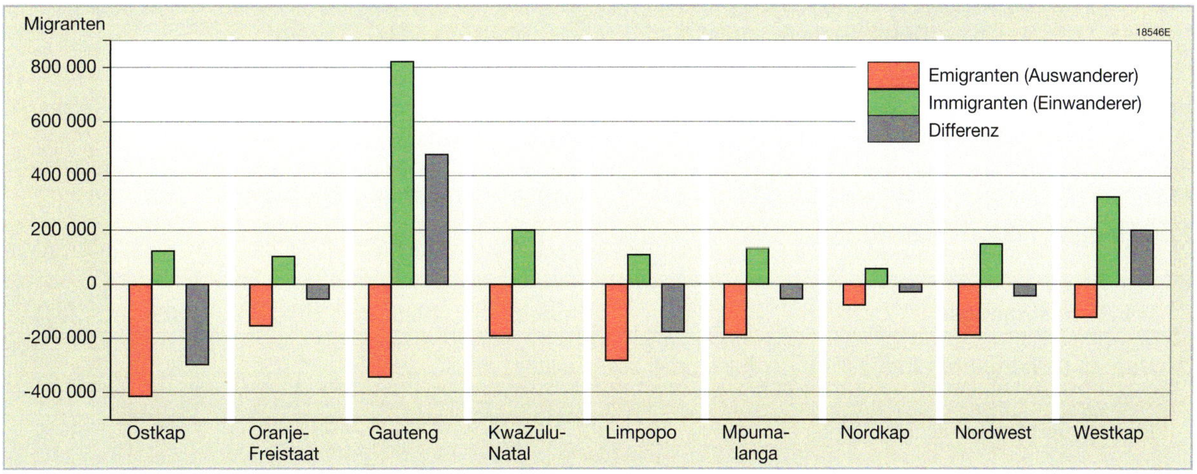

M5 *Wanderung zwischen den Provinzen Südafrikas 2006 – 2011*

Station 4: Wirtschaft

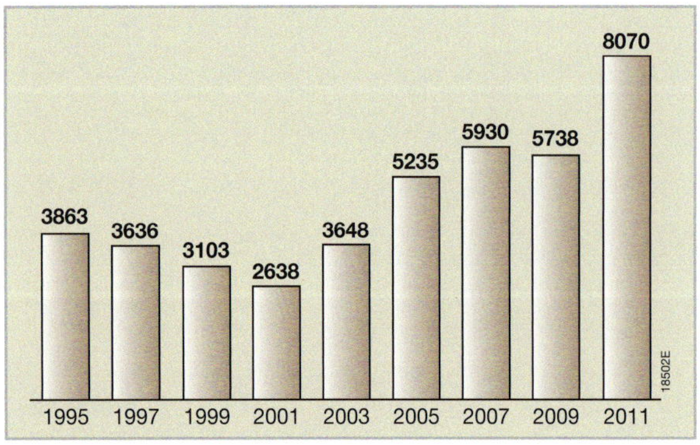

M1 *BIP/pro Kopf in US-$*

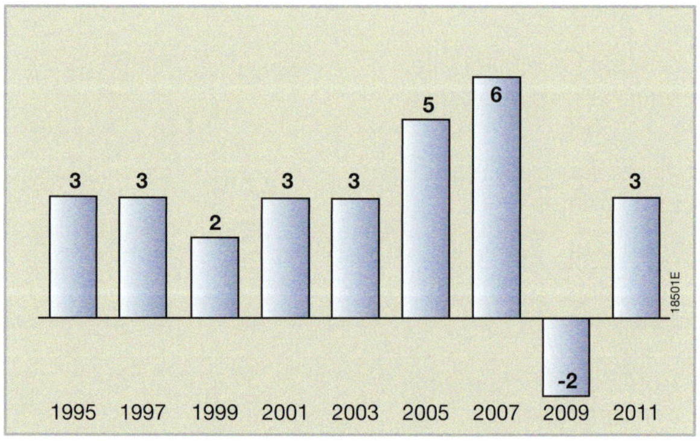

M2 *Veränderung des BIP zum Vorjahr (%)*

Arbeitsmarkt	Einheit	1995	2000	2005	2010
Erwerbspersonen, 15+	1000	12638	15230	17121	18163
Erwerbsquote (m), 15+	%	62	61	62	60
Erwerbsquote (w), 15+	%	40	44	46	44
Arbeitslosenquote, 15–64 Jahre	%	17	27	27	25

M3 *Arbeitsmarktdaten*

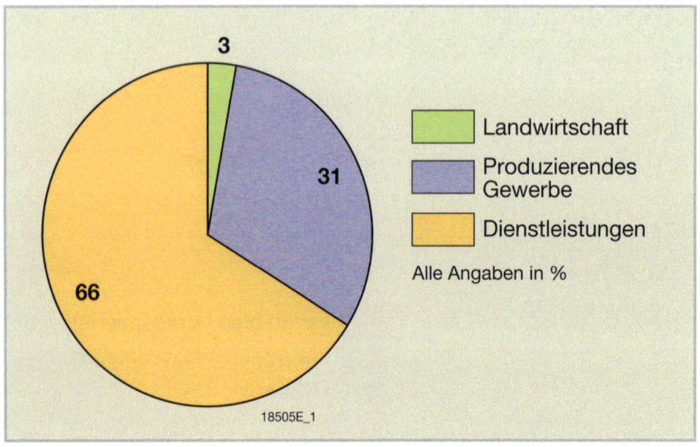

M4 *Wert der erzeugten Waren und Dienstleistungen nach Sektoren (2010)*

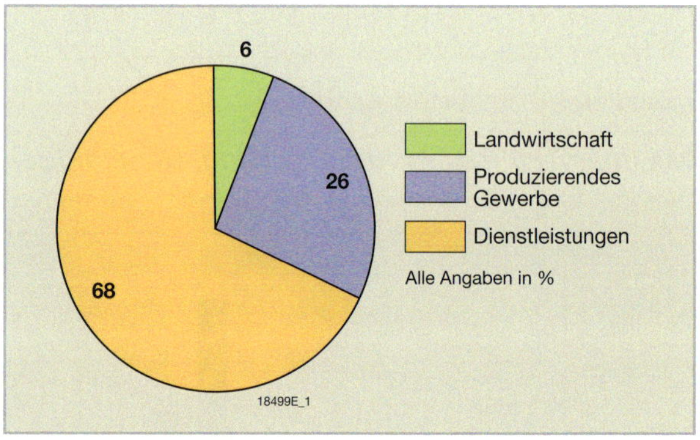

M5 *Erwerbstätige nach Sektoren (2010)*

Lebensbedingungen	Einheit	1995	2000	2005	2011
Human Development Index (HDI)	Rang unter allen Staaten	89	107	121	123
Bruttoinlandsprodukt (BIP)/Kopf	US-$	3863	3020	5235	8070

M6 *Lebensbedingungen*

D3-179
www.diercke.de

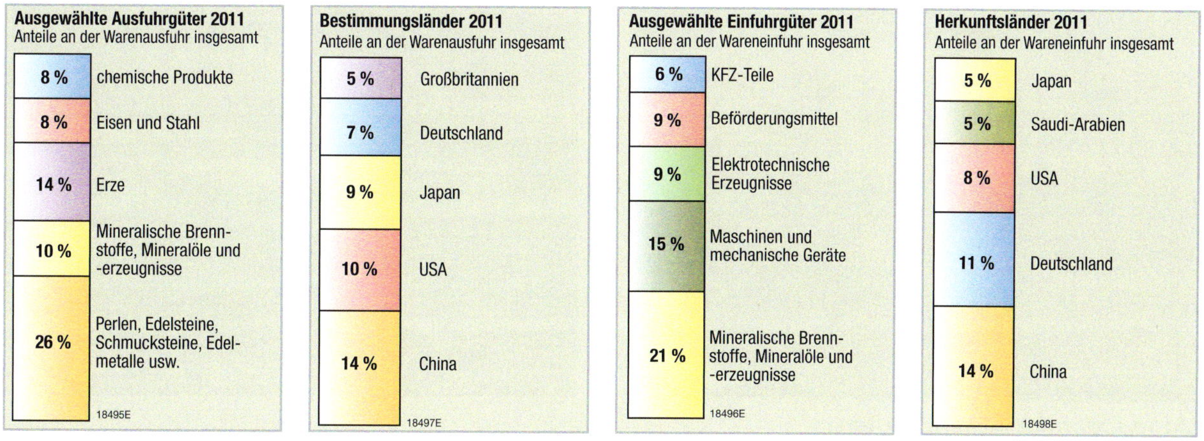

M7 *Außenhandelsstruktur*

Südafrikas Wirtschaft im internationalen Vergleich

Südafrika hat ein viermal so hohes Bruttoinlandsprodukt (BIP) wie seine afrikanischen Nachbarstaaten. Das Land hat einen Anteil von etwa 25 Prozent am BIP des gesamten Kontinents. Es liegt in der Industrie- und Mineralienproduktion auf dem afrikanischen Kontinent in der Führungsposition, dazu erzeugt es den überwiegenden Anteil der Elektrizität Afrikas (über 50 Prozent).
Die großen Stärken Südafrikas sind seine Infrastruktur, seine Bodenschätze, eine wachsende Industrieproduktion sowie ein starkes Wachstumspotenzial im Tourismus. Das Bankwesen des Landes gehört zu den zehn besten der Welt.

Wirtschaftliche Aktivräume

Die wirtschaftlichen Aktivitäten konzentrieren sich auf vier Verdichtungsräume: Johannesburg und Umgebung (Provinz Gauteng), das an der Küste gelegene Durban und die Pinetown Gebiete (Kwa-Zulu-Natal), die Kap-Halbinsel (die Kapstadt mit einschließt) und das am Ostkap gelegene Port Elisabeth/Uithage-Gebiet. Der Finanz- und Wirtschaftsbereich konzentriert sich in der Provinz Gauteng.

Herausforderungen

Die Ausweitung der wirtschaftlichen Aktivitäten hat neue Arbeitsplätze geschaffen. Gleichzeitig ist festzustellen, dass schwerwiegende wirtschaftliche Probleme bestehen bleiben: anhaltend hohe Arbeitslosenzahlen, Armut, große Vermögensunterschiede und eine hohe HIV/Aids-Rate. Der Schlüssel zur Überwindung dieser Probleme wird die wirtschaftliche Integration der vormals benachteiligten großen Masse an Schwarzen sein.

M8 *Wirtschaft im Überblick*

Die schwarze Mittelschicht entwickelt sich zu einem immer wichtigeren Abnehmer von Autos in Südafrika. Diese Entwicklung wird voraussichtlich in Zukunft den lokalen Automarkt bestimmen. Für viele, die nach Jahrzehnten der Armut unter dem Apartheidregime erstmals zu Geld gekommen sind, zählt ein moderner Mittelklassewagen neben einem Handy zu den Statussymbolen. Die schwarze Mittelschicht dürfte bei einer stabilen wirtschaftlichen Entwicklung rapide anwachsen, bereits jetzt zählt sie 2,5 Mio. Menschen.

M9 *Schwarze Mittelschicht als Wirtschaftsfaktor*

Außenhandel	**2000**	**2005**	**2011**
Importe (Mrd. US-$)	26,7	55,0	101,6
Exporte (Mrd. US-$)	26,2	47,0	97,2
Importe aus Deutschland (Mrd. US-$)	3,5	7,7	8,6
Exporte nach Deutschland (Mrd. US-$)	1,9	3,3	6,2
Forschung & Entwicklung (F&E)			
Ausgaben für F&E (% des BIP)	0,7	0,9	1,0*
Wissenschaftler im Bereich F&E (je Mio. Einwohner)	311	360	382*

M10 *Außenhandel und Wissenschaft (*2009)*

M1 *In südafrikanischen Städten*

Station 5: Städte

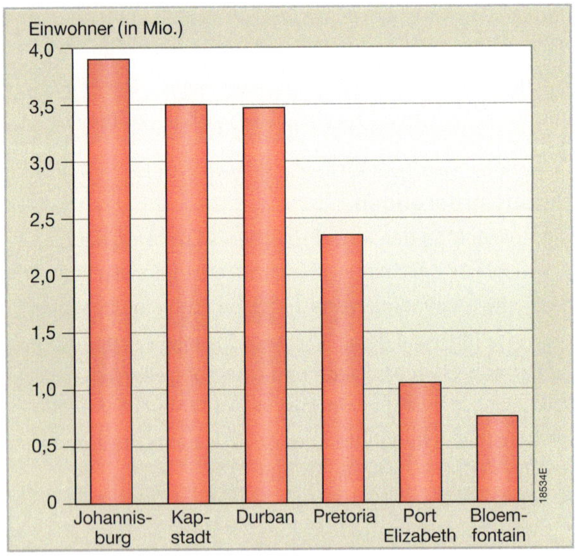

M2 *Die zehn größten Städte Südafrikas (2011)*

Die großen Städte werden zum Teil von scharfen Gegensätzen geprägt. Während bessere Wohngebiete oft großzügig angelegt und gepflegt sind, bestehen die Townships, in denen nach wie vor der Großteil der nicht weißen Bevölkerungsgruppen lebt, aus überwiegend einfachen Häusern, Baracken oder slumartigen Hütten. Townships sind nicht gleichzusetzen mit Slums, es gibt auch in Townships Wohngegenden der Mittelklasse. Vor allem die Townships der Großstädte Johannesburg, Pretoria, Kapstadt und Durban leiden unter der hohen Kriminalität im Land. Aber auch die Innenstädte von Johannesburg, Pretoria, Durban, Port Elizabeth und Kapstadt und anderer großer Städte sollten nach Geschäftsschluss und insbesondere nach Einbruch der Dunkelheit gemieden werden. Abgeraten wird vom Benutzen der Vorortzüge in Johannesburg, Pretoria, Durban und in Kapstadt.

(Nach: www.auswaertiges-amt.de Zugriff 24.12.2010)

M4 *Vorsicht ist geboten*

INFO 1

Verstädterungsgrad
Der Verstädterungsgrad gibt das Ausmaß der Verstädterung an. Um ihn zu errechnen, wird der Anteil der Stadtbewohner an der Gesamtbevölkerung eines Landes ermittelt.

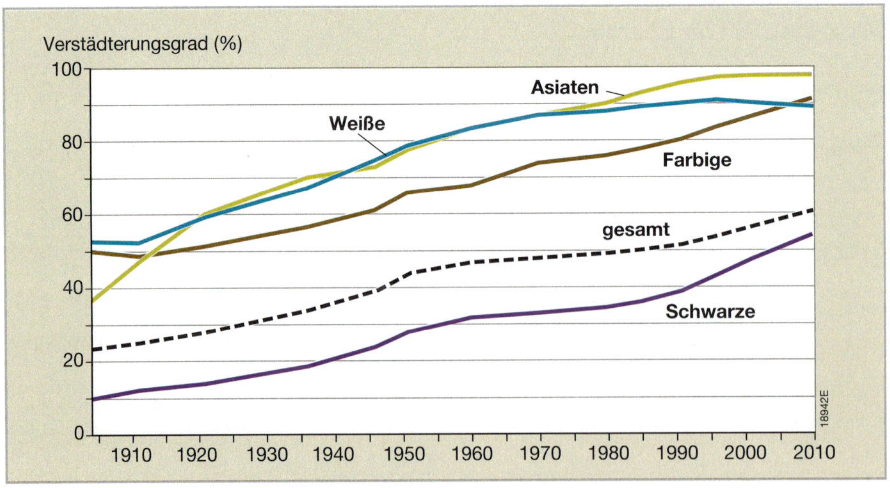

M3 *Verstädterungsgrad unterschiedlicher Bevölkerungsgruppen 1904–2010*

D3-171 www.diercke.de

Mit Township bezeichnet man die während der Apartheid an den Stadträndern errichteten Wohngebiete für die nicht weiße Bevölkerung. Innerhalb der Townships wohnen die Ethnien voneinander getrennt in sehr einfachen Unterkünften, z. B. aus Wellblech. Das auch heute noch starke Bevölkerungswachstum (verursacht durch hohe Geburtenraten und starke Arbeitsmigration) führte zu einem nicht kontrollierbaren Anwachsen der Townships. Der Ausbau der Infrastruktur konnte mit diesem Wachstum nicht mithalten, sodass die Versorgung häufig unzureichend ist. Viele Hilfsprojekte bringen zwar punktuell Verbesserungen, jedoch ist die Arbeitslosigkeit in den Townships hoch und damit auch die Armut.
Ein typisches Beispiel ist Soweto (South Western Township), das zehn Kilometer südwestlich der Innenstadt von Johannesburg errichtet wurde. Heute leben dort schätzungsweise eine Million Einwohner. Aus dem Vorort ist 2002 ein Stadtteil Johannesburgs geworden.

M5 *Townships*

Auch mehr als 15 Jahre nach dem Ende der Apartheid in Südafrika haben sich die Wohnstrukturen nicht wesentlich verändert.
Schwarze und Weiße arbeiten zwar häufig gemeinsam, nach Feierabend trennen sich aber für die meisten die Wege. Trotz erheblicher Anstrengungen der Regierung, Häuser zu bauen, leben viele Schwarze noch immer in „klassischen" Matchbox-Houses im Township.
Diese Siedlungsstruktur verbraucht enorme Flächen. Zudem kämpfen die Mega-Townships mit sozialen Problemen wie Armut, Aids, Raubüberfällen, Drogenmissbrauch, Gewalt und Prostitution.
Auf dem Land setzt sich der Trend zur Landflucht fort, da dort Arbeitsmöglichkeiten nur unzureichend vorhanden sind und der Zugang zu Bildungs- und Gesundheitseinrichtungen schwierig ist.
(Nach: www.fize.de, Zugriff 24.01.2010)

M7 *Wohnsituation*

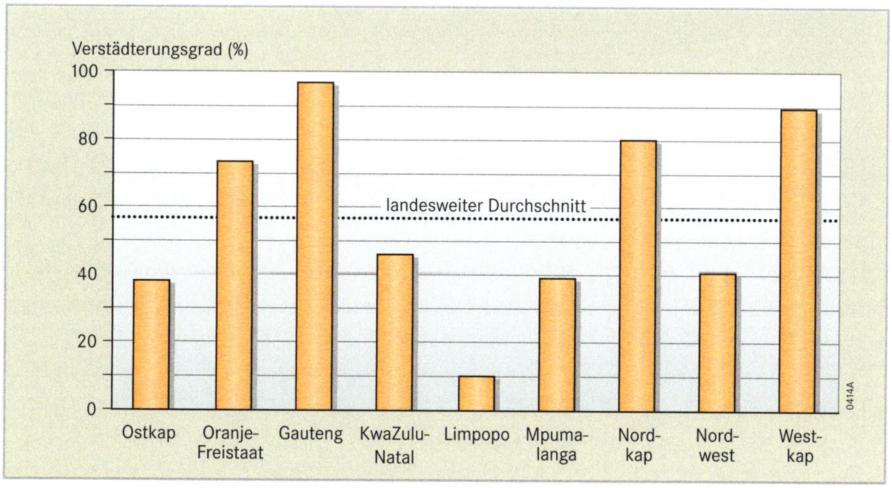

M6 *Verstädterungsgrad nach Provinzen (2010)*

INFO 2

Landflucht
Unter Landflucht versteht man die Abwanderung der ländlichen Bevölkerung in die Städte. Dies geschieht häufig aufgrund wirtschaftlicher Not und in der Hoffnung auf Arbeit und ein besseres Leben in der Stadt.

Station 6: Tourismus

A: War Ihr Urlaub auch so schön wie meiner? Diese Landschaften und wunderschöne Aussichten … fantastisch!
B: Ja, mir hat es auch gefallen. Aber man wird doch ganz schön über den Tisch gezogen!
A: Wo waren Sie denn überall?
B: Ach, ich war ja nur zehn Tage hier. Deswegen habe ich Touren gebucht, die mich zu den berühmten Sehenswürdigkeiten gebracht haben. So bekommt man schon allerhand zu sehen.
A: Dann hatten Sie keine Möglichkeit, sich selbstständig zu bewegen?
B: Doch, schon, aber was gibt es denn in Pretoria und Johannesburg groß zu sehen? Es reiht sich Museum an Museum und alles ist so dreckig.
A: Wie bitte? Sie waren in Pretoria und haben nicht die „Cradle of Humankind" besichtigt, die Skelettfunde der ersten Menschen?
B: Oje, was soll ich denn da? Im Staub wühlen? Nein, in Johannesburg steht doch das Carlton Centre, das höchste Haus Afrikas. Von oben hat man ein tolle Sicht. Außerdem habe ich natürlich eine Tour durch den Krüger Nationalpark gemacht. Die „Big Five" habe ich sogar alle gesehen!
A: Ja, ich hatte auch das Glück. Die Tiere in ihrer natürlichen Umgebung sind immer wieder faszinierend. In unserem Bus waren allen Ernstes Leute, die sich aufgeregt haben, dass man kein Stück Elfenbein mitnehmen kann.
B: Warum, sie haben doch Recht! Wenn die Tiere sterben, bleibt das Zeug doch eh liegen und dann kann man es auch abgeben. Es wären wahrscheinlich wieder völlig überteuerte Preise, so wie immer. Waren Sie auch in Kapstadt? Und auf Robben Island?
A: Ja, ich war insgesamt vier Wochen unterwegs.
B: Haben Sie diesen Touristenpark besucht, wo man Schwarze besichtigen kann? Wir konnten uns deren Behausungen ansehen, so wie sie früher gelebt haben. Als es noch keine Zivilisation in Afrika gab. Abends haben die Leute sogar für uns getanzt, das war sehr lustig.
A: Nein, solche angeblichen Attraktionen vermeide ich. Die Leute werden da wie gefangen gehalten, das finde ich unmöglich!
B: Ach was! Die bekommen doch Geld dafür, dass sie da leben!
A: Na toll! Und dafür müssen sie sich wie Zootiere behandeln lassen.
B: Na, so schlimm ist es nicht. Wussten Sie, dass es in Kapstadt Pinguine gibt? Ich dachte, die leben nur am Südpol.
A: Ja, ich war vor drei Jahren schon einmal hier. Die Tiere haben sich einen Lebensraum geschaffen.
B: So wie die Menschen in den Slums … War das dreckig!
A: Es ist schon schlimm, dass die Folgen der Apartheid so langsam behoben werden. Die Menschen tun mir richtig leid.
B: Und dem Mann am Nebentisch im Hotel ist der Rucksack geklaut worden. Der hatte vielleicht einen Ärger. Die Kriminalität ist unglaublich! Man kann sich ja gar nicht frei bewegen, ohne gleich wegen ein paar Euro oder einer Uhr erschossen zu werden!
A: Im Grunde gebe ich Ihnen Recht, aber die Regierung tut ja auch nicht genug, um die großen Differenzen zu überwinden und allen Bürgern die gleichen Chancen zu geben.
B: Tja, da ist es wie bei allen Regierungen. Die Politiker stecken das Geld ein, und die kleinen Bürger haben das Nachsehen. Und da sieht eben jeder selbst zu, wo er bleibt.
A: Werden Sie wiederkommen?
B: Ich weiß noch nicht. Vielleicht, wenn es sicherer ist. Sie?
A: Auf jeden Fall!

M1 *Ein Gespräch zwischen heimkehrenden Südafrika-Touristen*

D3-0178
www.diercke.de

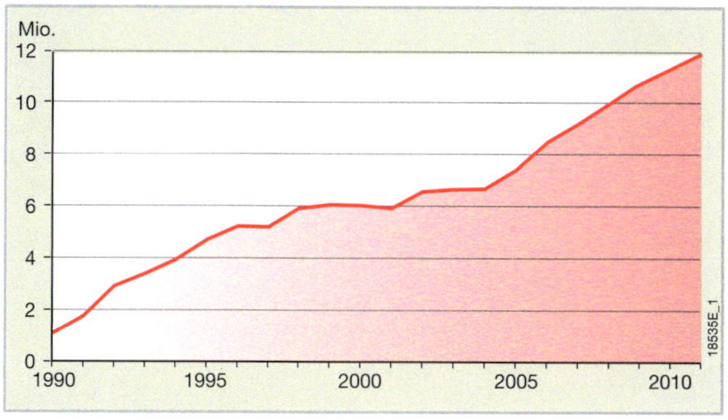

M2 *Ausländische Besucher Südafrikas 1990–2011*

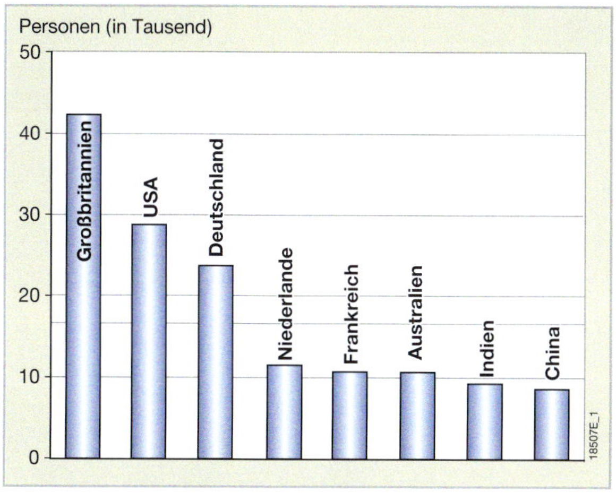

M3 *Die wichtigsten Herkunftsländer von Übersee-Touristen in Südafrika (2011)*

South Africa is a tourist paradise, offering scenic beauty, diverse wildlife, a kaleidoscope of cultures and traditions, and endless opportunities to explore the outdoors through sport and adventure activities.
The strategy of the government has identified tourism as one of the key economic sectors with excellent potential for growth.
To further strengthen growth in tourism, the government is focusing on seven key priorities: transport, security, product and business development, market growth, information, Black Economic Empowerment (BEE) and skills development.
Tourism is South Africa's fastest-growing industry and contributed in 2006 about 8,3 % of GDP.
Tourism continues to make a significant contribution to job creation, with employment in the tourism sector increasing to 539 017 in 2005.
The fastest-growing segment of tourism in South Africa is ecological tourism (ecotourism), which includes nature photography, birdwatching, botanical studies, snorkelling, hiking and mountaineering.

M5 *South African Tourism*

TIPP

vocabulary
Black Economic Empowerment = Politik zur Förderung von Geschäftsgründungen durch Schwarze
skills development = Entwicklung von Fähigkeiten
GDP = Bruttoinlandsprodukt
significant = bedeutend
contribution = Beitrag

M4 *Die „Big Five"*

Migration und Menschenrechte

M1 *„Ankunft im Land der Freiheit", Holzstich von 1896*

Auf ins Land der unbegrenzten Möglichkeiten

Die erste Auswanderung aus Deutschland nach Nordamerika, die namentlich bekannt wurde, unternahmen 13 Familien aus Krefeld. Sie machten sich 1683 auf und gründeten die Siedlung Germantown in Pennsylvania. Auch im 20. Jahrhundert strebten immer wieder Emigranten nach Übersee: nach Australien, Brasilien, Argentinien, Kanada und vor allem in die USA.

1933

Zwischen 1933 und 1941 zwang die Verfolgungspolitik der Nationalsozialisten mehr als eine Viertelmillion jüdische Mitbürger aus Deutschland und Österreich zur Auswanderung. Etwa die Hälfte davon fand Zuflucht in den USA. Auch politische Gegner, die früh genug die Gefahr erkannten und genügend Geld hatten, verließen das Land.

1950

Nach dem Krieg litten die Menschen unter dem Mangel an Lebensmitteln, an Wohnraum, an Verdienstmöglichkeiten. Flüchtlinge aus dem Osten waren heimatlos geworden. Nach der Aufhebung des Verbots wanderten in den 1950er-Jahren über 500 000 Menschen in die USA aus.

Von Buttenheim nach New York

Levi Strauss wurde 1829 als jüngstes von sieben Kindern des Hausierers Hirsch Strauss geboren. Seine ersten 18 Lebensjahre verbrachte er im oberfränkischen Ort Buttenheim (zwischen Bamberg und Nürnberg). Nach dem Tod des Vaters wanderte die Mutter mit den drei jüngsten Kindern nach New York aus. 1853 zog Levi Strauss nach San Francisco. Dort eröffnete er ein Handelshaus für Stoffe und alles, was Goldgräber, Minenarbeiter und Siedler brauchten. Er begann mit der Hosenproduktion. Die robuste Jeans mit Nieten an Taschen und Nähten wurde zunächst besonders als Arbeitshose geschätzt. Bald entwickelte sich das blaue Beinkleid zur weltweit meistgetragenen Hose.

Wie die Familie Strauss wanderten im 19. Jahrhundert über fünf Millionen Deutsche nach Übersee aus.

M2 *Eine berühmte Hose (1890)*

D3-204 www.diercke.de

Sitzungssaal (Plenarsaal) des Deutschen Bundestages im Reichstagsgebäude in Berlin.

Politik geht auch mich etwas an

Kein Tag ohne politische Nachrichten

Viele Ereignisse und politische Entscheidungen betreffen uns alle und bestimmen unseren Alltag. Trotzdem interessieren sich manche Erwachsene und Jugendliche nicht für Politik. Sie sagen: „Politik interessiert mich nicht."

In der Bundesrepublik Deutschland gibt es eine Vielzahl von Aufgaben zu lösen. Doch welche Aufgaben sind vorrangig? Dazu gibt es unterschiedliche Auffassungen. Deshalb versuchen viele Bürgerinnen und Bürger, ihre Interessen bei der Lösung gemeinsamer Aufgaben durchzusetzen.

Kaiser und Könige haben im Mittelalter ihre Entscheidungen allein getroffen. Ihre Befehle waren Gesetz und wurden ausgeführt. Die Untertanen hatten zu gehorchen.

Unser Land heißt Bundesrepublik Deutschland. Staatsoberhaupt ist der **Bundespräsident**.

Wie viele andere Staaten ist Deutschland eine Demokratie. Hier wählen die Bürger Volksvertreter, die dann die politischen Entscheidungen treffen.

INFO

Politik
Das Wort Politik kommt aus dem Griechischen und bedeutet „Kunst der Staatsführung". Dabei geht es um die Bewältigung von Aufgaben und das Lösen von Problemen im Zusammenleben der Menschen.

Bundesrepublik
Unter Republik versteht man eine Staatsform, in der das Volk die Möglichkeit hat, Einfluss zu nehmen, zum Beispiel durch die Wahl eines Parlamentes oder einer Regierung. Die Bundesrepublik Deutschland ist ein Bundesstaat, der aus 16 Bundesländern besteht.

Demokratie
Der Begriff Demokratie kommt aus dem Griechischen und bedeutet „Volksherrschaft". Im Gegensatz zur Monarchie (Herrschaft eines Königs) und zur Diktatur (Herrschaft eines Einzelnen) bestimmt in der Demokratie die Mehrheit der Bürgerinnen und Bürger.

M1 *Mach mit!*

Regierung beschließt Ausstieg aus der Atomenergie

Parlament beschließt eine Verlängerung des Mandats für den Einsatz der Bundeswehr in Krisengebieten

Erhöhung der Benzinpreise

Regierung plant eine Steuerentlastung für Familien

Kabinett beschließt Einschnitte im Sozialbereich

Lkw-Maut auf Landstraßen?

M2 *Zeitungsschlagzeilen*

Politik ...?!

M3 *Meinungen zur Politik*

König von Deutschland

Jede Nacht um halb eins bin ich im Fernsehrausch,
leg mich auf mein Bett und mal mir aus,
wie es wäre, wenn ich nicht der wäre, der ich bin,
sondern Kanzler, Kaiser, König oder Königin.
Ich würde die Krone täglich wechseln, würde zweimal baden,
würd' die Lottozahlen eine Woche vorher sagen.
Bei der Bundeswehr gäb es nur noch Hitparaden.
Ich würd jeden Tag im Jahr Geburtstag haben.
Im Fernsehn gäb es nur noch ein Programm
und dies dann vierundzwanzig Stunden lang.
Ich hätte zweihundert Schlösser und wär nie mehr pleite.
Ich wär Rio der Erste und du Sissi die Zweite.
Das alles und noch viel mehr würd ich machen,
wenn ich König von Deutschland wär.

M4 *Nach einem Liedtext von Rio Reiser*

1. Nenne die Schlagzeilen in M2, die dich betreffen. Begründe es an Beispielen.

2. Entscheide dich: Welchen Aussagen in M3 stimmst du zu, welchen nicht? Begründe.

3. Demokratie – Monarchie – Diktatur. Erkläre (Info).

4. Finde für M1 eine andere Bildunterschrift.

5. „Wenn ich König oder Königin von Deutschland wär …" Schreibe selbst einen Text. Er muss sich nicht reimen (M4).

6. Gib in eine Suchmaschine im Internet „Grönemeyer Kinder an die Macht Lyrics " ein und nimm Stellung zu dem Liedtext.

Alle Macht geht vom Volk aus

Ohne Wahlen keine Demokratie

Es gibt zwei Möglichkeiten, wie die Bürgerinnen und Bürger in einer Demokratie bei politischen Entscheidungen mitwirken können. In einer direkten Demokratie werden politische Fragen durch Abstimmung entschieden. Dies kann direkt per Armheben auf einem Platz sein. Diese Form der direkten Demokratie gibt es noch in manchen Gemeinden in der Schweiz.

In der Schweiz wird aber auch in einem **Volksentscheid** auf Stimmzetteln direkt mit „Ja" oder „Nein" über einzelne Fragen abgestimmt.

In Deutschland gibt es keine direkten Abstimmungen über politische Fragen auf Bundesebene. Auf Landesebene werden sie relativ selten durchgeführt.

Damit die politischen Vorstellungen der Menschen berücksichtigt werden, finden regelmäßig **Wahlen** statt. Die wahlberechtigten Bürgerinnen und Bürger wählen Frauen und Männer, sogenannte **Abgeordnete**, die ihre Auffassungen im Parlament vertreten sollen. Dort diskutieren die Abgeordneten politische Fragen und erlassen Gesetze.

Diese Staatsform ist eine repräsentative Demokratie. Die Wahl ist somit ein wichtiges politisches Recht der Bürgerinnen und Bürger. Mit ihrer Stimme entscheiden sie, wer in den nächsten Jahren politische Entscheidungen trifft.

Die Macht des Parlamentes ist allerdings durch die Verfassung, das Grundgesetz, eingeschränkt. Das Parlament kann kein Gesetz beschließen, das nicht den Verfassungsgrundsätzen entspricht. Dadurch ist es dem Parlament nicht möglich, die Grundrechte außer Kraft zu setzen.

INFO 1

Direkte Demokratie

In einer direkten Demokratie werden politische Fragen durch Abstimmungen der Bürgerinnen und Bürger entschieden.

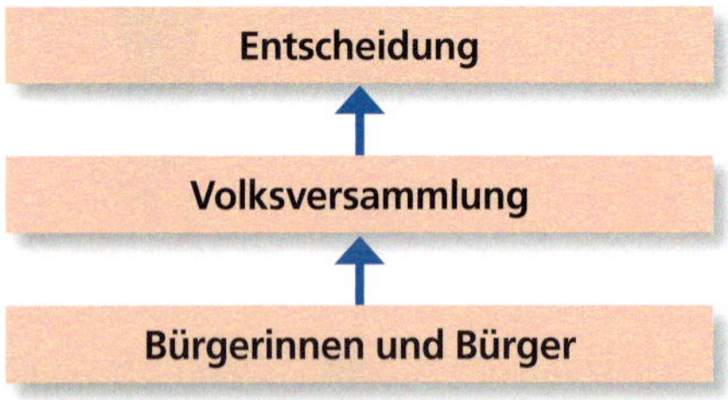

Repräsentative Demokratie

In einer repräsentativen Demokratie werden Repräsentanten, das heißt Vertreterinnen und Vertreter des Volkes, gewählt. Sie vertreten die Interessen ihrer Wählerinnen und Wähler im Parlament. Dort treffen sie Gesetzesentscheidungen.

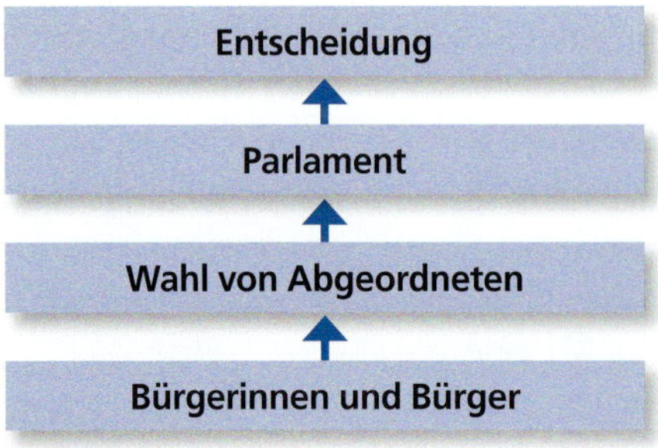

INFO 2

Parlament

Das Wort Parlament bedeutet Gespräch. Im Parlament versammeln sich die gewählten Vertreterinnen und Vertreter, um Gesetze zu beraten und zu beschließen. Nach einer bestimmten Zeit – in der Regel nach vier Jahren – endet die Wahlperiode. Bürgerinnen und Bürger wählen dann erneut. In der Bundesrepublik Deutschland sind Parlamente der Deutsche **Bundestag** und die **Landtage** in den Bundesländern. Im Stadtstaat Hamburg heißt das Landesparlament **Bürgerschaft**.

M1 *Das Hamburger Rathaus*

Art. 1 (1) Die Würde des Menschen ist unantastbar.
Art. 2 (1) Jeder hat das Recht auf die freie Entfaltung seiner Persönlichkeit …
Art. 3 (1) Alle Menschen sind vor dem Gesetz gleich.
Art. 4 (1) Die Freiheit des Glaubens, des Gewissens und die Freiheit des religiösen und weltanschaulichen Bekenntnisses sind unverletzlich.
Art. 5 (1) Jeder hat das Recht, seine Meinung in Wort, Schrift und Bild frei zu äußern.
Art. 6 (1) Ehe und Familie stehen unter dem besonderen Schutz der staatlichen Ordnung.
Art 7 (1) Das gesamte Schulwesen steht unter der Aufsicht des Staates.
…
Art.10 (1) Das Briefgeheimnis sowie das Post- und Fernmeldegeheimnis sind unverletzlich.
…
Art. 13 (1) Die Wohnung ist unverletzlich.

M2 *Auszug aus dem Grundgesetz*

Es gibt das aktive und passive Wahlrecht. Das aktive Wahlrecht legt fest, wer das Recht hat, zu wählen. Das passive Wahlrecht legt fest, wer das Recht hat, gewählt zu werden.
In Deutschland sind die Voraussetzungen für das aktive und das passive Wahlrecht gleich:
- Deutsche Staatsbürgerschaft (Artikel 116, Absatz 1 des Grundgesetzes),
- Vollendung des 18. Lebensjahres,
- Hauptwohnsitz in Deutschland seit mindestens drei Monaten.

M3 *Wer darf wählen und gewählt werden?*

- Wahl des Europäischen Parlaments (5 Jahre)
- Wahl des Deutschen Bundestages (4 Jahre)
- Wahl des Landtags, der Bürgerschaft oder des Abgeordnetenhauses in den 16 Bundesländern (4 oder 5 Jahre; in Hamburg 5 Jahre)
- Wahl des Parlaments in den Gemeinden bzw. Bezirken (4 oder 5 Jahre; in Hamburg 5 Jahre)
- direkte Wahl des Oberbürgermeisters oder des Bürgermeisters in vielen Gemeinden Deutschlands

M4 *Wählen, wählen, wählen …*

M5 *In manchen Schweizer Gemeinden gibt es mehrmals im Jahr stattfindende Volksabstimmungen, zum Beispiel über Gesetze, Sachfragen und das Haushaltsbudget. An einem Abstimmungswochenende können insgesamt mehr als zehn Fragen anstehen.*

1 Vergleiche die beiden Abstimmungsformen: auf einem Versammlungsplatz (M5) und im Parlament.

2 Die nächsten Wahlen stehen bald vor der Tür.
a) Stelle dar, welche Wahlen das sind.
b) Benenne Kandidatinnen und Kandidaten in deinem Wahlkreis.

3 In der Bundesrepublik gibt es auf der Bundesebene keinen Volksentscheid. Nimm Stellung.

4 Öffnungszeiten der Cafeteria, Gestaltung eines Schulfestes, Verwendung einer Spende … Wer soll entscheiden: Klassensprecher im Schülerrat oder alle Schülerinnen und Schüler durch Abstimmung?
a) Stelle für die einzelnen Sachverhalte Pro- und Kontra-Argumente gegenüber.
b) Entscheide dich bei den einzelnen Sachverhalten und begründe deine Entscheidung.

5 Bewerte, dass das Parlament die Grundrechte nicht außer Kraft setzen kann (M2).

Politische Parteien

Bunte Parteienlandschaft

Bürgerinnen und Bürger haben unterschiedliche Interessen und Ziele. Menschen mit ähnlichen politischen Ansichten und Zielen schließen sich in einer Partei zusammen. Parteien wollen die Politik der Gemeinde, des Bundeslandes oder des Staates in ihrem Sinne beeinflussen. Sie erstellen ein Parteiprogramm, in dem sie ihre Vorstellungen zusammenfassen. Es gibt viele Parteien, aber nur wenige große, die im Bundestag vertreten sind.

Das Ziel jeder Partei ist es, möglichst viele Wählerstimmen zu gewinnen. In den Wochen vor der Wahl stellen sich die Parteien mit ihren Kandidatinnen und Kandidaten den Fragen von Journalisten. Am Wahltag selbst entscheiden die Wählerinnen und Wähler.

In der Bundesrepublik sind nur drei Prozent der Bevölkerung Mitglied einer Partei. Einige Bürgerinnen und Bürger sind **Stammwähler** einer Partei. Aus Überzeugung wählen sie diese Partei bei jeder Wahl. Andere Wählerinnen und Wähler sind **Wechselwähler**. Sie machen ihre Entscheidung von Programm und Personen abhängig. Manche Bürgerinnen und Bürger stehen den Parteien kritisch gegenüber. Sie fordern, dass sich die Vertreterinnen und Vertreter der Parteien mehr um die Probleme in der Gesellschaft kümmern sollen.

INFO

Partei

Eine politische Partei ist ein Zusammenschluss von Menschen mit gleichen politischen Zielen. Die Ziele werden in Partei- und Wahlprogrammen veröffentlicht. Die Parteien stellen Kandidatinnen und Kandidaten für Wahlen auf. Jede Bürgerin und jeder Bürger kann Mitglied einer Partei werden. Die von den Bürgerinnen und Bürgern gewählten Kandidatinnen und Kandidaten wirken in den Parlamenten an der Gesetzgebung mit.

Sie beteiligen sich an Wahlen und stellen Kandidaten auf.	Sie treffen politische Entscheidungen oder kritisieren die Regierung.
Sie informieren und werben für ihre Ziele.	Sie ermöglichen politische Mitarbeit.

M1 *Aufgaben der Parteien*

Artikel 21 [Parteien]
(1) Die Parteien wirken bei der politischen Willensbildung des Volkes mit.

M2 *Aus dem Grundgesetz für die Bundesrepublik Deutschland*

„Wer sich nicht mit Politik befasst, hat die politische Parteinahme, die er sich ersparen möchte, bereits vollzogen: Er dient der herrschenden Partei."
(Max Frisch, Schriftsteller)

„Jede Partei ist für das Volk da und nicht für sich selbst."
(Konrad Adenauer, Bundeskanzler der Bundesrepublik von 1949–1963)

„Was sind das für Politiker, die ihre Wähler zum Sparen auffordern und selbst den Hals nicht voll genug bekommen können?"
(Auszug aus einem Leserbrief)

M3 *Meinungen zu Parteien*

M4 *Karikatur*

M5 *Wahlplakate*

Wahlplakate untersuchen

Wahlplakate überall

Mit Wahlplakaten wollen die Parteien, dass die Bürgerinnen und Bürger auf sie aufmerksam werden.

Der erste Eindruck ist besonders wichtig. Das Plakat soll sich einprägen und mit der Partei in Verbindung gebracht werden. Auf einem Plakat wird die Aufmerksamkeit häufig auf ein Thema gerichtet.

Werbeagenturen gestalten die Wahlplakate. Sie überlegen sich, durch welches Thema man den Wähler erreicht (Botschaft) und wie das Plakat auffällt. Im Vordergrund können Personen, Bilder oder eine grafische Gestaltung stehen.

Wahlplakate richten sich mit ihren Aussagen häufig an eine bestimmte Gruppe in der Gesellschaft.

Drei Schritte zur Untersuchung eines Wahlplakates

1. Der Gesamteindruck

Wähle spontan eines der abgebildeten Wahlplakate aus und schließe für einen Moment deine Augen.

- An was erinnerst du dich?
- Warum hast du dieses Plakat ausgewählt?
- Findet es deine Zustimmung oder deine Ablehnung?

2. Die Gestaltung der Wahlplakate

Wähle zwei Wahlplakate aus und vergleiche:

- Welche Themen werden auf den Plakaten herausgestellt?
- Haben die Plakate Slogans?
- Fallen Personen, Bilder oder die Schrift als Erstes ins Auge?
- Welche Farbgestaltung wird gewählt?
- Wie werden die Logos der Parteien in die Plakate einbezogen?

3. Die Zielgruppe

Untersuche die abgebildeten Plakate:

- Welche Wahlplakate richten sich an eine bestimmte Zielgruppe?

1 Erörtere die Notwendigkeit von Parteien.

2 Erkläre die Karikatur (M4).

3 Vergleiche die Meinungen in M3. Wähle eine Meinung aus und begründe, warum du ihr zustimmst oder nicht.

4 Gestalte selbst ein Wahlplakat zu einem aktuellen politischen Thema.

Demokratische Wahlen

So wird gewählt

Bei der Bundestagswahl hat jeder Wähler zwei Stimmen. Mit der **Erststimme** wählt er in seinem Wahlkreis eine Person. Deshalb spricht man von Persönlichkeitswahl. Die Person, die in dem Wahlkreis die meisten Stimmen gewinnt, erhält das Abgeordnetenmandat.
Noch wichtiger ist die **Zweitstimme**. Mit ihr entscheidet sich der Wähler für die Kandidatenliste einer Partei. Das Ergebnis der Zweitstimmen ist ausschlaggebend für die Verteilung der Sitze im Deutschen Bundestag.

Artikel 38 Absatz 1
(1) Die Abgeordneten des Deutschen Bundestages werden in allgemeiner, unmittelbarer, freier, gleicher und geheimer Wahl gewählt.

„Allgemein" bedeutet:
Bei der Bundestagswahl dürfen alle wählen, die mindestens 18 Jahre alt, mündig und deutsche Staatsbürger sind.

„Unmittelbar" bedeutet:
Die Wählerstimmen werden direkt für die Zuteilung der Abgeordnetensitze verwendet. Es werden keine Wahlfrauen und Wahlmänner, wie es zum Beispiel in den USA erlaubt ist, zwischengeschaltet.

„Frei" bedeutet:
Die Wählerinnen und Wähler haben die freie Auswahl zwischen mehreren Kandidaten und Parteien. „Frei" bedeutet, auch die Freiheit zu haben, an der Wahl nicht teilzunehmen.

„Gleich" bedeutet:
Jede abgegebene Stimme hat das gleiche Gewicht. Das bedeutet, dass der Wert der Stimme nicht von Besitz, Einkommen, Steuerleistung, Bildung, Religion, Geschlecht und anderem abhängig ist.

„Geheim" bedeutet:
Die Wahlberechtigten geben ihre Stimme ohne Namensnennung in einer Wahlkabine ab. Anschließend werfen sie den Stimmzettel im Briefumschlag in eine Wahlurne. Niemand darf den Zettel kontrollieren.

M1 *Rechtsgrundsätze demokratischer Wahlen*

M2 *Stimmabgabe im Wahllokal*

Erste Ergebnisse – bereits nach wenigen Sekunden

Der Fernsehsprecher: „Es ist 18:00 Uhr. Guten Abend, meine Damen und Herren. Heute wurde der neue Bundestag gewählt. Die Wahllokale haben soeben geschlossen. Wir gehen von einer Wahlbeteiligung von 74 Prozent aus. Hier die Prognose des Wahlergebnisses." Der Bildschirm baut jetzt das voraussichtliche Ergebnis für die einzelnen Parteien auf. Auf den Wahlpartys der Parteien schauen die Mitglieder gespannt auf die Leinwand. Auf einer Wahlparty bricht Jubel aus, auf einer anderen sehen die Zuschauer ungläubig und entsetzt auf die Leinwand.
Nur eine Minute nach dem Schließen der Wahllokale scheinen Wahlgewinner und Wahlverlierer festzustehen. Die erste Hochrechnung kurz nach 18:00 Uhr bestätigt die Wahlprognose.

INFO

Prognose
Die Prognose beruht auf einer Befragung der Wählerinnen und Wähler nach ihrer Stimmabgabe.
Es werden rund 25 000 Wählerinnen und Wähler befragt. Dabei wird darauf geachtet, dass die Auswahl der Befragten in ihrer Zusammensetzung der gesamten Wahlbevölkerung entspricht (Geschlecht, Alter, Familienstand, Bildung, Einkommen usw.).

Hochrechnung
Die Wahlforscher suchen im gesamten Wahlgebiet einzelne Wahlbezirke aus, in denen bei vergangenen Wahlen die Wählerinnen und Wähler ähnlich dem Gesamtergebnis gewählt haben. Deren Wahlergebnisse werden „hochgerechnet" zu einem vorläufigen Endergebnis.

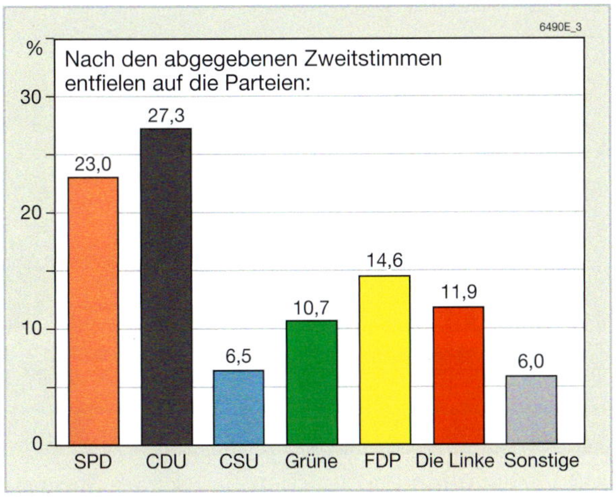

M2 *Ergebnis der Bundestagswahl 2009*

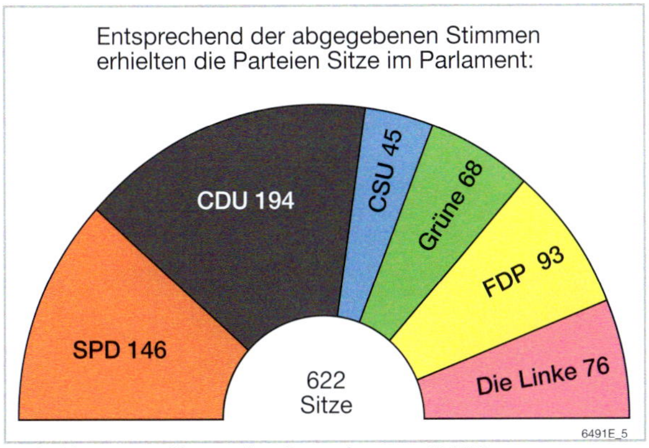

M3 *Sitzverteilung im Bundestag 2009*

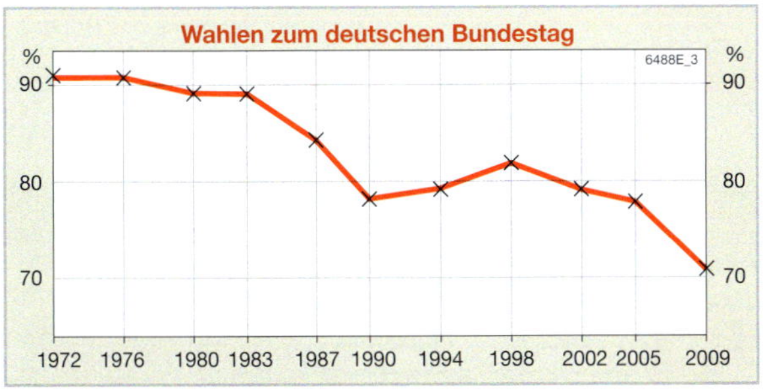

M4 *Wahlbeteiligungen*

Entsprechend der abgegebenen Stimmen erhielten die Parteien folgende Zahl an Sitzen in der Bürgerschaft:	
SPD	62
CDU	28
Grüne	14
FDP	9
Die Linke	8

M5 *Sitzverteilung in der Hamburger Bürgerschaft (2011)*

Viele Parteien, die zur Wahl antreten und viele Tausend Stimmen bekommen, können keine Abgeordneten in den Bundestag schicken. Sie scheitern an der „Fünf-Prozent-Klausel“: Nach einer Wahl werden nur diejenigen Parteien bei der Vergabe von Parlamentssitzen berücksichtigt, die mindestens fünf Prozent der abgegebenen Stimmen erhalten haben. Damit wird verhindert, dass viele sehr kleine Parteien im Bundestag vertreten sind und die Bildung einer Regierungskoalition erschwert wird.

M6 *Die Fünf-Prozent-Hürde*

1 Ermittle, welche Parteien in der Regierung sind:
a) in der Bundesrepublik Deutschland,
b) in deinem Bundesland,
c) in deiner Gemeinde.

2 Beschreibe, was nach der Bundestagswahl im Parlament geschieht und wie die Regierungsbildung erfolgt. Benutze die Begriffe: Parteien, Sitze, Bundestag, absolute Mehrheit, Koalition, Opposition, Bundeskanzlerin bzw. Bundeskanzler sowie Ministerinnen und Minister.

3 a) Ermittle die Anzahl der Sitze im Parlament für die Parteien der Koalition (CDU/CSU-FDP) und der Opposition nach der Bundestagswahl 2009 (M3).
b) Nenne andere Koalitionen, die nach dem Wahlergebnis und der Sitzverteilung rechnerisch möglich sind (M2, M3).
c) Erkläre, warum CDU/CSU und FDP eine Koalition eingegangen sind.

4 Erläutere, was die „Fünf-Prozent-Klausel“ bedeutet (M6).

5 Nenne Möglichkeiten der Regierungsbildung für Beispiel 1 und Beispiel 2:

Beispiel 1

Sitze im Parlament	71
Partei A	36
Partei B	15
Partei C	10
Partei D	5
Partei E	5

Beispiel 2

Sitze im Parlament	71
Partei A	26
Partei B	18
Partei C	10
Partei D	9
Partei E	8

D3-065 www.diercke.de

Unsere Verfassungsorgane

Unsere Verfassungsorgane wirken zusammen

Unsere Verfassungsorgane sind der Deutsche **Bundestag**, der **Bundesrat**, die **Bundesversammlung**, der Bundespräsident, die Bundesregierung mit dem Bundeskanzler und seinen Ministern und das Bundesverfassungsgericht. Der Bundeskanzler, der Chef der Bundesregierung, wird für vier Jahre vom Bundestag gewählt.
In seiner Verfassung legt ein Staat fest, nach welchen Regeln er organisiert ist und wie das Zusammenleben der Menschen funktionieren soll. In Deutschland wird die Verfassung Grundgesetz genannt.

Wahl des Bundespräsidenten

Der Bundespräsident ist unser Staatsoberhaupt. Er wird von der Bundesversammlung gewählt, einem Verfassungsorgan, das nur zu diesem Zweck zusammentritt. Es besteht aus den Abgeordneten des Bundestages und einer gleich großen Anzahl von Delegierten, die von den Landesparlamenten gesandt werden. Gewählt wird der Bundespräsident für eine Amtszeit von fünf Jahren. Eine einmalige Wiederwahl ist zulässig. Er hat vor allem repräsentative Aufgaben.

M2 *Vereidigung von Joachim Gauck zum Bundespräsidenten (2012)*

„Welches ist das höchste Verfassungsorgan?"

„Nach dem Grundgesetz steht der Bundespräsident an der Spitze der Bundesrepublik Deutschland. Er schließt zum Beispiel im Namen der Bundesrepublik Verträge mit ausländischen Staaten ab. Er kann aber nicht über die anderen Verfassungsorgane bestimmen, denn sie sind alle gleichwertig."

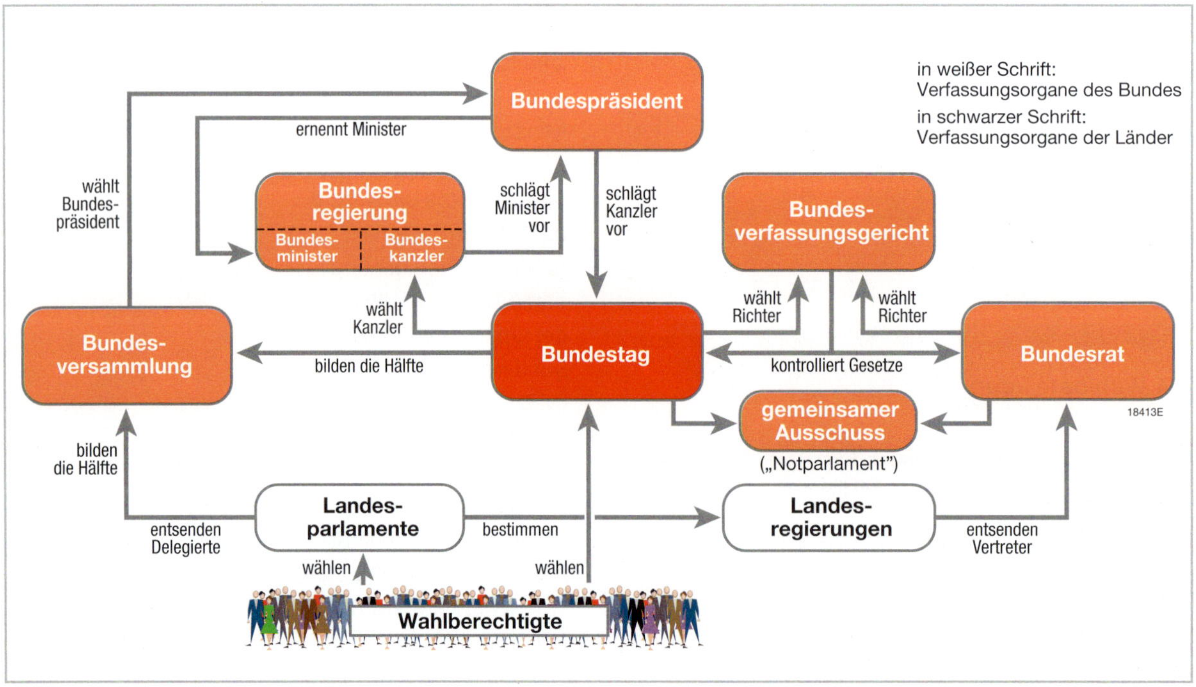

M1 *Das Beziehungsgeflecht der Verfassungsorgane*

Die gegenseitige Kontrolle der Verfassungsorgane ist ein wichtiges Prinzip der demokratischen Grundordnung in Deutschland. Kein Organ kann Alleingänge ohne die anderen unternehmen. Man kann dieses Zusammenwirken mit einem Mobile vergleichen. Wenn sich ein Teil bewegt, bewegen sich auch alle anderen. Am Beispiel des Zusammenwirkens von Bundestag und Bundesrat ist dies gut zu verdeutlichen.

Der Deutsche Bundestag ist die Volksvertretung der Bundesrepublik Deutschland. Er wird vom Volk auf vier Jahre gewählt. Die wichtigsten Aufgaben sind die Gesetzgebung, die Wahl des Bundeskanzlers und die Kontrolle der Regierung. Die Abgeordneten des Bundestages werden in freier, gleicher und geheimer Wahl gewählt.

Der Bundesrat ist die Vertretung der 16 Länder. Er besteht aus Mitgliedern der Landesregierungen oder deren Bevollmächtigten. Je nach Einwohnerzahl haben die Länder drei, vier, fünf oder sechs Stimmen. Er wirkt bei der Gesetzgebung und Verwaltung des Bundes mit. Mehr als die Hälfte aller Gesetzesvorschläge zum Beispiel benötigt die Zustimmung des Bundesrats, das heißt sie können nicht gegen den Willen des Bundesrats erlassen werden.

M3 *Die Verfassungsorgane müssen zusammenarbeiten.*

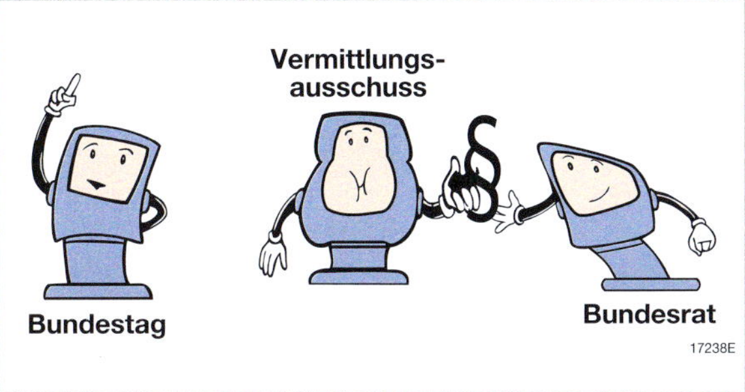

M4 *Bei Uneinigkeit zwischen Bundestag und Bundesrat über ein Gesetz wird ein Vermittlungsausschuss angerufen.*

Direktwahl des Bundespräsidenten?

Argumente der Befürworter:

a) Der Bundespräsident könnte sich auf eine direkte Zustimmung durch das Volk berufen und so mehr Einfluss gewinnen.

b) Die Bundesversammlung wird nur für diese Wahl einberufen. Deswegen ist sie kaum bekannt und man kann sie schwer als Vertretung des Volkes wahrnehmen.

c) Der Wahlkampf der Präsidentschaftskandidaten um die Gunst der Wähler würde die Kandidaten zwingen, sich auf Ziele festzulegen und so an Profil zu gewinnen.

Argumente der Gegner:

a) Ohne zusätzliche Befugnisse unseres Bundespräsidenten macht eine Direktwahl keinen Sinn. Der Präsident ist aber absichtlich vom Grundgesetz mit wenig Macht ausgestattet.

b) Bei einer Direktwahl würde möglicherweise der Bundespräsident nicht mehr überparteilich und integrierend wirken können.

c) Eine Direktwahl wäre mit einem teuren Wahlkampf verbunden.

d) Eine Direktwahl könnte die Würde der Kandidaten beschädigen.

M5 *Soll der Bundespräsident direkt vom Volk gewählt werden?*

M6 *Schloss Bellevue – Sitz des Bundespräsidenten*

1 a) Benenne, wofür die einzelnen Verfassungsorgane zuständig sind (M1).
b) Erläutere das Zusammenwirken der Verfassungsorgane.

2 Sollte man den Bundespräsidenten direkt vom Volk wählen lassen (M5)? Entscheide und begründe.

3 a) Nenne die Aufgaben des Bundespräsidenten.
b) Nenne die Namen der letzten drei Bundespräsidenten.

4 Informiere dich im Internet über das Zusammenwirken von Bundestag und Bundesrat bei der Gesetzgebung. Beachte auch M4. Bewerte diese Form der Gesetzgebung.

Demokratie – keiner hat die Macht allein

M1 *Geteilte Macht*

Keine Demokratie ohne unabhängige Gerichte

Die Regierung legt einen Gesetzesentwurf vor. Dieser wird im Parlament erörtert. Die Opposition trägt im Parlament vor, dass dieser Gesetzesentwurf nicht mit der Verfassung vereinbar ist, da sie der Auffassung ist, die Grundrechte der Bürgerinnen und Bürger würden verletzt. Im Parlament stimmen die Abgeordneten für den Gesetzentwurf. Das heißt, der Gesetzentwurf hat eine Mehrheit gefunden. Damit ist die Grundlage vorhanden, dass das Gesetz in Kraft tritt. Die Oppositionsparteien klagen vor dem Bundesverfassungsgericht. Das Bundesverfassungsgericht entscheidet, ob das Gesetz umgesetzt wird. Bis zur Entscheidung wird die Anwendung des Gesetzes ausgesetzt.
Jeder Bürger, der sich in seinen Grundrechten beeinträchtigt fühlt, kann eine Klage beim Bundesverfassungsgericht einreichen. In der Demokratie sind alle Gerichte unabhängig.

Die Legislative: gesetzgebende Gewalt
(z.B.: Bundestag, Landtag, Gemeindevertretung)
Sie beschließt Rechtsvorschriften, zum Beispiel Gesetze.

Die Exekutive: ausführende Gewalt
(z.B.: Bundeskanzler, Ministerpräsident, Bürgermeister, Polizist)
Sie sorgt für die Umsetzung der Gesetze.

Die Judikative: richterliche Gewalt/Rechtsprechung
(z.B.: Bundesverfassungsgericht, Bundesgerichtshof, Oberlandes- und Landesgericht)
Sie urteilt bei Verletzungen der Gesetze. Sie ist in ihren Entscheidungen unabhängig (unabhängige Richter).

M2 *Gewaltenteilung – Basis der Demokratie*

Die Mitgliedsstaaten der Europäischen Union hatten für die Europawahl 2009 vereinbart, dass über die Einzelheiten des Wahlrechts jeder Staat selbst entscheidet. Da es in Deutschland, zum Beispiel bei Bundestagswahlen, eine Fünf-Prozent-Sperrklausel gibt, wurde diese auch für die Europawahl übernommen. Die Parteien konnten nur dann Vertreter in das Europäische Parlament schicken, wenn sie mehr als fünf Prozent der Wählerstimmen erhalten hatten.
Ein Verfassungsrechtler klagte gegen die Fünf-Prozent-Klausel bei der Europawahl vor dem Bundesverfassungsgericht. Der Kläger führte an, dass sehr kleine Parteien in Deutschland gegenüber anderen Ländern benachteiligt wären. Hierbei verwies er auf europäische Staaten ohne Sperrklausel wie Spanien und Belgien.
Das Bundesverfassungsgericht entschied, dass die Fünf-Prozent-Sperrklausel bei der Europawahl 2009 gegen die Chancengleichheit der politischen Parteien verstößt. Es hat die Klausel für nichtig erklärt. Allerdings hat das Gericht die Wahl 2009 nicht für ungültig erklärt und keine Neuwahl in Deutschland angeordnet, aber eine Fünf-Prozent-Sperrklausel wird es bei der nächsten Europawahl nicht mehr geben. Die Entscheidung wurde mit 5:3 Richterstimmen getroffen.

M3 *Das Bundesverfassungsgericht erklärt die Fünf-Prozent-Sperrklausel im Europawahlrecht für verfassungswidrig.*

Partei	Mandate	Partei	Mandate
CDU	34	FDP	12
SPD	23	CSU	8
Grüne	14	DIE LINKE	8

M5 *Sitzverteilung nach der Europawahl 2009 in Deutschland (insgesamt 99 Mandate)*

Partei	Mandate
CDU	31
SPD	21
Grüne	12
FDP	11
CSU	7
DIE LINKE	8
Freie Wähler	2
REP	1
Die Tierschutzpartei	1
Familie	1
PIRATEN	1
RENTNER	1
ödp	1
DVU	1

M6 *So hätte die Sitzverteilung nach der Europawahl 2009 in Deutschland ohne Fünf-Prozent-Klausel ausgesehen (insgesamt 99 Mandate).*

M4 *Das Bundesverfassungsgericht bei der Verkündung eines Urteils (Bildausschnitt)*

1 Ordne jeweils den „Gewalten" zu (M2): Bundestag, Gericht, Regierung, Recht sprechen, Gesetze beschließen, Gesetze ausführen.

2 Erkläre die Idee der Gewaltenteilung (siehe S. 132 M2 und M3).

3 Vergleiche die tatsächliche Sitzverteilung nach dem Wahlergebnis 2009 im europäischen Parlament und eine Sitzverteilung ohne Fünf-Prozent-Klausel (M5, M6).

4 a) Erläutere, warum der Gesetzgeber bei der Bundestagswahl eine Fünf-Prozent-Klausel eingeführt hat (siehe S. 279 M6).
b) Begründe, warum das Bundesverfassungsgericht die Fünf-Prozent-Klausel bei der Europawahl in Deutschland für verfassungswidrig erklärt hat (M3).
c) Nimm Stellung zur Entscheidung des Bundesverfassungsgerichtes.
d) Zeichne ein Plakat für oder gegen die Fünf-Prozent-Klausel.

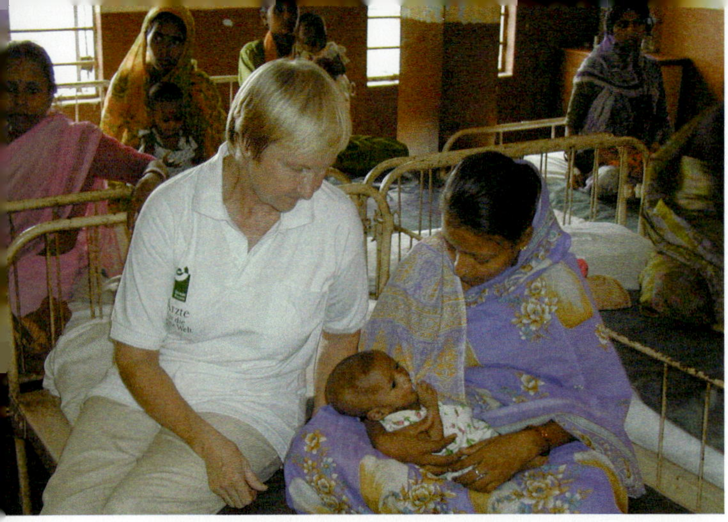

M1 *„Ärzte ohne Grenzen" helfen in Bangladesch*

M3 *Greenpeace setzt sich gegen Walfang ein*

Verbände und Nichtregierungsorganisationen

Weite Wege für Menschen in Not

Bangladesch: Ein Baby hat hohes Fieber. Wenige Tage später wird es von Mitarbeitern der Hilfsorganisation „Ärzte ohne Grenzen" behandelt. Es kann gerettet werden.
Weltweit gehören dieser Organisation 2500 freiwillige Mitarbeiter an. Sie engagieren sich unter anderem in Projekten gegen Hungersnöte, Naturkatastrophen und Seuchen.
Im Jahr 1999 erhielt die Organisation den Friedensnobelpreis. „Ärzte ohne Grenzen" ist eine Nichtregierungsorganisation (NGO). Sie arbeitet unabhängig von politischen und wirtschaftlichen Interessen.

INFO

Nichtregierungsorganisation (NGO)
Nichtregierungsorganisationen sind Zusammenschlüsse von Menschen, die möglichst unabhängig von staatlicher Förderung arbeiten wollen. Die Abkürzung NGO kommt vom englischen Begriff „**N**on **G**overnmental **O**rganization". In NGOs schließen sich Menschen zusammen, die ein gemeinsames Interesse verfolgen. Ihre Themen sind zum Beispiel soziale Gerechtigkeit, Geschlechtergleichstellung, Umweltschutz und Friedenspolitik. NGOs versuchen, die Politik zu beeinflussen und die Gesellschaft für ihre Vorstellungen zu gewinnen. Ihr Einfluss ist weniger von der Finanzkraft abhängig als von ihrer Fähigkeit, zu überzeugen. Zu den bekanntesten NGOs in Deutschland zählen „amnesty international" „Greenpeace" und „Ärzte ohne Grenzen".

NGOs betreiben politische Arbeit. Aber dürfen sie das überhaupt? In demokratischen Staaten wird die Politik ja von der Regierung bestimmt. Die Gesetze werden von den Parlamenten verabschiedet, und eine unabhängige Gerichtsbarkeit überwacht ihre Einhaltung.
Gesellschaftliche Gruppen wie NGOs, Gewerkschaften, Kirchen, Verbände oder die Industrie versuchen, politische Entscheidungen zu beeinflussen. Sie sind Lobbyisten, das heißt Interessengruppen, die auf die Gesetzgebung Einfluss nehmen wollen.
Ob diese Einflussnahme allerdings zu Recht geschieht, hängt davon ab, ob die verschiedenen Organisationen auch tatsächlich diejenigen Interessen vertreten, die sie vorgeben zu vertreten.

M2 *Die Rolle der NGOs in der Demokratie*

Die Rechtfertigung einer nichtstaatlichen Organisation muss an ihrem Anspruch gemessen werden. So hat die Umweltorganisation „Greenpeace" die Absicht, im Interesse von Natur und breiten Teilen der Gesellschaft auf wichtige ökologisch-politische Entscheidungen Einfluss zu nehmen. Ohne eine breite Unterstützung in der Gesellschaft wäre dieser Anspruch kaum zu rechtfertigen.
Mit einer geringeren Rechtfertigung tritt die Organisation „Ärzte ohne Grenzen" auf, die ohne die Vorgabe, konkrete gesellschaftliche Interessen zu vertreten, direkt vor Ort Hilfe leistet und dadurch im politischen Interessenskampf eher im Hintergrund arbeitet.
(Nach: www.bpb.de/themen)

M4 *Woher nehmen NGOs das Recht, zu handeln?*

Die heimlichen Herrscher

Lobbyisten – was sind das für Leute? Die Berufsbezeichnung stammt vom englischen Wort „Lobby“ ab, das bedeutet „Vorzimmer“. Tatsächlich verbringen Lobbyisten viel Zeit in den Warteräumen im Bundestag. Ihr Beruf: Sie versuchen, Politiker zu beeinflussen.
Ein Politiker wird ja vom Volk gewählt, und er soll so handeln, dass möglichst alle etwas davon haben. Deshalb wird er auch vom Staat bezahlt, also von allen Bürgern.
Ein Lobbyist bekommt sein Geld von einer einzelnen Gruppe, zum Beispiel vom Verband der Autohersteller. Er soll dann dafür sorgen, dass Politiker nichts machen, was den Autoherstellern schadet.
Wenn der Staat etwa die Steuern für Benzin erhöhen würde, dann könnte er damit mehr Geld einnehmen und es für alle Bürger ausgeben. Aber für die Hersteller von Autos wäre das schlecht: Wenn Benzin teuer ist, fahren die Leute weniger und brauchen auch nicht schnell ein neues Auto. Der Lobbyist muss also versuchen, den Politikern so einen Plan wieder auszureden. Dafür hat er eine Menge Tricks auf Lager.
Es gibt mehr als 2100 Lobbyisten in der Hauptstadt Berlin. Sie vertreten Verbände und Unternehmen. Sie suchen ständig nach Wegen, Politiker zu beeinflussen. Sie schreiben Briefe und laden zu Veranstaltungen ein. Sie treffen sich mit Abgeordneten, um ihre Argumente persönlich vorzutragen. Das ist nicht verboten, und es ist auch nicht in jedem Fall etwas Schlechtes: Viele Themen, mit denen sich der Bundestag befasst, sind sehr kompliziert. Kein Politiker kann Fachmann für alles sein. Er braucht deshalb Ratgeber, bevor ein neues gutes Gesetz entsteht. Die Lobbyisten kennen sich in ihrem Bereich sehr gut aus. Ihr Rat kann eine Hilfe sein.
Manchmal greifen einige Lobbyisten aber auch zu unfairen Mitteln. Einige arbeiten mit gefälschten Statistiken. Manche drohen den Politikern damit, die Wähler gegen sie aufzuhetzen. Andere bieten Geldspenden an.

Hauseingang der Nähe des Reichstags in Berlin

(Nach: Dein Spiegel 9/2010, S. 40–41)

M5 *Welche Handlungsmöglichkeiten haben Lobbyisten?*

1. Die Politiker denken darüber nach, ein neues Gesetz zu machen. Der Verband des Lobbyisten ist betroffen.
2. Der Lobbyist besucht einen der Politiker. Er trägt vor, was seiner Meinung nach alles zu beachten ist.
3. Der Lobbyist lässt Briefe an Abgeordnete schreiben. Eventuell organisiert er Demonstrationen und Unterschriftenaktionen.
4. Der Gesetzesentwurf wird von Bundestagsabgeordneten diskutiert. Dabei tritt der Lobbyist als Sachverständiger auf. Er ist ja in der Tat ein Experte, nur eben kein unabhängiger.
5. Das Gesetz wird beschlossen. Manchmal finden sich im Gesetzestext ganze Passagen, die in Wahrheit der Lobbyist geschrieben hat.

M6 *Wie läuft die Lobby-Arbeit ab?*

1 Erläutere die Ziele von NGOs.

2 Erstelle ein Porträt von
a) Greenpeace;
b) Ärzte ohne Grenzen;
c) amnesty international.

3 Der Einfluss von NGOs ist weniger von ihrer Finanzkraft abhängig, als von ihrer Fähigkeit zu überzeugen. Erörtere diese Aussage.

4 Erörtere die Frage, welche Rolle NGOs in einer Demokratie spielen sollen (M2, M4).

5 a) Beschreibe die Handlungsmöglichkeiten von Lobbyisten am Beispiel von M5.
b) Erkläre die Textüberschrift: Weite Wege für Menschen in Not.

6 Nimm Stellung zur Arbeit von Lobbyisten.

Bund und Länder

Länder nehmen Einfluss auf die Politik des Bundes

In der Bundesrepublik Deutschland nehmen sowohl der Bund als auch die Länder Aufgaben der Gesetzgebung wahr. Die Verteilung der Aufgaben zwischen Bund und Ländern regelt das Grundgesetz. So ist zum Beispiel die Verteidigungspolitik Bundesangelegenheit und die Schulpolitik Länderangelegenheit. Das nennt man **Föderalismus**.

Durch den Bundesrat haben die Länder zusätzlich die Möglichkeit, auf die Gesetzgebung des Bundes Einfluss zu nehmen. Im Bundesrat sind Mitglieder der Länderregierungen vertreten. Bei bestimmten Gesetzen ist die Zustimmung des Bundesrates erforderlich. Wird sie hier verweigert, ist der Gesetzentwurf gescheitert. Welche Gesetze zustimmungsbedürftig sind, regelt das Grundgesetz. Beispiele für „Zustimmungsgesetze" sind die grundsätzliche Verteilung der Steuern, Abwehr von Terrorismus und Post- und Fernmeldewesen.

Bei den anderen Gesetzesvorhaben hat der Bundesrat lediglich ein Einspruchsrecht. Dieser Einspruch kann durch eine erneute Abstimmung im Bundestag zurückgewiesen werden.

INFO

Bundesrat

Der Bundesrat ist die Interessenvertretung der Länder auf Bundesebene und das Gegengewicht zu Bundesregierung und Bundestag. Jedes Bundesland hat mindestens drei Stimmen im Bundesrat. Länder mit mehr als zwei Millionen Einwohnern haben vier Stimmen, mit mehr als sechs Millionen Einwohnern fünf Stimmen und mit mehr als sieben Millionen Einwohnern sechs Stimmen. Die Stimmen eines Landes können nur geschlossen abgegeben werden.

M1 *Bundesländer und ihre Stimmenverteilung im Bundesrat*

Der Bund erlässt zum Beispiel Gesetze und Verordnungen über:

- Verträge mit anderen Staaten
- Bundeswehr
- Staatsangehörigkeit
- Kindergeld
- Zölle und Außenhandel
- Zulassung von Arzneimitteln
- Jugendschutz
- Autobahnbau

Das Land erlässt zum Beispiel Gesetze und Verordnungen über:

- Einstellung von Lehrkräften
- Lerninhalte für die Schulen (Lehrpläne)
- den Einsatz der Polizei
- den Strafvollzug
- Hörfunk und Fernsehen

M2 *Aufgabenverteilung von Bund und Ländern*

Svenja aus Heidelberg und ihre Freundin Lea aus Dortmund wollen gemeinsam zwei Wochen in ein Sommercamp fahren. Ein Blick in den Ferienkalender sagt ihnen, dass gemeinsame Ferien sorgfältig geplant werden müssen. Sie finden einen Termin, an dem beide Ferien haben und überlegen, ob Paula aus Hannover auch zu diesem Zeitpunkt an dem Sommercamp teilnehmen kann. Die drei Mädchen wohnen in verschiedenen Bundesländern.

M3 *Ferien im Sommercamp*

M6 *Bundesratsgebäude in Berlin*

Baden-Württemberg	25.07.–07.09.	Niedersachsen	27.06.–07.08.
Bayern	31.07.–11.09.	Nordrhein-Westfalen	22.07.–03.09.
Berlin	19.06.–02.08.	Rheinland-Pfalz	08.07.–16.08.
Brandenburg	20.06.–02.08.	Saarland	08.07.–17.08.
Bremen	27.06.–07.08.	Sachsen	15.07.–23.08.
Hamburg	20.06.–31.07.	Sachsen-Anhalt	15.07.–28.08.
Hessen	08.07.–16.08.	Schleswig-Holstein	24.06.–03.08.
Mecklenburg-Vorpommern	22.06.–03.08.	Thüringen	15.07.–23.08.

M4 *Ferienkalender (Sommerferien 2013)*

Pro Bundesstaat

Die Bürgerinnen und Bürger können bei der Bundestagswahl, der Landtagswahl und der Wahl in der Gemeinde wählen. Dieses dreimalige Wahlrecht fördert eine aktive Teilnahme am politischen Geschehen.

Schulpolitik ist „Ländersache". Jedes Bundesland schaut genau auf die Ergebnisse der PISA-Studie. Die Länder stehen hier im Wettbewerb zueinander. Konkurrenz fördert den Fortschritt.

Stuttgart, Berlin, München: Die Gliederung in Länder garantiert viele wirtschaftliche und kulturelle Mittelpunkte.

Die Bundeswehr untersteht dem Verteidigungsministerium des Bundes, die Polizei dem Innenministerium eines Landes. Es gibt eine Verteilung der Macht zwischen Bund und Ländern. Machtverteilung bedeutet Machtkontrolle und Schutz vor Machtmissbrauch.

Kontra Bundesstaat

Bei einem Umzug eines Jugendlichen in ein anderes Bundesland können Probleme entstehen. Die Eigenständigkeit der Länder führt zu Unterschieden in den Schulsystemen und in den Lehrplänen. Oft verlieren Schülerinnen und Schüler durch den Wohnortwechsel ein Schuljahr.

Es dauert sehr lange, bis ein Gesetz im Bundestag und im Bundesrat alle Hürden genommen hat. In einem Zentralstaat könnten Gesetze schneller beschlossen werden.

Es gibt einerseits den Bundestag, die Bundesregierung, die Bundesministerien, die Bundesverwaltung und andererseits 16 Länderparlamente, -regierungen, -verwaltungen. Das ist teuer.

M5 *Bundesstaat oder Zentralstaat? – Argumente für eine Diskussion*

1. Schreibe die Namen der Bundesländer mit ihren Hauptstädten auf (M1, Atlas).

2. Ermittle, wie viele Stimmen Hamburg im Bundesrat hat (Info, M1).

3. a) Vergleiche die Sommerferien 2013 in den Bundesländern, in denen die Jugendlichen wohnen (M3, M4). Nenne einen möglichen Zeitpunkt für gemeinsame Ferien.
   b) Erörtere Vor- und Nachteile der Ferienregelung.

4. Die USA, die Schweiz und Österreich sind föderale Staaten. Nenne mithilfe eines Lexikons oder des Internets je fünf
   - Staaten der USA;
   - Kantone der Schweiz;
   - Bundesländer von Österreich.

5. Bundesstaat oder Zentralstaat? Erörtere Vor- und Nachteile (M5).

Rechtssetzung – Rechtsfindung – Rechtssprechung

Grundgesetz, Artikel 2:
(1) Jeder hat das Recht auf die freie Entfaltung seiner Persönlichkeit, soweit er nicht die Rechte anderer verletzt und nicht gegen die verfassungsmäßige Ordnung und das Sittengesetz verstößt.

Warum brauchen wir Gesetze?

Gesetze regeln das Zusammenleben

Wo Menschen zusammenleben, gibt es unterschiedliche Interessen. Damit sich nicht die Stärkeren auf Kosten der Schwächeren rücksichtslos durchsetzen, werden in einer Gemeinschaft Regeln benötigt. An diese müssen sich alle halten. So sind viele Bereiche des täglichen Lebens durch Gesetze geregelt, zum Beispiel der Umgang mit Drogen und Waffen sowie die Folgen bei Körperverletzung, Diebstahl oder Sachbeschädigung. Die Gesamtheit aller Gesetze und Regeln in einem Staat bezeichnet man als **Rechtsordnung**. Die Grundlage unserer Rechtsordnung ist die Verfassung Deutschlands: das Grundgesetz. Alle müssen sich danach richten.

M1 *Justitia (lat. Gerechtigkeit) ist die römische Göttin der Gerechtigkeit. Sie trägt eine Waage, um Schuld und Unschuld abzuwiegen und ein Schwert als Zeichen der Macht, um das Recht auch mit Gewalt durchzusetzen.*

Damit sich alle tatsächlich daran halten, müssen Gesetzesüberschreitungen Folgen haben. Wer sich darüber hinwegsetzt, wird verfolgt und bestraft. Dafür sind die Polizei und die Gerichte zuständig. Sie sorgen auch dafür, dass bei Konflikten die Regeln eingehalten werden. Keiner darf sich sein Recht selbst verschaffen, jeder muss sich an die zuständigen Einrichtungen des Staates wenden. Nur der Staat hat das Recht, die Befolgung von Gesetzen notfalls mit Gewalt zu erzwingen.

Unser Recht unterscheidet **Öffentliches Recht** und **Zivilrecht**.

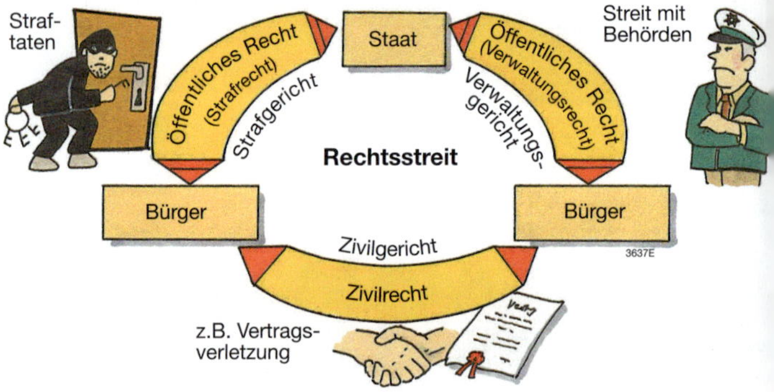

M3 *Öffentliches Recht und Zivilrecht*

In einem Rechtsstaat zu leben, bedeutet, dass jeder Bürger und jede staatliche Einrichtung – auch die Regierung – sich dem Recht unterordnen und die Gesetze befolgen muss.

Grundsätze des Rechtsstaats sind:

- *Rechtsgleichheit*
  „Alle Menschen sind vor dem Gesetz gleich" (Grundgesetz Artikel 3 Absatz 1). Niemand darf bevorzugt oder benachteiligt werden.
- *Rechtssicherheit*
  Damit jeder weiß, was erlaubt und verboten ist, müssen Gesetze veröffentlicht werden. Man darf nur auf der Grundlage eines Gesetzes bestraft werden. Gesetze dürfen nicht rückwirkend gelten.
- *Rechtsweggarantie*
  Jeder Bürger, der sich in seinen Rechten verletzt fühlt, hat das Recht, ein unabhängiges Gericht anzurufen.
- *Unabhängigkeit der Richter*
  Richterinnen und Richter sind in ihren Entscheidungen nur an das Gesetz gebunden. Niemand darf ihnen Weisungen erteilen oder versuchen, Einfluss auf einen Prozess zu nehmen.
- *Bindung der Gesetzgebung an das Grundgesetz*
  Die Abgeordneten des Bundestages beschließen die Gesetze. Dabei müssen sie sich in jedem Fall an das Grundgesetz halten. Sie können nur Gesetze beschließen, die mit dem Grundgesetz vereinbar sind.

M2 *Wir leben in einem Rechtsstaat*

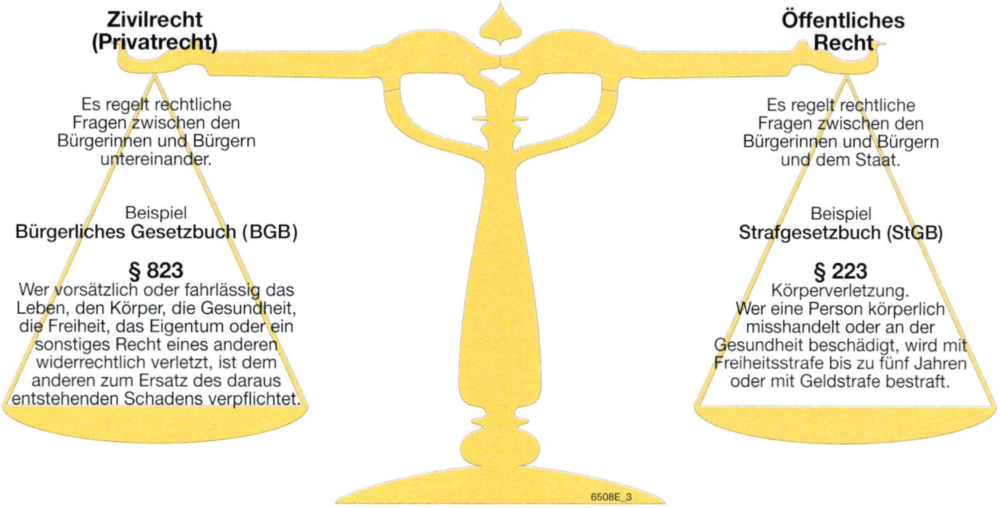

M4 *Zweiteilung des Rechts*

Bauherr verklagt die Baufirma

Feuchtigkeit im Keller und eine erhebliche Erhöhung der Baukosten sind der Grund dafür, dass ein Bauherr und die Baufirma sich vor Gericht wiedertreffen. Dort wird sich entscheiden, wer die Mehrkosten übernehmen muss.

Überfall von Jugendlichen auf zwei Mädchen – Geld und Handys sind weg

Am späten Samstagabend wurden an einer Bushaltestelle in Bonn zwei 24-jährige Mädchen von mehreren Jugendlichen mit Messern bedroht. Diese zwangen die Mädchen, ihnen ihre Geldbörsen und ihre Handys zu übergeben.

Scheidung des Superstars – der „Ex" bekommt drei Millionen

Nach einem langen Rechtsstreit steht es jetzt fest: Die berühmte Filmschauspielerin muss ihrem Ex-Mann eine Abfindungssumme in Millionenhöhe zahlen.

M5 *Streitfälle – Öffentliches Recht oder Privatrecht (Zivilrecht)?*

1 Überlege:
a) Warum trägt Justitia eine Augenbinde (M1)?
b) Warum steht ihr Standbild häufig vor Gerichtsgebäuden?

2 Erläutere,
a) warum Gesetze für das Zusammenleben nötig sind;
b) warum Gesetzesverstöße nicht ohne Folgen bleiben dürfen.

3 Erkläre, was eine Rechtsordnung ist.

4 Nenne die Basis unserer Rechtsordnung. Erkläre, was das bedeutet.

5 Erläutere, wie sich Zivilrecht und Öffentliches Recht unterscheiden (M3, M4).

6 Erkläre, aus welchen Rechtsgebieten die Streitfälle in M5 stammen.

7 a) Erläutere, was ein Rechtsstaat ist.
b) Erkläre die Grundsätze und nenne jeweils ein Beispiel (M2).

8 a) Benutze die Merkmale des Rechtsstaates, um das Gegenteil – einen Staat, der kein Rechtsstaat ist – zu erklären.
b) Erörtere mit deinen Mitschülern, welche Beispiele ihr aus der Vergangenheit kennt.

9 a) Informiere dich über Staaten, die ganz offensichtlich keine Rechtsstaaten sind.
b) Halte ein Referat über die Verhältnisse in einem solchen Land.

10 Sammelt Artikel in örtlichen Tageszeitungen über Streitfälle vor Gericht. Ordnet sie den verschiedenen Rechtsgebieten zu.

11 Erläutere die Sprichwörter:
a) „Torheit schützt vor Strafe nicht."
b) „Niemand kann in Frieden leben, wenn es seinem bösen Nachbarn nicht gefällt."

Das Recht – dein ständiger Begleiter

Wenn ich erst 18 bin …

Bereits bei der Geburt hat das neugeborene Kind die „Rechtsfähigkeit". Es hat alle bürgerlichen Rechte und kann klagen oder verklagt werden. Das müssen dann natürlich die Eltern für das Baby erledigen. Mit zunehmendem Alter wachsen die Rechte und auch die Pflichten. Mit dem sechsten Lebensjahr ist das Kind schulpflichtig. Mit sieben Jahren ist es „beschränkt geschäftsfähig"; das bedeutet, es kann zum Beispiel über sein Taschengeld verfügen.

Ab zwölf Jahren darf es Computerspiele und Filme mit der Kennzeichnung „ab 12 Jahren" ansehen und erwerben, ab 13 Jahren leichte und geeignete Arbeiten übernehmen (z. B. Zeitungen austragen).

Mit 14 Jahren wird das Kind rechtlich zum Jugendlichen. Damit beginnt seine strafrechtliche Verantwortung. Ein Jugendlicher ist „bedingt strafmündig", das heißt, nun gilt das **Jugendstrafrecht**. Er ist allerdings strafrechtlich nur dann verantwortlich, wenn er das Unrecht seiner Tat einsehen und danach handeln kann.

Ein Jugendlicher kann nicht mehr gegen seinen Willen adoptiert werden. Und er ist „religionsmündig": Er kann allein entscheiden, zu welcher Religion er sich bekennen will.

Mit 15 Jahren kann der Jugendliche einen dreiwöchigen Ferienjob annehmen und den Mofa-Führerschein machen, wenn seine Eltern einverstanden sind.

Nach dem **Jugendschutzgesetz** ist ihm ab 16 Jahren der Besuch von Gaststätten, Discos und Kinos bis 24 Uhr gestattet. Er ist nun zu Filmen und Computerspielen mit der Freigabe „ab 16 Jahren" zugelassen. Er darf die Führerscheine A1 und M machen.

Wenn der Jugendliche 18 Jahre ist, ist er volljährig. Er besitzt die volle Geschäftsfähigkeit und kann eigenständig Verträge jeder Art abschließen. Er ist ebenfalls voll deliktfähig und muss für Handlungen, die ihn zum Schadensersatz verpflichten, voll einstehen. Er besitzt das aktive und passive Wahlrecht, kann heiraten und den Führerschein machen.

Im Strafrecht kann der Jugendliche mit 18 Jahren manchmal noch mit Milde rechnen. Er wird bis zur Vollendung des 21. Lebensjahrs als Heranwachsender behandelt, sodass unter Umständen noch das Jugendstrafrecht angewendet wird.

Lebensalter	Rechtsstellung
21 Jahre	volle Strafmündigkeit, generell Erwachsenenstrafrecht
18 Jahre	Volljährigkeit, volle Deliktfähigkeit, Strafmündigkeit (Jugendstrafrecht möglich), volle Geschäftsfähigkeit, aktives und passives Wahlrecht, Führerschein für Pkws, Ehemündigkeit
16 Jahre	Besuch von Gaststätten, Discos, Filmen bis 24 Uhr, Führerscheine A1 und M, Ehefähigkeit (mit Einwilligung der Eltern)
15 Jahre	Ende des Beschäftigungsverbots, Fahrerlaubnis für Mofas
14 Jahre	Strafmündigkeit nach dem Jugendstrafrecht, Religionsmündigkeit, Mitentscheidung in familien- und sorgerechtlichen Angelegenheiten
13 Jahre	Erlaubnis, leichte Arbeiten zu übernehmen
12 Jahre	Erlaubnis für bestimmte Computerspiele und Filme
7 Jahre	beschränkte Geschäftsfähigkeit
6 Jahre	Schulpflicht
Geburt	Rechtsfähigkeit, Erbfähigkeit

M1 *Rechte und Pflichten regeln das Leben*

Bürgerliches Gesetzbuch

§ 110

Ein von dem Minderjährigen ohne Zustimmung des gesetzlichen Vertreters beschlossener Vertrag gilt als von Anfang an wirksam, wenn der Minderjährige die vertragsmäßige Leistung mit Mitteln bewirkt, die ihm zu diesem Zweck oder zur freien Verfügung von dem Vertreter oder mit dessen Zustimmung von einem Dritten überlassen worden sind.

M2 *„Taschengeldparagraph"*

Bei Lukas zu Hause

Lukas (15 Jahre) stürmt ins Haus, wirft seinen Rucksack in die Ecke und flucht: „Das versteh ich einfach nicht!" „Hast du Stress in der Schule?", fragt seine Schwester aus dem Nebenzimmer. „Ausnahmsweise mal nicht", gibt Lukas zurück. „Gerade war ich in dem Elektronikmarkt und wollte mir endlich den neuen iPod kaufen. Die Leute im Laden haben ihn mir einfach nicht gegeben."
Das laute Gespräch hat die Mutter herbeigerufen. „Was ist passiert? Worüber bist du so sauer, Lukas?" „Seit Monaten habe ich Zeitungen ausgetragen, um mir endlich mal das zu kaufen, was ich will, und heute steh ich im Geschäft und die Verkäuferin sagt, da ich nicht volljährig bin, könne sie mir das teure Teil nicht so einfach verkaufen."
„Die Verkäuferin hat sich völlig korrekt verhalten", erklärt die Mutter, „du bist doch erst fünfzehn, da kannst du nicht so einfach machen, was du willst. Bis du achtzehn bist, brauchst du für solche Käufe unsere Einwilligung."
„Aber es ist doch mein eigenes gespartes Geld", beharrt Lukas. „Sieh doch selbst nach, was du darfst und was nicht", sagt die Mutter. „Am besten schaust du im Internet. Vielleicht gibst du einfach mal das Stichwort ‚Geschäftsfähigkeit' ein."

M3 *Darf Lukas sich nicht allein einen iPod kaufen?*

Dieses Gesetz gilt für alle Kinder und Jugendlichen unter 18 Jahren und enthält eine ganze Reihe von Beschränkungen für sie in Bezug auf die Arbeit.
Unter 15 Jahren ist es ihnen grundsätzlich verboten, außerhalb des eigenen Haushalts zu arbeiten. Mit 13 Jahren dürfen Kinder allerdings zwei Stunden täglich leichte Arbeiten verrichten, zum Beispiel Zeitungen austragen. Mit 15 Jahren endet dann das grundsätzliche Beschäftigungsverbot für Jugendliche, es gibt aber weiterhin viele Einschränkungen. Die Arbeitszeit darf acht Stunden täglich und 40 Stunden wöchentlich nicht überschreiten. Es gibt klare Vorschriften für Ruhepausen, Freizeit, Arbeitsbeginn und -ende. Für Jugendliche gilt die 5-Tage-Woche und das grundsätzliche Verbot, am Wochenende zu arbeiten (Ausnahmen z. B. im Krankenhaus). Sie haben mehr Urlaub als Erwachsene und alle gefährlichen Arbeiten sind für sie verboten. Sie brauchen für jede Arbeit eine schriftliche Einwilligung der Erziehungsberechtigten.

M4 *Wenn Kinder und Jugendliche arbeiten, gilt das Jugendarbeitsschutzgesetz (JArbSchG).*

M5 *Lukas beschwert sich bei seinem Freund.*

§ 104 (Geschäftsfähigkeit)
Geschäftsunfähig ist, wer nicht das siebente Lebensjahr vollendet hat.
§ 106 (Beschränkte Geschäftsfähigkeit Minderjähriger)
Ein Minderjähriger, der das siebente Lebensjahr vollendet hat, ist in der Geschäftsfähigkeit beschränkt.
§ 107 (Einwilligung des gesetzlichen Vertreters)
Der Minderjährige bedarf zu einer Willenserklärung (einem Vertrag) der Einwilligung seines gesetzlichen Vertreters.

M6 *Auszug aus dem Bürgerliches Gesetzbuch (BGB)*

1. Erkläre die schwierigen Begriffe in M1 mithilfe des Textes.

2. Erläutere den „Taschengeldparagraphen" (M2) mit eigenen Worten. Suche dir dabei Hilfe auf einer der Kinderseiten im Internet (www.blinde-kuh.de).

3. a) Erkläre, warum Lukas den iPod nicht so einfach kaufen konnte (M2, M3, M6).
b) Beschreibe, wie Lukas sein Problem lösen kann.

4. a) Lukas darf in seinem Alter bereits einen Job annehmen. Erläutere die Beschränkungen, die es für Kinder und Jugendliche beim Arbeiten gibt (M4).
b) Wie ist es mit Lukas' Schwester Carina (13 Jahre)?

5. Informiere dich, welche gesetzlichen Vorschriften es für den Kauf eines Tieres durch Kinder und Jugendliche gibt und berichte.

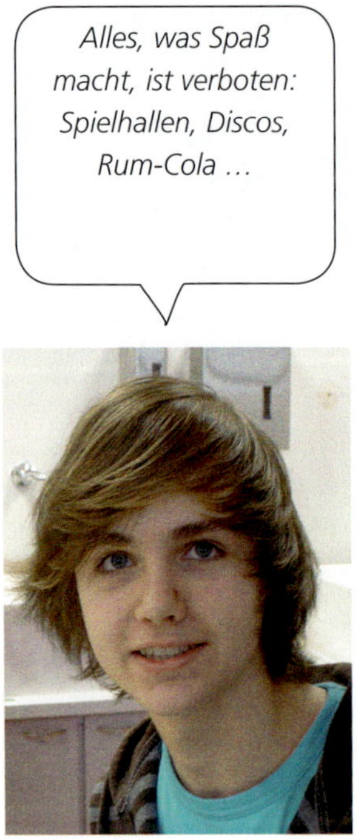

M1 *Jugendliche zum Jugendschutzgesetz*

Das Jugendschutzgesetz – Spaßbremse oder Schutz?

Wozu gibt es das Jugendschutzgesetz überhaupt?

Ein Nebenjob, ein Bauchnabel-Piercing, Tattoos und ein heftiges Nachtleben – für viele Jugendliche ist dies mittlerweile der normale Alltag. Jugendliche testen ihre Grenzen aus und tasten sich an das Erwachsenenleben heran. Schnell werden Grenzen überschritten – oftmals aber, ohne es zu wissen und letztendlich sogar gesetzwidrig.

Das Jugendschutzgesetz (JuSchG) ist 2003 erneuert worden und dient dem Schutz der Jugendlichen in der Öffentlichkeit. Es soll sie vor finanzieller Ausbeutung, seelischen Zwängen, aber auch vor Übermut oder Gefahren bewahren.

Das Gesetz stellt Regeln für Jugendliche auf: in Bezug auf die Abgabe von Alkohol und Tabakwaren, den Besuch von Gaststätten, Discos und Spielhallen, außerdem für die Abgabe von Filmen und Computerspielen. Diese müssen wie Kino- und Videofilme mit einer Altersfreigabe gekennzeichnet sein und dürfen nur an Kinder und Jugendliche abgegeben werden, die das gekennzeichnete Alter haben. Generell verboten für Jugendliche sind Videos, CDs, CD-Roms und DVDs, die den Krieg verherrlichen oder Menschen in unwürdiger und verletzender Weise darstellen.

Es ist für Jugendliche wie für ihre Eltern sinnvoll, die aktuellen gesetzlichen Vorschriften und Einschränkungen zu kennen, die für Kinder und Jugendliche gelten.

Allerdings wendet sich das Gesetz ausdrücklich an Erwachsene, beispielsweise an das Gaststätten- oder Verkaufspersonal. Es ist Aufgabe der Erwachsenen, Kinder und Jugendliche davor schützen, in irgendwelche Zwangslagen zu kommen.

INFO

Begriffe im deutschen Recht

Kinder: Personen unter 14 Jahren

Jugendliche: Personen von 14 bis 18 Jahren

Heranwachsende: Personen von 18 bis 21 Jahren

Erziehungsberechtigte: Normalerweise sind die Eltern die Erziehungsberechtigten ihres Kindes. Sie übernehmen die sogenannte Personensorge und damit alle Aufgaben, die das Kind selbst nicht erfüllen kann. Für den Fall, dass die Eltern die Personensorge nicht mehr erfüllen können, entscheidet das Vormundschafts- oder Familiengericht, wer stattdessen die Erziehungsberechtigung übernimmt.

Das Jugendschutzgesetz

§§	Inhalt	Kinder unter 14 Jahren	Jugendliche von 14 bis 16 Jahren	Jugendliche von 16 bis 18 Jahren
§ 4 (1)	Aufenthalt in Gaststätten (Ausnahme: Einnahme einer Mahlzeit oder eines Getränkes in der Zeit von 5:00 Uhr bis 23:00 Uhr)			bis 24 Uhr
§ 4 (3)	Aufenthalt in Nachtbars, Nachtclubs oder vergleichbaren Vergnügungsbetrieben			
§ 5 (1)	Anwesenheit bei öffentlichen Tanzveranstaltungen (u.a. Disco, Club, Abi-Party)			bis 24 Uhr
§ 5 (2)	Anwesenheit bei Tanzveranstaltungen von anerkannten Trägern der Jugendhilfe, – bei künstlerischer Betätigung – zur Brauchtumspflege			
§ 6 (1, 2)	Anwesenheit in öffentlichen Spielhallen. Teilnahme an Spielen mit Gewinnmöglichkeit			
§ 8	Aufenthalt an jugendgefährdenden Orten			
§ 9 (1)	Abgabe/Verzehr von Branntwein, branntweinhaltigen Getränken u. Lebensmitteln			
§ 9 (2)	Abgabe/Verzehr anderer alkoholischer Getränke z. B. Wein, Bier o.ä.			
§ 10	Rauchen in der Öffentlichkeit			
§ 11	Besuch öffentlicher Filmveranstaltungen nur entsprechend der Freigabekennzeichen des Films und Vorspanns	bis 20 Uhr	bis 22 Uhr	bis 24 Uhr
§ 12	Abgabe von Videokassetten und Bildträgern nur entsprechend der Freigabekennzeichen	ohne Altersbeschränkung, ab 6, 12, 16 Jahren		
§ 13	Spielen an Bildschirmspielgeräten ohne Gewinnmöglichkeit nur entsprechend der Freigabekennzeichen			

erlaubt — nicht erlaubt

= nur in Begleitung Erziehungsberechtigter
Mit diesem Zeichen gekennzeichnete Verbote und zeitliche Begrenzungen werden durch die Begleitung eines Erziehungsberechtigten aufgehoben. Die Erziehungsberechtigten sind nicht verpflichtet, alles zu erlauben, was das Gesetz gestattet. Sie tragen bis zur Volljährigkeit die Verantwortung.

M2 *Übersicht über die Bestimmungen des Jugendschutzgesetzes*

INTERNET

Infos zum Jugendschutzgesetz

www.time4teen.de

www.jugend information.de

www.bmfsj.de

a) Ann-Sophie (15) singt in einer Band und tritt mit ihr bis 22 Uhr im Jugendzentrum auf.

b) Milad (16) trinkt beim „Public Viewing" eines Fußballspiels ein Bier nach dem anderen. Sein Freund Lukas (17) trinkt Cola-Rum. Beide rauchen.

c) Sabine (13) fährt mit dem Zug zu ihrer Oma. Sie hat Hunger und möchte beim Umsteigen von 20 bis 21 Uhr in der Bahnhofsgaststätte essen gehen.

d) Luisa (17) träumt von einer Reise in den Süden und überlegt, ob sie Lotto spielen soll.

M3 *Erlaubt oder nicht?*

1 Erläutere den Sinn des Jugendschutzgesetzes.

2 Das Jugendschutzgesetz wendet sich ausdrücklich an Erwachsene. Weshalb?

3 Erkläre die einzelnen Bestimmungen des JuSchG (M2).

4 Besorgt euch im Internet den Text des JuSchG. Bildet Gruppen, die sich jeweils mit den Themen „Gaststätten", „Discos", „Spielhallen und Glücksspiele", „Alkohol", „Computerspiele und Filme" beschäftigen. Jede Gruppe entwirft ein Plakat und stellt es vor.

5 Beurteile die Fälle in M3 mithilfe von M2.

6 Beantworte die Frage in der Überschrift: Das Jugendschutzgesetz – Spaßbremse oder Schutz?

7 An vielen Stellen wird gegen das JuSchG verstoßen.
a) Nenne Personen und Gruppen, die sich nicht daran halten und notiere die Gründe, die du bei ihnen vermutest.
b) Erstelle dazu gemeinsam mit deinem Nachbarn eine Mindmap.

◁ **M1** *Max (14) klaut. Jugendkriminalität ist zumeist ein entwicklungsbedingtes, zeitweiliges Verhalten. Bei der Mehrheit der straffälligen Jugendlichen wächst sich dieses Verhalten im Verlauf des Erwachsenwerdens von allein aus. Die meisten straffällig gewordenen Jugendlichen beginnen keine „kriminelle Karriere". Nur ein kleiner Teil (bis zu 5 %) der jugendlichen Täter fällt durch wiederholte Begehung von Straftaten auf. Diese kleine Gruppe von „Mehrfach- bzw. Intensivtätern" (überwiegend Jungen) begeht nach Untersuchungen der Landeskriminalämter zwischen 30 Prozent und 60 Prozent der für die Altersgruppe bekannt gewordenen Straftaten.*

Wenn Jugendliche straffällig werden

Was ist Jugendkriminalität und welche Formen gibt es?

In Deutschland werden alle Straftaten von registrierten Tätern im Alter von 8 bis 21 Jahren unter dem Begriff Jugendkriminalität zusammengefasst. Die „gefühlte" Jugendkriminalität ist bei uns in den letzten Jahren enorm angestiegen. Dazu hat sicherlich auch die häufig extreme Darstellung in den Medien beigetragen.

Tatsächlich hat die Jugendkriminalität nach Aussagen von Mitarbeitern der Jugendgerichtshilfe seit 1998 insgesamt eher abgenommen. Es ist allerdings nicht leicht, das genaue Ausmaß einzuschätzen, denn Statistiken sind hier keine große Hilfe. Es gibt zwar eine Reihe von Statistiken (polizeiliche Kriminalstatistik, Verurteiltenstatistik usw.), sie sind aber wegen verschiedener Erfassungszeiträume und anderer Einflussfaktoren nicht vergleichbar. Außerdem schätzen Experten, dass neun von zehn Ladendiebstählen gar nicht entdeckt werden.

Im Bereich der polizeilich erfassten Straftaten haben Diebstahlsdelikte – Ladendiebstähle, Fahrrad- und Kraftraddiebstähle – den größten Anteil an der Jugendkriminalität. Die zweithäufigste Straftat ist die Körperverletzung, gefolgt von der Sachbeschädigung (wie Graffiti). Auch die Verstöße gegen das Betäubungsmittelgesetz („in nicht geringen Mengen") machen einen großen Anteil aus.

Zugenommen hat nach Aussagen von Experten die Häufigkeit schwerer Körperverletzung unter Jugendlichen und Heranwachsenden, begangen von mehreren Tätern und mit Gegenständen (Stiefeltritte oder Messerstiche). Beobachtungen zeigen, dass die Täter ihre Attacken häufig auch dann fortsetzten, wenn das Opfer bereits am Boden liegt.

Kinder (unter 14 Jahren)	Sie sind schuldunfähig, sie sind strafunmündig und strafrechtlich nicht verantwortlich. Eltern können wegen Vernachlässigung ihrer Aufsichtspflicht bestraft werden.
Jugendliche (14 bis 18 Jahre)	Sie sind strafrechtlich verantwortlich, wenn sie die entsprechende Einsichtsfähigkeit haben. Für sie gilt das Jugendstrafrecht. Sie werden verurteilt nach dem Jugendgerichtsgesetz.
Heranwachsende (18 bis 21 Jahre)	Sie sind grundsätzlich voll strafrechtlich verantwortlich. Sie können aber nach dem Jugendstrafrecht bestraft werden, wenn sie zur Tatzeit in ihrer geistigen und sittlichen Entwicklung noch einem Jugendlichen entsprachen oder die Tat eine typische Jugendstraftat ist.
Erwachsene (über 21 Jahre)	Sie sind in jedem Fall voll strafrechtlich verantwortlich.

M2 *Die besondere Stellung von Kindern und Jugendlichen vor dem Gesetz*

Etwa 95 % aller jungen Männer geben an, in ihrem Leben bereits einmal eine Straftat begangen zu haben; sie haben sich aber zumeist nicht erwischen lassen. Täter, die überführt wurden, gaben als Gründe oft Leichtsinn, Übermut, Abenteuerlust, Neugier und Rauflust an. Bewusst oder unbewusst spielt bei vielen die Suche nach Anerkennung eine Rolle. Viele Straftaten gäbe es nicht, wenn der Jugendliche nicht Mitglied einer Gruppe wäre, in der er sich ein größeres Ansehen erhofft. Als weitere Gründe werden von Experten genannt: Schwierigkeiten in der Familie – häufig mit der Erfahrung von Gewalt – Probleme in der Schule, Drogenkonsum und Alkoholmissbrauch, Computersucht und fehlende Zukunftsperspektiven.

M3 *Warum werden Jugendliche straffällig?*

Das Jugendstrafrecht unterscheidet sich in Deutschland deutlich vom Strafrecht für Erwachsene. Im Mittelpunkt steht die Erziehung, nicht die Bestrafung. Geregelt ist dies im Jugendgerichtsgesetz (JGG).

Zur Verurteilung stehen den Richtern drei Arten von Strafen und Maßregeln zur Verfügung, von denen jede ihrerseits mehrere Unterarten enthält: Erziehungsmaßregeln, Zuchtmittel und Jugendstrafe. In erster Linie wird von den Erziehungsmaßregeln Gebrauch gemacht. Wenn diese nicht ausreichen, werden Zuchtmittel (z. B. kurzer Freiheitsentzug) eingesetzt. Als härteste Maßnahme ist die Freiheitsstrafe vorgesehen: die Jugendstrafe. Sie wird nur unter besonderen Voraussetzungen verhängt. Beim Täter müssen beispielsweise „schädliche Neigungen" festgestellt werden oder sein Verschulden muss besonders schwer sein.

M4 *Das Jugendstrafrecht setzt auf Erziehung. Freiheitsentzug erfolgt sehr selten.*

Lisa (13 Jahre) und ihre Freundin Nasrin (14 Jahre) stehlen im Drogeriemarkt Lidschatten und Lippenstift.

Ein 50-jähriger Münchner Geschäftsmann wird von zwei stark betrunkenen jungen Männern (17 und 18 Jahre alt) so brutal zusammengeschlagen, dass er an seinen Verletzungen stirbt. Er hatte auf dem Bahnsteig Kinder beschützen wollen, die die Täter bedroht hatten.

Weil sie sich über eine Äußerung von ihm ärgern, verprügeln Jeremy und Tom (beide 15 Jahre) den 12-jährigen Peter an der Bushaltestelle und lassen ihn verletzt liegen.

Der 15-jährige Fabian „frisiert" sein Mofa und wird erwischt, als er gemeinsam mit einem Freund (beide ohne Helm und viel zu schnell) auf einer Landstraße fährt.

Aus Langeweile zerkratzen Patrick und Leon mit einem Haustürschlüssel Autos.

18326E

M5 *Kriminell oder nicht?*

1 Berichte, ob und in welcher Form du bereits Erfahrungen mit Kriminalität gemacht hast: als Zeuge; als Opfer; als Täter.

2 Experten sprechen bei Jugendkriminalität von einer meist vorübergehenden Erscheinung. Erläutere.

3 Vom Gesetz werden Kinder und Jugendliche je nach ihrem Alter verschieden behandelt (M2).
a) Erläutere die rechtliche Situation der verschiedenen Altersgruppen
b) Begründe sie.

4 Die Gründe, die bei Jugendlichen dazu führen, dass sie straffällig werden, beeinflussen sich häufig gegenseitig. Erstelle dazu eine Mindmap.

5 a) Nenne die Maßnahmen des Jugendstrafrechts und erläutere sie (M4).
b) Erläutere den Unterschied zum Erwachsenenstrafrecht.

6 a) Bei den Fallbeispielen (M5) handelt es sich um „typische" Fälle von Jugendkriminalität. Nenne die Straftatbestände.
b) Notiere für die Fälle die entsprechenden Paragrafen des Strafgesetzbuches (StGB) (Internet).
Nenne jeweils das Delikt und gib an, welches die Merkmale der Tat sind.

7 Notiere, was du tun kannst, um dich vor Gewalt zu schützen (www.polizei-beratung.de/vorbeugung/jugendkriminalitaet).

Wir besuchen eine Gerichtsverhandlung

◁ **M1** *Im Jugendgerichtssaal bei der Vernehmung einer Zeugin. Von links nach rechts hintere Reihe: angeklagtes Mädchen, Protokollführerin, Richterin, Staatsanwältin, Vertreter der Jugendgerichtshilfe; davor: Zeugin*

Planung und Durchführung eines Besuches im Jugendgericht

1. Schritt: Vorbereitung

Auswahl des Gerichts und der Verhandlung
Ihr solltet gemeinsam mit eurer Lehrerin oder eurem Lehrer vorher Kontakt mit einem Jugendgericht in der Nähe aufnehmen und darum bitten, an einer geeigneten Verhandlung gegen einen „Heranwachsenden" (18 bis 21 Jahre) als Zuschauer teilnehmen zu dürfen. Da bei Verhandlungen gegen Jugendliche (14 bis 18 Jahre) grundsätzlich die Öffentlichkeit ausgeschlossen ist (es sei denn, der Jugendliche ist ausdrücklich mit dem Besuch einer Klasse einverstanden), könnt ihr in der Regel nur bei einer Verhandlung gegen einen älteren Täter dabei sein. Vereinbart möglichst einen Termin, bei dem die Richterin oder der Richter nach der Verhandlung noch Zeit für ein Gespräch mit euch hat.

Vorbereitung des Besuchs im Unterricht
Um von der Verhandlung etwas zu haben, solltet ihr euch im Unterricht über die Besonderheit des Jugendgerichtsgesetzes informiert haben. Ihr solltet wissen, welche Ziele das Jugendstrafrecht hat und welche Strafen und Maßnahmen es vorsieht. Auch den Ablauf einer Verhandlung und die Aufgaben der beteiligten Personen solltet ihr kennen. Um euch bei der Verhandlung Notizen machen zu können, ist es sinnvoll, vorher einen Erkundungsbogen mit Beobachtungsaufgaben zu erstellen. Zwei Beispiele seht ihr auf der Seite 299 M2 und M4. Sie können jeweils an eine Hälfte der Schülerinnen und Schüler verteilt werden.

2. Schritt: Durchführung des Besuches im Jugendgericht

Die Verhandlung
In der Verhandlung müssen sich die Zuschauerinnen und Zuschauer vollständig ruhig verhalten. Ihr dürft daher nicht miteinander sprechen.
Zu den Beobachtungsaufgaben solltet ihr euch Notizen machen.
Es ist wahrscheinlich, dass ihr bei dem Bericht der Jugendgerichtshilfe über die persönliche und familiäre Situation des oder der Angeklagten den Gerichtssaal verlassen müsst.
Wenn die Richterin oder der Richter im Anschluss an die Verhandlung noch Zeit für ein Gespräch hat, solltet ihr die Gelegenheit nutzen und Fragen stellen oder eure Beobachtungen mitteilen.

3. Schritt: Auswertung im Unterricht

Diskussion über die Eindrücke anhand der Erkundungsbögen
Eine richtige Auswertung kann nicht im Gericht, sondern erst später (in der nächsten Unterrichtsstunde) stattfinden. Mithilfe der ausgefüllten Erkundungsbögen könnt ihr euch über eure Eindrücke bei der Verhandlung austauschen. Ihr solltet natürlich auch über das Urteil sprechen. Ist es gerecht? Wird es die angestrebte Wirkung haben, den Angeklagten so zu „erziehen", dass er nicht wieder straffällig wird?

1. Wie heißt das Gericht, an dem die Verhandlung stattfindet?
2. In welchem Saal findet die Verhandlung statt?
3. Wann beginnt die Verhandlung, wie lange wird sie voraussichtlich dauern?
4. Wie lange vorher muss man dort sein (Kontrollen)?
5. Muss man einen Ausweis mitbringen?
6. Wie groß ist der Verhandlungsraum? Gibt es genügend Plätze für die Klasse?
7. Welche Atmosphäre herrscht in dem Verhandlungsraum?
8. Wie ist die Sitzordnung bei der Verhandlung?
9. Wie sind die Beteiligten angezogen: die Richterin oder der Richter, die Staatsanwältin oder der Staatsanwalt, die Verteidigerin oder der Verteidiger, die Mitarbeiterin oder der Mitarbeiter der Jugendgerichtshilfe, die oder der Angeklagte?

M2 *Erkundungsbogen zum Ablauf der Verhandlung*

1. Wie lautet die Anklage?
2. Was sagt der Angeklagte zu den Vorwürfen? Nimmt er Stellung oder schweigt er?
3. Welche Beweise für die Schuld des/der Angeklagten werden vorgebracht?
4. Was berichtet die Jugendgerichtshilfe?
5. Wie bewertet der Staatsanwalt die Beweise?
6. Welche Strafe beantragt er?
7. Welchen Antrag stellt die Verteidigung?
8. Das letzte Wort hat der/die Angeklagte. Was sagt er/sie?
9. Wie lange dauert die Beratung, bevor das Urteil verkündet wird?
10. Welches Urteil wird verkündet?
11. Wie ist die Stimmung nach der Urteilsverkündung?

M4 *Erkundungsbogen zur Sache*

1. Eröffnung der Verhandlung
Die Richterin oder der Richter stellt die Anwesenheit der beteiligten Personen fest und nimmt die Personalien des Angeklagten auf. Wenn es um die Verhängung einer Jugendstrafe geht, gehören dem Gericht zusätzlich zwei Laienrichter (Schöffen) an: ein Mann und eine Frau.

2. Vernehmung der oder des Angeklagten
Der Richter befragt die angeklagte Person zu ihren persönlichen Verhältnissen.

3. Verlesung der Anklage
Der Staatsanwalt verliest die Anklage. Er beschreibt die begangene Handlung und nennt den oder die entsprechenden Paragrafen des Strafgesetzbuches.

4. Beweisaufnahme
Die angeklagte Person hat das Recht, sich zu dem Vorwurf der Anklage zu äußern. Sie hat aber auch das Recht, dazu zu schweigen, um sich nicht selbst zu belasten. Anschließend werden möglicherweise Zeugen befragt. Manchmal müssen auch noch Sachverständige gehört oder der Tatort aufgesucht werden.

5. Stellungnahme der Jugendgerichtshilfe
Schon zu Beginn des Verfahrens hat ein Vertreter der Jugendgerichtshilfe (eine Sozialarbeiterin oder ein Sozialarbeiter) mit der angeklagten Person und – falls sie noch nicht volljährig ist – mit ihren Eltern Kontakt aufgenommen und ausführliche Gespräche über die Persönlichkeit, die Entwicklung und Umwelt des Beschuldigten geführt. Die Jugendgerichtshilfe schlägt dem Gericht die zu ergreifenden Maßnahmen vor und sorgt anschließend dafür, dass der Jugendliche den verhängten Weisungen und Auflagen nachkommt.

6. Plädoyer der Staatsanwaltschaft
Der Staatsanwalt stellt das Ergebnis der Beweisaufnahme aus seiner Sicht dar, berücksichtigt dabei alles, was für und was gegen den Angeklagten spricht und setzt sich mit dem Vorschlag der Jugendgerichtshilfe auseinander – den er häufig übernimmt.

7. Eventuell: Plädoyer der Verteidigung
Falls der Beschuldigte einen Verteidiger hat, bewertet dieser die Ergebnisse der Beweisaufnahme im Sinne der angeklagten Person.

8. Der Angeklagte hat das letzte Wort
Bevor das Gericht über das Urteil entscheidet, erhält der Angeklagte noch einmal Gelegenheit, sich zur Tat oder der Beweisaufnahme zu äußern.

9. Beratung des Urteils
Das Gericht zieht sich zur Beratung zurück.

10. Verkündung des Urteils
Nach erfolgter Beratung verkündet das Gericht das Urteil: Freispruch oder Schuldspruch und die verhängte Strafe.

M3 *Ablauf einer Verhandlung vor dem Jugendgericht*

M1 *Frauenberufe – Männerberufe? Herr Brandes ist Erzieher und betreut eine Gruppe von zwei- bis fünfjährigen Kindern. Frau Fehrke ist Pilotin bei der Lufthansa.*

Sind Männer und Frauen gleichberechtigt?

Ein langer Weg zur Gleichberechtigung

In vielen Kulturen, so auch bei uns, hat sich über Jahrtausende hinweg folgende Arbeitsteilung durchgesetzt: Die Frau erzieht die Kinder, pflegt alte oder kranke Menschen und stellt die Nahrung bereit. Der Mann baut, kämpft, jagt und regiert – und sichert so das Überleben der Gemeinschaft. Dadurch wurde die Frau vom Mann abhängig.

Ein erster Schritt zu einer Gleichberechtigung der Frauen in Deutschland war die Einführung des Frauenwahlrechts 1919 (siehe S. 276). Ein weiterer erfolgte mit der Formulierung der Verfassung 1949. „Männer und Frauen sind gleichberechtigt", heißt es seitdem in unserem Grundgesetz. Doch wie sah die Wirklichkeit für eure Großmütter aus? Der Mann durfte noch immer den Wohnsitz bestimmen, er durfte den Arbeitsplatz seiner Frau kündigen oder ihr Vermögen nach Lust und Laune nutzen und verwalten.

Mit dem Gleichberechtigungsgesetz wurden 1958 diese Regelungen abgeschafft. Danach verabschiedete der Bundestag noch eine Reihe von Gesetzen zur Gleichstellung von Mann und Frau.

Seit 1998 sind alle Mitgliedstaaten der Europäischen Union (EU) verpflichtet, die Gleichstellung von Frauen und Männern durchzusetzen.

1999 verpflichtete sich die deutsche Bundesregierung, in großem Umfang Maßnahmen zu ergreifen, mit denen eine wirkliche Gleichstellung erreicht werden soll.

Alle Menschen sind vor dem Gesetz gleich.

Männer und Frauen sind gleichberechtigt.

Niemand darf wegen seines Geschlechtes, … benachteiligt oder bevorzugt werden.

M2 *Aus dem Grundgesetz*

Fassung von 1896
§ 1354 BGB (Rechtsstellung der Frau)
Dem Manne steht die Entscheidung in allen das gemeinschaftliche eheliche Leben betreffenden Angelegenheiten zu; er bestimmt insbesondere Wohnort und Wohnung.

Fassung von 1958
§ 1356 BGB (Haushaltsführung)
Die Frau führt den Haushalt in eigener Verantwortung. Sie ist berechtigt, erwerbstätig zu sein, soweit dies mit ihren Pflichten in Ehe und Familie vereinbar ist.

Fassung von 1977
§ 1356 BGB
Die Ehegatten regeln die Haushaltsführung im eigenen Einvernehmen. Ist die Haushaltsführung einem der Ehegatten überlassen, so leitet dieser den Haushalt in eigener Verantwortung.
Beide Ehegatten sind berechtigt, erwerbstätig zu sein.

(Nach: Petra Beckmann-Schulz: Familie und Frauen-Rollen. In: Bundeszentrale für politische Bildung (Hrsg.): Themenblätter im Unterricht. Herbst 2002)

M3 *Das Bürgerliche Gesetzbuch (BGB) im Wandel: Mit den Veränderungen in der Gesellschaft ändern sich auch die Gesetze.*

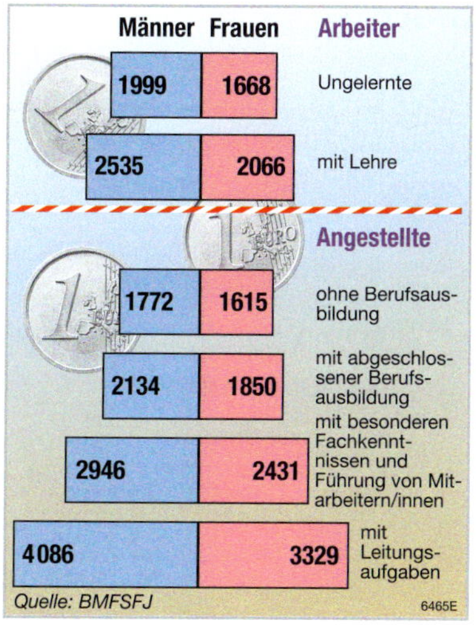

M4 *Verdienste von Männern und Frauen in Euro*

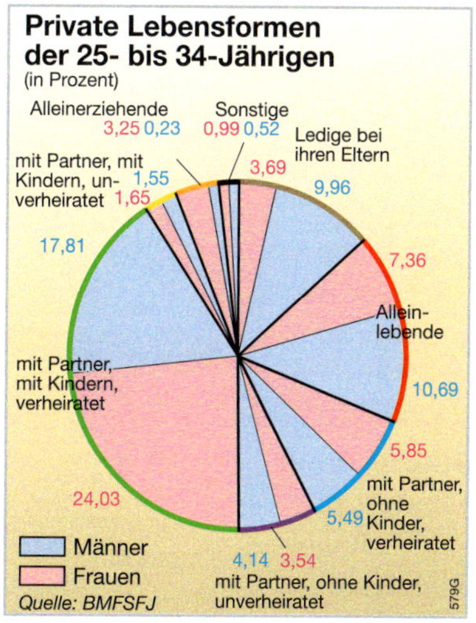

M7 *Die verschiedenen Formen des Zusammenlebens*

M8 *Karikatur*

In den vergangenen Jahren hat sich der Trend verstärkt: Im Osten wie im Westen Deutschlands schließen die jungen Frauen die Schule häufiger mit höher qualifizierenden Abschlüssen ab als die jungen Männer. Sie erreichen häufiger einen Realschulabschluss oder die allgemeine Hochschulreife. Die jungen Männer beenden die Schule häufiger mit einem Hauptschulabschluss oder sie verlassen die Schule ohne Abschluss. Das gilt in gleicher Weise für ausländische Mädchen und Jungen.

M5 *Mädchen überrunden Jungen – oder?*

Das Familienbild hat sich in den vergangenen Jahrzehnten stark gewandelt. In jeder fünften Familie wachsen die Kinder mittlerweile nur mit einem Elternteil auf. Allein ein Kind zu erziehen, ist nach wie vor „Frauensache“: In neun von zehn Fällen ist der alleinerziehende Elternteil die Mutter.
Fast jede dritte alleinerziehende Mutter muss monatlich mit weniger als 1100 Euro zurechtkommen. Wenn die Kinder noch sehr klein sind, ist es für sie schwierig, arbeiten zu gehen. Nur knapp ein Viertel der alleinerziehenden Mütter mit Kindern unter drei Jahren ist berufstätig. Wenn die Kinder größer sind, sind die meisten erwerbstätig, aber viele arbeiten Teilzeit, weil sie keine volle Stelle finden können.
Fast die Hälfte aller Ein-Eltern-Familien ist darauf angewiesen, Leistungen aus Hartz IV zu beziehen, um über die Runden zu kommen.
(Nach: Süddeutsche Zeitung vom 30.07.2010)

M6 *Arme Mütter*

1 a) Beschreibe die beiden Bilder in M1.
b) Beurteile, ob sie normale oder außergewöhnliche Situationen wiedergeben.

2 Schildere die Arbeitsteilung zwischen Männern und Frauen in der Vergangenheit. Gehe dabei auch auf die Rechtsstellung von Frauen in der Ehe im 19. Jahrhundert ein (M3).

3 Erläutere, wie sich die Stellung der Frau in Deutschland 1919 und 1949 verbesserte (Text).

4 In der Bundesrepublik Deutschland veränderten sich die Gesetze des BGB in Bezug auf die Rollenverteilung in der Ehe im Jahr 1958 und 1977 (M3).
Nenne Beispiele aus dem Ehe- und Familienleben, bei denen der Unterschied deutlich wird.

5 Früher war ein Großteil der Mütter „Hausfrau“, heute sind viele erwerbstätig.
a) Stellt in der Gruppe zusammen, welche Vor- und Nachteile dies für die Mütter selbst und für die Familie hat.
b) Führt eine Debatte zur Frage „Sollen Mütter berufstätig sein?“ Bezieht auch M8 ein.

6 Frauen verdienen durchschnittlich erheblich weniger als Männer (M4). Erstellt in der Gruppe auf einem Plakat ein Schaubild (Mind-Map): In der Mitte steht die Aussage „Frauen verdienen weniger als Männer“. An den Ästen solltet ihr die Gründe dafür angeben. Versucht, durch die Anordnung der einzelnen Äste deutlich zu machen, dass und wie sie zusammenhängen.

Rechtsextremismus – Herausforderung für den Rechtsstaat?

Die Rechten – kennst du sie?

Sicher hast du schon eine Menge gehört von „den Rechten", von ihrer Musik, ihren Demos, ihrem Auftreten, ihren Slogans.

Sie sind nicht verboten und vielleicht bekommst du ihr fremdenfeindliches Gehabe sogar in deiner Schule mit oder du kannst in deiner Umgebung rechtsextreme Jugendliche oder Erwachsene beobachten.

Zum Rechtsextremismus gehören Ausgrenzung und Gewalt gegen Mitmenschen, die anders sind, zum Beispiel wegen ihrer Hautfarbe, ihrer Religion, ihrer Behinderung, ihrer sexuellen Orientierung oder weil sie einfach eine andere politische Meinung haben.

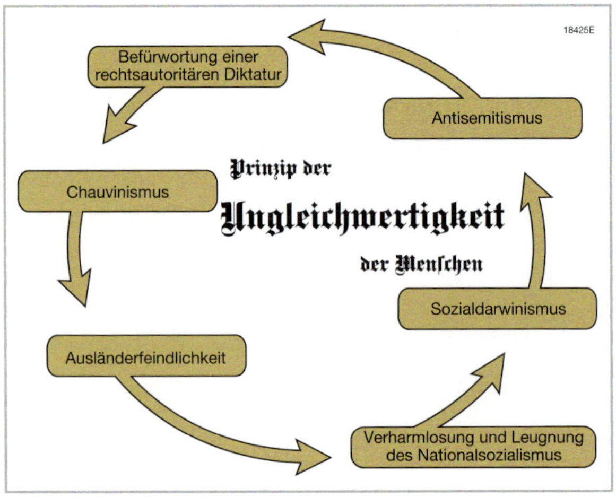

M3 *Das rechtsextreme Weltbild*

Rechtsextremisten messen Menschen einen unterschiedlichen Wert zu – je nach Herkunft, Hautfarbe, Kultur. Ihre Denkweise ist:

*1. **Befürwortung einer Diktatur und damit Ablehnung der Demokratie:*** Das Volk soll regiert werden, aber das Volk hat dabei keine Mitsprache.

*2. **Chauvinismus, übersteigerter Nationalismus:***
Die eigene Nation wird gegenüber anderen Nationen als überlegen angesehen.

*3. **Ausländerfeindlichkeit**:* Gegenüber Migrantinnen und Migranten bestehen feindselige Einstellungen. Oft wird die Forderung geäußert, alle Ausländer aus Deutschland auszuweisen.

*4. **Verharmlosung und Leugnung des Nationalsozialismus:***
Die Verbrechen der Nationalsozialisten werden verharmlost und es werden angeblich „gute Seiten" des Nazi-Regimes gefunden. Die Missachtung von Demokratie und Menschenwürde werden geleugnet.

*5. **Sozialdarwinismus:*** Der Stärkere soll sich auf Kosten des Schwächeren durchsetzen. Hier benutzen die Rechtsextremen die Theorie des Biologen Charles Darwin über die Auslese in der Natur und verfälschen sie. Sie behaupten, es gäbe wertvolles und unwertes Leben und der Stärkere müsse sich auf Kosten des Schwächeren durchsetzen.

*6. **Antisemitismus:*** Das ist der Sammelbegriff für die feindselige Einstellung gegenüber Juden, die Rechtsextremisten haben.

(Nach: Friedrich-Ebert-Stiftung (Hrsg.): Demokratie stärken – Rechtsextremismus bekämpfen, Nordrhein-Westfalen für Toleranz und Menschlichkeit. Broschüre zur Ausstellung des Forums Jugend und Politik Bonn, 2008, S. 13 f)

M1 *So denken Rechtsextreme.*

	Gesamtdeutschland	Westdeutschland	Ostdeutschland
Befürwortung Diktatur	3,7 %	3,3 %	5,6 %
Chauvinismus	14,3 %	14,3 %	17,1 %
Ausländerfeindlichkeit	21,2 %	18,2 %	32,6 %
Antisemitismus	9,0 %	9,3 %	7,9 %
Sozialdarwinismus	3,1 %	3,5 %	1,6 %
Verharmlosung des Nationalsozialismus	3,2 %	3,8 %	1,0 %

M2 *Rechtsextremismus – ein Problem in der Mitte der Gesellschaft (2008)*

INFO

Rechtsextremismus
Der Begriff bezeichnet eine bestimmte Grundeinstellung von Parteien, Gruppen oder Einzelpersonen. Rechtsextreme Menschen sind rassistisch, gewaltbereit und lehnen demokratische Prinzipien ab. Zu ihnen gehören die Neonazis („neo": „neu"). Sie verherrlichen Hitler und sind ausländerfeindlich.

Humus (Seite 54)
Bodenschicht aus abgestorbenen pflanzlichen und tierischen Organismen, die im Nährstoffkreislauf von Bodenlebewesen zersetzt werden. Humus ist sehr nährstoffreich.

Industrie (Seite 162)
Die Industrie bezeichnet den Teil der Wirtschaft, in dem Waren in Fabriken hergestellt und weiterverarbeitet werden. In Industriebetrieben werden Rohstoffe zu fertigen Produkten verarbeitet. Der Industriebereich wird auch als sekundärer Sektor bezeichnet. Daneben gibt es noch die Land- und Forstwirtschaft („primärer Sektor") und die Dienstleistungen („tertiärer Sektor").

Industrie- und Gewerbegebiet (Seite 190)
Industrie- und Gewerbegebiete liegen meist verkehrsgünstig am Rand einer Stadt. Hier gibt es Fabriken, Handwerksbetriebe, Lagerhallen und Geschäfte, die besonders viel Platz brauchen, wie Möbelhäuser, Autohäuser und Einkaufszentren.

Industrieland (Seite 56)
Im Vergleich zu einem Entwicklungsland weit entwickeltes Land mit einem entsprechend hohen BIP. Weitere Merkmale von Industrieländern sind ein hoher Anteil an Beschäftigten in der Industrie und im tertiären Wirtschaftssektor sowie eine gut ausgebaute Infrastruktur. Die Grundbedürfnisse der meisten Menschen sind hier befriedigt.

Industrielle Revolution (Seite 148)
Einschneidende wirtschaftliche und gesellschaftliche Umwälzung, die Mitte des 18. Jahrhunderts ausgelöst wurde durch die in England einsetzende Industrialisierung. Auslöser war die Erfindung der Dampfmaschine (1769).

informeller Sektor (Seite 194)
Für Entwicklungsländer typischer, offiziell nicht erfasster Bereich des Klein- und Dienstleistungsgewerbes (z.B. Straßenhandel, Schuhputzer). Obwohl keine Steuern an den Staat gezahlt werden, wird der informelle Sektor geduldet, da in ihm große Teile der Bevölkerung Arbeit finden.

Infrastruktur (Seite 228)
Dazu zählen alle Einrichtungen, die zur Entwicklung eines Raumes notwendig sind, wie Verkehrswege, Wasser- und Stromleitungen, Entsorgungsanlagen, Bildungs- und Erholungseinrichtungen, Krankenhäuser. Man unterscheidet technische und soziale Infrastruktur.

Inka (Seite 100)
Das Wort ist der Titel des in Cuzco regierenden Herrschers eines riesigen Reiches zwischen dem 13. und 16. Jahrhundert im heutigen Peru. Die Bezeichnung wurde auf den Staat übertragen. Berühmt war das Inka-Reich für den Ackerbau (bewässerte Terrassen), die Verwaltung und den Straßen- und Festungsbau. 1533 eroberte der Spanier Francisco Pizarro die Stadt Cuzco, nahm den letzten Inka Atahualpa fest und ließ ihn trotz Zahlung eines enormen Lösegeldes (Goldschatz) später hinrichten.

Integration (Seite 254)
Menschen, die in ein fremdes Land gezogen sind, haben oft Probleme bei der Eingliederung, d.h. der Integration, in die Gesellschaft. Eine wichtige Voraussetzung für eine erfolgreiche Integration ist die Kenntnis der Sprache des Gastlandes.

Inuit (Seite 47)
Ureinwohner, die in den arktischen Gebieten Nordamerikas und Grönlands leben. Der Begriff bedeutet übersetzt „Menschen". Die Inuit gehören zu den Eskimo, die noch weitere Volksgruppen umfassen.

Investiturstreit (Seite 16)
Der Investiturstreit war die Auseinandersetzung von weltlichen und geistlichen Fürsten um das Recht zur Einsetzung von Geistlichen in ein Amt.

Jäger und Sammler (Seite 52)
So bezeichnet man Völker, die nur von der Jagd, dem Sammeln von essbaren Pflanzen und der Fischerei leben.

Jakobiner (Seite 134)
Der Name Jakobiner entstand in der Zeit der französischen Revolution. Die Jakobiner versuchten, eine Reihe von demokratischen und sozialen Zielen zu erreichen. Ein Hauptziel war die Schaffung einer Republik. Da die Jakobiner besser organisiert waren als andere Gruppen, gewannen sie eine große Zahl von Anhängern. Ihre politischen Gegner vernichteten sie durch massenhaft durchgeführte Hinrichtungen.

Judikative (Seite 132)
Die Judikative ist die richterliche Gewalt im System der Gewaltenteilung. Sie ist unabhängig und wacht darüber, dass Regierung und Parlament sowie die Bürgerinnen und Bürger die Gesetze einhalten.

Jugendschutzgesetz (Seite 292)
Kinder und Jugendliche stehen unter dem besonderen Schutz des Jugendschutzgesetzes. Sie sollen dadurch vor Gefahren bewahrt werden. Die Gebote und Verbote dieses Gesetzes wenden sich hauptsächlich an Erwachsene, denn sie sind für die Jugendlichen verantwortlich.

Jugendstrafrecht (Seite 292)
Es gilt für Jugendliche zwischen 14 und 18 bzw. 21 Jahren und sieht Erziehungsmaßnahmen und Strafen vor, die im Strafrecht nicht vorgesehen sind.

Kartell (Seite 166)
Zusammenschluss von Staaten oder Firmen, die mit gleichen Produkten wie z.B. Erdöl handeln. Dadurch wollen sie den Preis beeinflussen.

Klimazonen (Seite 80)
Als Klimazonen werden großräumige Gebiete zusammengefasst, in denen die wesentlichen Züge des Klimas gleichartig sind. Klimazonen verlaufen in Gürteln um die Erde und sind im Wesentlichen durch den unterschiedlichen Einfallswinkel der Sonnenstrahlen bedingt. Die Klimazonen heißen polare Zone, subpolare Zone, gemäßigte Zone (Mittelbreiten), Subtropen und Tropen.

Kloster (Seite 26)
529 n.Chr. wurde das erste Kloster in Europa gegründet. Die Mönche konnten lesen und schreiben. Sie übernahmen die ärztliche Versorgung, pflegten ältere Menschen und gaben Nahrungsmittel an die Armen.

Kolonie (Seite 100)
Eine Kolonie ist ein Gebiet, das sich im Besitz eines anderen Staates befindet. Im 16. Jahrhundert machten Spanien und Portugal Teile Mittel- und Südamerikas zu Kolonien.

Konfession (Seite 116)
Der Begriff stammt aus dem Lateinischen „confessio": „Bekenntnis". Er ist eine Bezeichnung für eine Glaubensrichtung, eine Untergruppe einer Religion.

Konquistadoren (Seite 100)
Bezeichnung für die spanischen und portugiesischen Eroberer in Lateinamerika im 16. Jahrhundert.

Konsument (Seite 164)
Person, die Güter oder Dienstleistungen verbraucht.

Konsumgesellschaft
Gesellschaft, in der Güter und Dienstleistungen aller Art für alle soziale Gruppen angeboten werden und deren Wirtschaftsziele weitgehend auf privaten Konsum ausgerichtet sind.

kontinentales Klima (Landklima) (Seite 70)
Klima mit großen Temperaturschwankungen während des Jahres und vergleichsweise geringen Niederschlägen; typisch für Räume im Inneren der Kontinente. (Gegenteil: maritimes Klima)

Land- und Forstwirtschaft (Seite 162)
Oberbegriff für die Erzeugung aller pflanzlichen und tierischen Produkte durch den Menschen. Sie erstrecken sich von Gemüse über Wein bis zu Eiern, Sisal, Kautschuk, Holz usw. Die Land- und Forstwirtschaft wird auch als „primärer Sektor" bezeichnet. Daneben gibt es noch die Industrie („sekundärer Sektor") und die Dienstleistungen („tertiärer Sektor").

Landflucht (Seite 192)
Mit dem Begriff wird ausgedrückt, dass viele Landbewohner wegen schlechter Lebensbedingungen ihre Dörfer und Bauernhöfe verlassen. Sie ziehen in die Stadt, weil sie hoffen, dass dort die Lebensbedingungen besser sind; ist eine verbreitete Erscheinung in Entwicklungsländern.

Landschaftszonen (Seite 82)
Zone mit ähnlichem Klima, ähnlichen Bodenverhältnissen, ähnlicher Vegetation und ähnlichen landwirtschaftlichen Nutzungsmöglichkeiten. (Klimazone)

Landtag (Seite.270)
Der Landtag ist das Parlament eines Landes (Bundeslandes). Die Mitglieder werden von den Bürgerinnen und Bürgern gewählt. Der Landtag berät und beschließt die Gesetze des Bundeslandes.

Lebenserwartung (Seite 36)
Unter Lebenserwartung versteht man die Anzahl der Jahre, die Neugeborene eines Jahrgangs durchschnittlich leben werden. Die Lebenserwartung hat sich in Deutschland erhöht. Gründe dafür gibt es viele: Die Medizin hat sich verbessert. Viele gesundheitlich belastende Arbeiten in den Fabriken werden heute von Maschinen durchgeführt. Außerdem leben die Menschen gesünder.

Legislative (Seite 132)
Die Legislative ist die gesetzgebende Gewalt in einem demokratischen Staat (Demokratie), das heißt, sie beschließt Gesetze. Die Legislative hat das Parlament inne. Zusätzlich gibt es die Exekutive und die Judikative. Die drei Gewalten müssen voneinander unabhängig sein.

Lehen (Seite 16)
Lehen (Nutzungsrechte) bildeten die Grundlage der gesellschaftlichen Ordnung des Mittelalters. Der König (Lehnsherr) verlieh seinen Gefolgsmännern Grundbesitz und Ämter als Lehen. Dafür schuldete der Lehnsmann seinem Lehnsherrn lebenslange Treue, Rat und Hilfe sowie Gefolgschaft im Krieg.

Manufakturen (Seite 124)
Vorläufer der heutigen Fabriken. Trotz Arbeitsteilung wurde noch vieles in Handarbeit erledigt, sodass die Manufaktur eine Übergangsform vom Handwerk zur Fabrik darstellt.

maritimes Klima (Seeklima) (Seite 70)
Klima mit vergleichsweise geringen Temperaturschwankungen während des Jahres und höheren Niederschlägen; typisch für Inseln und Räume in der Nähe von Küsten. (kontinentales Klima)

Markt (Seite 164)
Platz, auf dem regelmäßig Waren oder Dienstleistungen gehandelt werden. Der Markt kann sich an einem bestimmten Ort befinden (z.B. Marktplatz) oder auch im Internet sein (z.B. eBay).

Marktwirtschaft (Seite 166)
Die freie Marktwirtschaft ist eine Wirtschaftsform mit freiem Wettbewerb um Märkte und Verbraucher. In der Marktwirtschaft kann ein Unternehmer produzieren, was und wie viel er will. Die Preisbindung erfolgt in freier Konkurrenz. Sie richtet sich nach Angebot und Nachfrage. Eine Weiterentwicklung der freien Marktwirtschaft ist die soziale Marktwirtschaft. Hierbei sorgen z.B. Gesetze dafür, dass die Arbeitnehmer nicht ausgebeutet werden.

Maya (Seite 100)
Indianische Völker mit der gleichen Maya-Sprache werden als Maya bezeichnet. Sie gliederten sich in 18 Stämme mit knapp drei Mio. Einwohnern. Sie siedelten hauptsächlich auf der Halbinsel Yucatan. Die Blütezeit war im 9. und 10. Jahrhundert. Im 15. Jahrhundert. entstanden zahlreiche kleinere Nachfolgestaaten, die zwischen 1528 und 1546 von den Spaniern unterworfen wurden. Berühmt sind die Maya für ihre astronomischen Kenntnisse. Sie berechneten den Umlauf der Venus so exakt, dass in 481 Jahren nur eine Ungenauigkeit von knapp zwei Stunden entstand.

Megastadt (Seite 192)
Bezeichnung für eine sehr große Stadt mit mehr als zehn Millionen Einwohnern. In den Entwicklungsländern sind Megastädte die rasant wachsenden Großstädte, die vor großen Schwierigkeiten stehen: Verarmung der Bevölkerung, Umweltverschmutzung, hohe Kriminalität usw.

Menschenrechte (Seite 130)
Rechte, die jedem Mensch zustehen, z.B. das Recht auf Leben, Unverletzlichkeit der Person, Freiheit, Eigentum, Religionsausübung.

Merkantilismus (Seite 124)
Wirtschaftsform des Absolutismus. Ihre Merkmale sind: Einfuhr von billigen Rohstoffen und Ausfuhr von teuren Fertigwaren.

Metropole (Seite 192)
Eine Stadt mit überragender Bedeutung für die Region oder ein ganzes Land, in der sich u.a. Industrie, Geschäfte, Banken, Versicherungen und kulturelle Einrichtungen (Theater, Museen) befinden. In vielen Entwicklungsländern findet eine Metropolisierung statt: Die Bedeutung dieser Städte nimmt weiter zu.

Migration
Wanderung einzelner Menschen oder von Menschen in Gruppen, die mit ei-

nem Wechsel des Wohnsitzes verbunden ist. Gründe für die Migration können die Suche nach einem Arbeitsplatz, aber auch die Flucht vor Hunger und Krieg sein.

Milchstraße (Seite 96)
So wird eine Anhäufung von Sternen im Weltall (Sternenhaufen) genannt. Es gibt etwa 100 Mrd. Galaxien. Als helles Sternenband ist unsere Milchstraße am Nachthimmel zu sehen. Sie besteht aus einem sternenreichen Zentrum, um das sich spiralförmig Sterne befinden.

Mischkultur (Seite 58)
Anbau verschiedener Nutzpflanzen auf einer Fläche. Die Mischkultur kann den Schädlingsbefall eingrenzen und eine Verarmung der Böden verhindern.

Mittelalter (Seite 8)
Als Mittelalter bezeichnen wir die europäische Geschichte von 500 bis 1500 nach Christus. Allerdings gibt es auch andere Einteilungen. Die Zeit vor dem Mittelalter nennt man Altertum, die Zeit danach Neuzeit.

Nachhaltigkeit (Seite 58, 168)
Nachhaltigkeit ist die Übersetzung des (englischen) Begriffes „sustainability“. Nachhaltig zu leben bedeutet, dass man bei der Deckung seiner Bedürfnisse immer darauf achtet, dass keine Schäden (z.B. ökologische oder wirtschaftliche) entstehen, die zukünftigen Generationen das Leben auf unserem Planeten erschweren.

Nährstoffkreislauf (Seite 54)
Wichtiges Kennzeichen des tropischen Regenwaldes. Das herabfallende Laub und Geäst zersetzt sich am Boden sofort zu Humus. Die Nährstoffe werden dann gleich wieder von den Pflanzen aufgenommen.

Nation (Seite 140)
Eine Nation bezeichnet eine größere Gruppe von Menschen, die gemeinsame Eigenschaften und Merkmale wie Sprache, Tradition, Sitten, Gebräuche, Abstammung besitzen. Diese werden dann als der nationale Charakter eines Volkes bezeichnet.

öffentliche Verkehrsmittel (Seite 188)
Verkehrsmittel, das gegen Bezahlung Menschen und Güter befördert: z.B. Eisenbahn, Flugzeug, U-, S- und Straßenbahn, Bus und Taxi.

Öffentliches Recht (Seite 290)
Es regelt Fragen zwischen den Bürgern und dem Staat. Zum öffentlichen Recht gehört auch das Strafrecht.

Orden (Seite 26)
Eine religiöse Gemeinschaft, die in einem Kloster lebt. Ihre Mitglieder haben ein Gelübde abgelegt und sich bestimmten Regeln unterworfen.

Otto I (Seite 14)
(* 912; † 973) entstammt dem sächsischen Adelsgeschlecht der Liudolfinger. Er war erster römisch-deutscher Kaiser aus der Herrscherdynastie der Ottonen. Weitere bedeutende Herrscherdynastien des Mittelalters, die römisch-deutsche Kaiser stellten, waren z.B. die fränkischen Salier, die schwäbischen Staufer, die bayerischen Wittelsbacher oder die Habsburger.

Patrizier (Seite 32)
Im Mittelalter bildeten die Patrizier die Oberschicht einer Stadt. Es handelte sich um reiche Fernhandelskaufleute. Sie waren auch Mitglieder des Rates der Stadt.

Pfalz (Seite 12)
Im Reich Karls des Großen gab es keine Hauptstadt. Der Herrscher reiste mit seinem Hofstaat durch sein Herrschaftsgebiet. In den Pfalzen ließ er sich für einige Wochen nieder. Sie lagen über das ganze Herrschaftsgebiet verstreut. Es waren zumeist gut befestigte große Höfe mit Kirche, Wohngebäuden und Ställen.

Piraten (Seite 41)
Piraten überfallen und überfielen Schiffe auf See, um Beute zu machen, das heißt die Waren, die auf den Schiffen transportiert werden, zu rauben.

Plantage (Seite 56)
Landwirtschaftlicher Großbetrieb, der vor allem in den Tropen vorkommt. Der Anbau von Nutzpflanzen (z.B. Zuckerrohr, Kaffee, Tee, Kautschuk, Bananen) erfolgt meist in Monokultur (Anbau nur einer Nutzpflanze) u.a. auch für den Weltmarkt.

Polarnacht (Seite 44)
Die Zeit in der Polarzone, in der es Tag und Nacht dunkel ist. Die Sonne erscheint in dieser Zeit nicht über dem Horizont. An den Polen dauert die Polarnacht etwa ein halbes Jahr, an den Polarkreisen einen Tag.

Polartag (Seite 44)
Die Zeit in der Polarzone, in der es Tag und Nacht hell ist. Die Sonne geht nicht unter. An den Polen dauert der Polartag etwa ein halbes Jahr, an den Polarkreisen einen Tag.

Polarzonen (Seite 44)
Klimazone zwischen Polarkreis und Pol (Nordpol bzw. Südpol). Dort herrschen Polartag und Polarnacht.

Prager Fenstersturz (Seite 118)
Am 23. Mai 1618 zog eine Abordnung unzufriedener protestantischer Adliger auf die Prager Burg. Sie warfen den dort anwesenden Vertretern des Kaisers vor, gegen die garantierte Religionsfreiheit verstoßen zu haben. Zur Strafe wurden die Vertreter kurzerhand aus dem Fenster geworfen. Aus diesem Vorfall entstand 1618 der Dreißigjährige Krieg.

Privilegien (Seite 122)
Im späten Mittelalter erhielten die Fürsten vom Kaiser wichtige Rechte, die sogenannten Privilegien.

Proletariat (Seite 150)
Unter Proletariat versteht man die Industriearbeiterschaft der industriellen Revolution. Die Proletarier waren die Arbeiter in den Fabriken. Dort wurden sie in einer bis dahin unbekannten Weise ausgebeutet. Die Arbeitszeit betrug bis zu 18 Stunden am Tag ohne Arbeitsruhe an Sonn- und Feiertagen. Diese Missstände führten zur Gründung von Gewerkschaften bzw. zur Entstehung der Arbeiterbewegung.

Pull-Faktor (Seite 244)
Auslösende Ursache für die Wanderung von Menschen aus Räumen mit geringer Attraktivität in Räume mit vermeintlich hoher Attraktivität. Pull-Faktoren sind Anziehungskräfte des Zuwanderungsgebietes (z.B. Hoffnung auf Arbeit, auf Einkommen). Sie führen zur Verstädterung. (Push-Faktor)

Push-Faktor (Seite 244)
Auslösende Ursache für die Wanderung von Menschen aus Räumen mit geringer Attraktivität in Räume mit vermeintlich hoher Attraktivität. Push-Faktoren (z.B. keine Arbeitsmöglichkeiten, geringes Einkommen) bewegen die Menschen zum Verlassen einer Region. Sie führen zur Landflucht. (Pull-Faktor)

Raubbau (Seite 58)
Wirtschaftsweise, bei der ohne Rücksicht auf mögliche negative Folgen (z.B. Erosion) Rohstoffe (z.B. Holz) gewonnen werden.

Rechtsordnung (Seite 290)
Der Begriff Rechtsordnung bezeichnet die Gesamtheit der in einem Staat gültigen Rechte. In Deutschland gehören zur Rechtsordnung die Bereiche Verfassungsrecht, Öffentliches Recht, Strafrecht und Zivilrecht.

Reformation (Seite 116)
Aus dem Lateinischen „reformare": „wiederherstellen". Die Reformation wurde durch Martin Luther im 16. Jahrhundert ausgelöst, der die Missstände in der katholischen Kirche kritisierte. Sie führte zur Gründung der protestantischen Kirche und damit zu den zwei großen Konfessionen in Deutschland.

Renaissance (Seite 92)
Französisch: „Wiedergeburt". Unterstützt durch die Geisteshaltung des Humanismus entwickelte sich um 1420 dieser Zeitabschnitt der Kultur. Die Renaissance löste sich von der kirchlich-religiösen Bevormundung des Mittelalters. Der einzelne Mensch rückte in den Mittelpunkt von Malerei, Dichtkunst und wissenschaftlicher Forschung.

Rheinbundstaaten (Seite 136)
Auf Initiative Napoleons traten 1806 mehrere kleine Staaten aus dem Heiligen Römischen Reich Deutscher Nation aus und schlossen sich zum Rheinbund zusammen. Dieser bildete eine Art Puffer zwischen Frankreich, Österreich und Preußen und ging ein Militärbündnis mit Frankreich ein. Der Rheinbund löste sich nach der Niederlage Napoleons 1813 auf.

Schwellenland (Seiten 196)
Entwicklungsland, das in seiner Entwicklung verhältnismäßig weit fortgeschritten ist. Merkmale eines S. sind: hohes Pro-Kopf-Einkommen der Bevölkerung (über 1500 US-$), beträchtlicher Anteil der verarbeitenden Industrie an der Entstehung des Bruttoinlandsproduktes (20 % und mehr), ein hoher Fertigwarenanteil am Export, ein schnelles Exportwachstum von Industriewaren. Ein gemeinsames negatives Merkmal aller S. ist, dass die gesellschaftliche und soziale Entwicklung im Lande mit der wirtschaftlichen nicht Schritt hält. Die Versorgung der Menschen mit Sozialleistungen (z.B. Schulbildung, Gesundheitsbetreuung, Altersversorgung) ist gering entwickelt, und das soziale Gefälle zwischen Stadt und Land ist extrem groß.

Schwerindustrie (Seite 160)
Zusammenfassende Bezeichnung für Betriebe des Bergbaus, der Eisen- und Stahlindustrie.

Selbstversorger (Seite 46, 52)
Mensch, der nahezu alles, was er zum Leben benötigt, selbst erjagt, anbaut oder herstellt.

soziale Marktwirtschaft (Seite 166)
Anders als in der freien Marktwirtschaft, in der sich das private Unternehmertum an Angebot und Nachfrage orientiert und durch freien Wettbewerb gekennzeichnet ist, greift in der sozialen Marktwirtschaft der Staat in den Wirtschaftsprozess ein. So kann er für eine gerechtere Einkommensverteilung sorgen.

Spätaussiedler (Seite 248)
Spätaussiedler sind Menschen mit deutscher Abstammung, die aus Osteuropa und den Ländern der ehemaligen Sowjetunion nach Deutschland übergesiedelt sind.

Stadtteil (Seite 190)
Teil einer Stadt, der einen eigenen Namen und oft ein eigenes Stadtteilzentrum hat.

Stadtviertel (Seite 190)
Stadtviertel unterscheiden sich durch ihre Nutzung. Es gibt z.B. die City, Wohnviertel, Erholungsgebiete (Grünflächen, Parks), Industrie- und Gewerbegebiete.

Stammwähler (Seite 272)
Stammwähler sind Wähler, die über viele Jahre hinweg die gleiche politische Partei wählen. Dabei spielen Gewohnheiten eine größere Rolle bei der Wahlentscheidung als die tatsächlichen Leistungen der Partei. (Wechselwähler)

Stand (Seite 8)
Im Mittelalter bestand die Gesellschaft aus verschiedenen Ständen. Es gab den König und drei Stände. Der Erste Stand war die Geistlichkeit, der zweite Stand der Adel und der dritte Stand Bauern, Handwerker und Stadtbewohner. Man wurde in einen Stand hineingeboren und konnte ihn nicht wechseln. Rechte und Pflichten der Menschen waren an den Stand gebunden.

Ständegesellschaft (Seite 122)
Die Gesellschaft Europas war vom Mittelalter bis zur Französischen Revolution in mehrere Stände (Ständeordnung) gegliedert. Stände sind gesellschaftliche Gruppen, die sich durch Vorrechte oder Benachteiligungen klar unterscheiden.

Steigungsregen (Seite 72)
Niederschlag am Rand von Gebirgen. Die aufsteigenden feuchten Luftmassen kühlen sich ab, es kommt zu Kondensation, Wolkenbildung und schließlich zu Niederschlag.

Stockwerkbau (Seite 50)
Im tropischen Regenwald wachsen die Pflanzen sehr üppig und bilden je nach Höhe verschiedene Schichten aus: Über der Strauch- und Krautschicht befinden sich in verschiedener Höhe die Baumschichten und darüber hinaus ragen die Wipfel der Urwaldriesen.

Streik (Seite 150)
Streik ist eine Maßnahme des Arbeitskampfes, bei der Arbeitnehmer durch eine organisierte Arbeitsniederlegung bestimmte Forderungen gegenüber den Arbeitgebern durchsetzen wollen. Der Streik ist ein wichtiges gesetzlich zulässiges Mittel des Arbeitskampfes.

Strukturwandel (Seite 158)
Die Industrie eines Landes durchläuft einen Strukturwandel, wenn einzelne, bisher wichtige Industrien (z.B. Montanindustrie) an Bedeutung verlieren und gleichzeitig andere oder neue Wirtschaftszweige (z.B. Dienstleistungen) an Bedeutung gewinnen.

Tageszeitenklima (Seite 52)
Klima, das viel stärker durch Tagesschwankungen als durch jahreszeitliche Schwankungen geprägt ist.

Township (Seite 228)
Bezeichnung für die an den Rändern der südafrikanischen Städte gelegenen Wohngebiete für Schwarze.

tropischer Regenwald (Seite 50)
Immergrüner Wald in den Tropen. Er ist durch einen deutlichen Stockwerk-

bau und einen hohen Reichtum an verschiedenen Tier- und Pflanzenarten gekennzeichnet.

Tundra (Seite 44)
Baumlose Landschaft der Polarzone mit spärlichem Pflanzenwuchs und Dauerfrostboden. Die Zeit, in der Pflanzen wachsen können, ist kürzer als drei Monate und die mittlere Temperatur des wärmsten Monats liegt unter 10 °C.

Turnier (Seite 20)
Ein Kampfspiel im Mittelalter, das von Rittern durchgeführt wurde. Es bestand z.B. im Bogenschießen, Schwertkampf und Lanzenstechen, oft zu Pferde. Heute werden sportliche Wettkämpfe ebenfalls als Turniere bezeichnet.

Unternehmen (Seite 164)
Ein Unternehmen stellt Waren her oder handelt mit ihnen. Es möchte möglichst viele Waren und Dienstleistungen verkaufen und einen hohen Gewinn erzielen.

Urbanisierung (Seite 150)
Der Begriff bezeichnet die Ausbreitung städtischer Lebensformen und Verhaltensweisen. Die Urbanisierung geht einher mit der Ausbreitung der Städte.

Vasall (Seite 16)
Im Mittelalter ein Abhängiger oder auch Lehnsmann, der seinem Lehnsherrn untergeordnet war.

Vegetationszeit (Seite 82)
(auch Wachstumszeit genannt) Die Zeitdauer im Verlauf eines Jahres, in der es warm genug ist, dass Pflanzen wachsen können. Auch Trockenheit kann die Vegetationszeit eingrenzen.

Vereinte Nationen (Seite 108)
Die Vereinten Nationen wurden 1945 gegründet. Ihr Hauptsitz ist in New York. Heute gehören ihr nahezu alle Staaten der Erde an. Ihre wichtigsten Aufgaben sind die Sicherung des Weltfriedens, die Förderung der Entwicklungszusammenarbeit und der Schutz der Menschenrechte.

Verstädterung (Seite 192)
Die Zunahme der Stadtbevölkerung gegenüber der Landbevölkerung, die meist durch Landflucht ausgelöst wird. (Push-Faktor, Pull-Faktor)

Volksentscheid (Seite 270)
Ein Volksentscheid ist ein Instrument der direkten Demokratie. Er ermöglicht es den wahlberechtigten Bürgern, über eine Sachfrage, z.B. ein Gesetz, unmittelbar abzustimmen.

Wahl (Seite 270)
Eine Wahl ist ein Verfahren, um eine oder mehrere Personen in ein Amt zu wählen. In Deutschland finden z.B. Wahlen zum Bundestag, zum Landtag und zum Gemeinderat statt. Bei Bundestagswahlen und fast allen Landtagswahlen entscheidet sich die Zahl der Abgeordneten einer Partei durch die Zweitstimme.

Wahlmänner (Seite 276)
Beim Dreiklassenwahlrecht in Preußen (1849–1918) gab es Wahlmänner. Die Bevölkerung wurde nach ihren gezahlten Steuern in drei Klassen aufgeteilt. Jede Klasse wählte ein Drittel der Wahlmänner; die Wahlmänner wiederum wählten die Abgeordneten. Dadurch hatten wenige wohlhabende Personen (erste und zweite Gruppe) ebenso viele Stimmen wie die große Zahl der armen Menschen (dritte Gruppe).

Wanderfeldbau (Seite 54)
Verbreitete Form des Anbaus im tropischen Regenwald, wobei nach einigen Jahren des Anbaus die Felder und zum Teil auch die Siedlungen verlegt werden, da der Boden erschöpft ist und die Erträge stark zurückgehen.

Wechselwähler (Seite 272)
Wechselwähler sind Wähler, die nicht auf eine bestimmte Partei festgelegt sind wie die Stammwähler, sondern bei den verschiedenen Wahlen die gewählte Partei wechseln. Der Anteil der Wechselwähler hat im Vergleich zu früher deutlich zugenommen. Die Wechselwähler spielen für die Wahlwerbung der großen Parteien eine besondere Rolle, weil sie als wahlentscheidend gelten.

Wiener Kongress (Seite 140)
Der Wiener Kongress, der vom 18.09.1814 bis 09.06.1815 stattfand, legte in Europa die Grenzen neu fest und schuf neue Staaten. Anlass war die Niederlage Napoleons, der zuvor die politische Landkarte des Kontinents erheblich verändert hatte. Es verhandelten Vertreter aus rund 200 europäischen Staaten. Die wichtigsten Staaten waren die Großmächte Russland, Großbritannien, Österreich, Preußen und Frankreich.

Wirtschaftsordnung (Seite 166)
Eine Wirtschaftsordnung umfasst alle Regeln, nach denen die Wirtschaft eines Staates organisiert ist. (Marktwirtschaft, soziale Marktwirtschaft)

Wohnviertel (Seite 190)
Teil einer Stadt, in dem überwiegend Wohnhäuser stehen.

Wormser Konkordat (Seite 16)
Ein im Jahr 1122 in Worms geschlossener Vertrag zwischen Kaiser Heinrich V. und Papst Calixtus II., welcher den Investiturstreit beendete und die Einsetzung von Äbten und Bischöfen im deutschen Reichsgebiet neu regelte.

Zivilrecht (Seite 290)
Das Zivilrecht regelt das Zusammenleben der Bürgerinnen und Bürger untereinander. Es enthält z.B. Vorschriften über die Gültigkeit von Kaufverträgen und Ausbildungsverträgen.

Zölle (Seite 39)
Gebühr, die bei der Einfuhr von Waren in ein Land erhoben wird.

Zweidrittelgesellschaft (Seite 174)
Gesellschaft, in der zwei Drittel der Bevölkerung über ein ausreichendes Einkommen verfügen, während das andere Drittel verarmt.

Zweitstimme (Seite 274)
Mit der Zweitstimme wird in Deutschland die Kandidatenliste einer Partei gewählt. Auf der Grundlage der Zweitstimmen wird die Zahl der Sitze, die die einzelnen Parteien im Parlament erhalten, ermittelt.

Arbeitsmethoden kompakt

Eine Arbeitsmappe anlegen

Eine Arbeitsmappe schafft Ordnung.

1. Verwende eine DIN-A4-Mappe sowie gelochte, karierte Blätter. Schreibe mit Füller, zeichne mit Bleistift, male Farbflächen mit Buntstiften.
2. Lege ein Inhaltsverzeichnis an. Gestalte zu jeder Unterrichtsstunde ein Deckblatt. Füge Arbeitsblätter und Kopien ein.
3. Lass auf jedem Blatt am linken Rand fünf Kästchen frei, am oberen und unteren Rand vier Kästchen. Überschrift unterstreichen, Datum einfügen, sorgfältig schreiben.

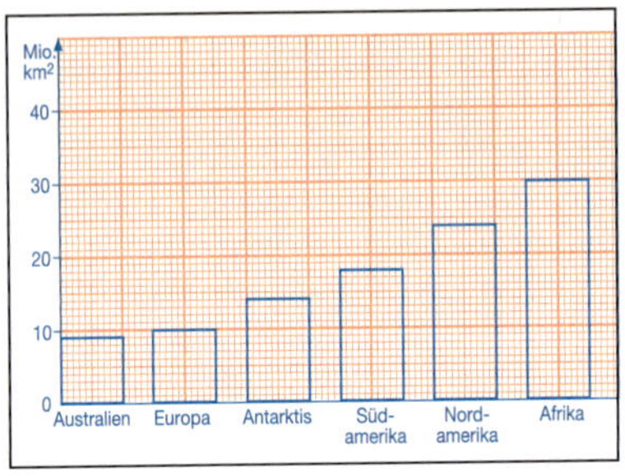

Ein Säulendiagramm zeichnen

Ein Stabdiagramm macht Zahlen, die in einer Tabelle aufgelistet sind, anschaulicher.

1. Zeichne zwei Linien im rechten Winkel. Trage auf der senkrechten Linie die Werte der Tabelle ein.
2. Trage auf der waagerechten Linie die Stäbe in der richtigen Länge ein.
3. Gib dem Diagramm eine Unterschrift.

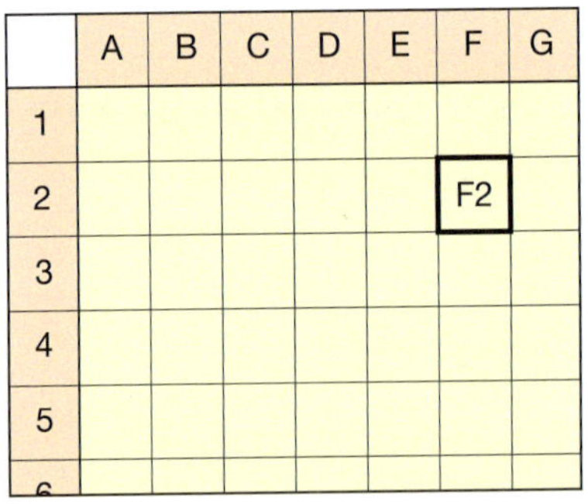

Einen Stadtplan lesen

Ein Stadtplan hilft, sich in einer Stadt zurechtzufinden.

1. Er ist in Planquadrate unterteilt und enthält ein Register mit einem Verzeichnis aller Straßen und Plätze.
2. Suche mithilfe des Registers und der Planquadrate deinen Standort und das Ziel (Straße, öffentliches Gebäude), das du erreichen möchtest.
3. Richte den Stadtplan nach den Himmelsrichtungen aus und gehe zu deinem Ziel.

Den Maßstab nutzen

Ein Maßstab hilft, Entfernungen auf einer Karte abzulesen.

1. Zeichne die Maßstabsleiste einer Karte genau ab und verlängere sie stark.
2. Miss die Strecke, deren Länge du ermitteln willst, mit dem Lineal.
3. Lege das Lineal an die gezeichnete Maßstabsleiste und lies die Entfernung ab.

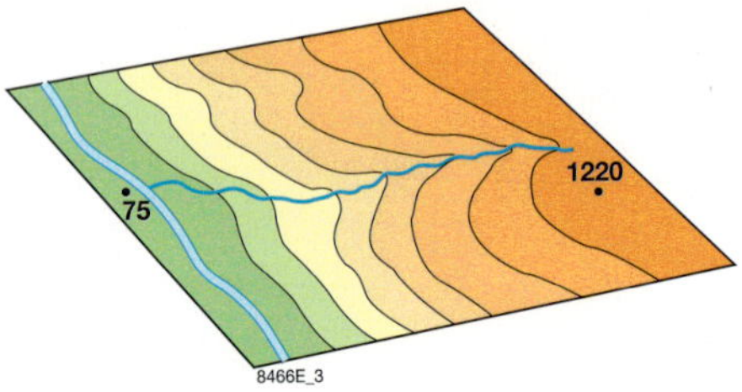

Physische Karten lesen

Physische Karten zeigen die Oberflächenformen der Landschaft, die Lage von Städten, den Verlauf von Flüssen und einiges mehr.

1. Die Oberflächenformen werden in den Farben Grün, Gelb, Braun dargestellt.
2. Städte werden mit weißen und roten Punkten sowie mit roten Vierecken dargestellt.
3. Flüsse werden als blaue Linien gezeichnet.
4. Außerdem sind Verkehrseinrichtungen und Grenzen eingetragen.

Mit dem Atlas arbeiten

Ein Atlas ist eine Sammlung von Karten aus aller Welt.

1. Er enthält physische und thematische Karten sowie ein Inhaltsverzeichnis und ein Register.
2. Thematische Karten behandeln ein bestimmtes Thema.
3. In der Legende werden die verschiedenen Signaturen und Flächenfarben erklärt.
4. Mit dem Register ist jeder Ort im Atlas zu finden.
5. Mit dem Inhaltsverzeichnis sind die thematischen Karten zu finden.

E

East London 87, C 5
Ebbe 10, E 2
Eberswalde-Finow 22, J 4
Ebro 70, C 3
Ebschloh 11, F 3
Ebsdorfergrund 11, G 3
Ecatepec 132, C 4
Ech-Chéliff 70, D 5
Echzell 11, G 4
Eckernförde 22, E 2
Ecrins 68, C 5

Klimadiagramme lesen

Ein Klimadiagramm zeigt die Temperaturkurve und die Niederschlagskurve einer Klimastation im Durchschnitt vieler Jahre.

1. Temperaturkurve lesen: Zeigefinger auf den Buchstaben J (Januar) legen, ihn senkrecht nach oben bis an die rote Kurve führen. Zahl für Monatsmittel im Januar waagerecht am linken Rand ablesen. Dasselbe mit den übrigen Monaten tun. Jahresmitteltemperatur ablesen.
2. Niederschlagskurve lesen: Zeigefinger auf den Buchstaben J (Januar) legen, ihn senkrecht nach oben bis an die blaue Kurve führen. Zahl für Monatsniederschlag im Januar waagerecht am rechten Rand ablesen. Dasselbe mit den übrigen Monaten tun. Jahresniederschlag ablesen.

Einen Text auswerten

Ein Text informiert über einen Sachverhalt. Er ist oft lang und schwer zu verstehen.

1. Text aufmerksam durchlesen, unbekannte Wörter im Lexikon nachschlagen.
2. Text in sinnvolle Abschnitte gliedern und für jeden Abschnitt eine Zwischenüberschrift finden.
3. Aus jedem Abschnitt einige Schlüsselwörter herausschreiben.
4. Den ganzen Text mithilfe der Zwischenüberschriften und der Schlüsselwörter Abschnitt für Abschnitt zu einer Inhaltsangabe zusammenfassen.

Hundeschlitten oder Ski-doo?

Avataq, ein erfahrener Robbenjäger, trennt mit der Axt ein Stück hartgefrorenes Robbenfleisch ab und wirft es in den Hundeschlitten. Die zwölf Huskies, noch vor wenigen Augenblicken vom Schnee fast zugeweht, sind nicht zu bändigen. Ständig zerren sie an den Leinen. Als der Inuit auf dem Schlitten steht, laufen sie los. Der Leithund reagiert auf Zuruf. Nach drei Stunden Fahrt über Schollen aus zusammengeschobenem Treibeis der Hudsonbai kommt der erste Halt. Nun beginnt die Robbenjagd. Die Hunde ruhen sich auf dem Eis aus. Avataq hält nach den Robben Ausschau. Vor einem Luftloch kauernd will der Jäger die Beute erlegen. Zuvor aber hat er die Hunde mit einem Teil des mitgebrachten Fleisches gefüttert. Jetzt beginnt die Zeit des Wartens. Mit dem Wurfspeer in der Hand, an dem ein langes Seil aus Seelöwenhaut befestigt ist, hockt er auf dem Eis und harrt regungslos aus. Für Silak, seinen Freund, ist diese Jagdmethode längst überholt. Er jagt statt Robben Karibus – und zwar mit dem Ski-doo, einem Motorschlitten. Der braucht zwar Benzin und ist auch manchmal defekt, dafür ist er aber viel schneller als ein Hundeschlitten. Sein größter Nachteil ist, dass der Motorlärm die Tiere vertreibt. Oft gelingt es Silak nur nach langer Zeit und mit viel Geschick,

Eine Karikatur auswerten

Eine Karikatur ist eine Zeichnung, in der ein Sachverhalt besonders herausgestellt wird. Personen und Gegenstände werden häufig „überzeichnet" und wirken deshalb komisch. Eine Karikatur wird insbesondere benutzt, um gesellschaftliche Sachverhalte zu bewerten.

1. Die dargestellte Situation beschreiben.
2. Erklären, wen oder was die Personen und Gegenstände darstellen sollen.
3. Zusammenfassen, was die Karikatur aussagen soll.

Eine Geschichtskarte auswerten

Eine Geschichtskarte zeigt Sachverhalte aus der Vergangenheit
Sie enthält folgende Informationen:

1. Der Kartentitel gibt Auskunft über das Thema und Zeitalter.
2. Die Legende erklärt die Bedeutung der Farben und Kartenzeichen.
3. Die Maßstabsleiste gibt die Entfernungen auf der Karte an.
4. Die Beschriftung enthält wichtige Namen.
5. Die Signaturen (Kartenzeichen) können Punkte und Linien sein.
6. Die Flächenfarben zeigen zusammenhängende Gebiete.

Bericht, Urkunde oder Rede?
Zeitzeuge oder später verfasst?
Augenzeuge?
Sachlicher Bericht oder gefühlsbetont?
Absicht des Autors?

Eine Textquelle auswerten

Eine Textquelle informiert über die Vergangenheit.

1. Die Quelle sorgfältig durchlesen.
2. Alle unbekannten Wörter herausschreiben und nachschlagen.
3. Die Quelle nochmal durchlesen und Stellung nehmen zu:

a) Art der Quelle (Bericht, Rede, Gesetz, Urkunde, …)
b) Zeitpunkt der Erstellung (Zeitzeuge oder spätere Erstellung)
c) Bericht oder Darlegung der eigenen Meinung
d) Absicht des Autors

Spurensuche in unserer Stadt

Eine Spurensuche gibt Auskunft über die Vergangenheit.

1. Vorbereitung der Erkundung: geeignetes Objekt auswählen.
2. Durchführung: auf sorgfältigen Umgang achten.
3. Auswertung: Ergebnisse nach Teilüberschriften ordnen, sauber und geordnet darstellen, Fotos, Zeichnungen … ergänzen.
4. Präsentation: Geräte bereitstellen, langsam und deutlich sprechen, Zuhörer anschauen, Pausen für Zwischenfragen einplanen.

Eine geschichtliches Bild auswerten

Eine Bildquelle ist ein Zeugnis der Vergangenheit.

1. Bild zwei Minuten in Ruhe betrachten.
2. Bild beschreiben: Personen, Handlungen.
3. Welche Personen, Gegenstände, Handlungen sind im Mittelpunkt?
4. Zeitpunkt des dargestellten Ereignisses bestimmen.
5. Zeitpunkt der Entstehung des Bildes bestimmen.
6. Stimmung des Bildes und Absicht des Künstlers benennen

Ein Interview führen

Ein Interview zeigt die Meinung der Befragten zu einem Thema.

1. Interviewpartner finden: Nachbarn, Mitschüler, Familie, … .
2. Fragen überlegen: wo, wie lange, warum … ?
3. Interview durchführen: vertrauensvolle Atmosphäre schaffen, Privatsphäre respektieren, Interviewtechniken anwenden.
4. Auswertung: Ergebnisse nach Teilthemen ordnen und in Tabellen, Grafiken darstellen.

Ein Bild auswerten

Ein Bild veranschaulicht einen Sachverhalt.

1. Orientierung
Beantworte folgende Fragen: Wo ist das Bild aufgenommen? Was zeigt es? Atlas, Lexikon, Internet können helfen.

2. Beschreibung
Beschreibe die Einzelheiten auf dem Bild. Ordne nach Vorder-, Mittel- und Hintergrund oder nach Inhalten (Häuser, Landschaft).

3. Erklärung
Stelle Zusammenhänge zwischen den Einzelheiten her.

4. Zeichnung
Fertige eine Skizze des Bildes mit den wichtigsten Einzelheiten an.

Einen Bildbrief schreiben

Ein Bildbrief enthält keinen Text, sondern lauter kleine Bilder, die eine Geschichte ergeben. Er eignet sich zur Verständigung von Menschen, die nicht dieselbe Sprache sprechen.

1. Überlegen und Entscheiden, worüber mit verschiedenen Bildern berichtet werden soll (Familiensituation, Alltag).
2. Bildzeichen so einfach wie möglich gestalten, damit sie leicht für andere zu verstehen sind.
   Bilder nach Themenbereichen zusammenstellen.
   Die eigene Person auf den Bildern verdeutlichen.
   Zahlenangaben machen die Bilder leichter lesbar.
   Es ist wichtig, den Brief sorgfältig und sauber zu zeichnen.

Ein Lernplakat erstellen

Ein Lernplakat enthält die wichtigsten Inhalte eines Themas. Es eignet sich zur Vorbereitung einer Klassenarbeit.

1. Überblick über das Thema verschaffen: Schulbuch, Arbeitsmappe
2. Stichwörter und kurze Sätze auf Papierstreifen schreiben.
3. Thema in Teilthemen untergliedern, passende Papierstreifen danebenlegen.
4. Für jedes Teilthema passende Überschrift suchen.
5. Themen auf Karton übersichtlich und sinnvoll anordnen.
6. Textstreifen aufkleben und mit Bildern ergänzen.
7. Plakat im Klassenzimmer aufhängen.

Ein Rollenspiel durchführen

Ein Rollenspiel hilft, Alltagssituationen, Probleme oder Konflikte im Spiel zu bearbeiten.

1. Thema bestimmen.
2. Gruppen bilden.
3. Spielvorbereitung: In Gruppenarbeit das Spiel vorbereiten.
4. Das Rollenspiel durchführen.
5. Spielkritik: Ablauf bewerten und Ergebnis kritisch betrachten.

Schwierigkeitsgrade

■ = einfache Aufgabe, ■ ■ = schwierige Aufgabe, ■ ■ ■ = sehr schwierige Aufgabe

analysieren ■■	Schwierige Sachverhalte in Teilthemen untergliedern und die Zusammenhänge herausarbeiten und aufzeigen.
auflisten ■	Eine Liste von Sachverhalten oder Gegenständen ohne Erklärung anlegen.
auswerten ■■	Die Aussagen von Materialien (Texten, Karten, Bildern) herausfinden und zusammenstellen.
begründen ■■	Für einen bestimmten Sachverhalt Argumente finden und aufschreiben.
beschreiben ■	Die Aussagen von Materialien (Texten, Karten, Bildern) mit eigenen Worten wiedergeben.
bestimmen, ermitteln ■	Einen Sachverhalt oder einzelne Begriffe in Texten und Materialien herausfinden.
beurteilen ■■■	Auf der Grundlage von Fachkenntnissen und der Analyse von Materialien einen Sachverhalt ohne persönliche Bewertung einschätzen.
bewerten ■■■	Auf der Grundlage von Fachkenntnissen und der Analyse von Materialien einen Sachverhalt einschätzen und eine sachlich begründete eigene Meinung darlegen.
charakterisieren ■■	Einen Raum oder einen Sachverhalt auf der Grundlage bestimmter Gesichtspunkte begründet vorstellen.
darstellen ■	Die Aussagen von Materialien (Texten, Karten, Bildern) geordnet als Text oder Schemazeichnung verdeutlichen.
diskutieren ■■■	Zu einem Sachverhalt Argumente zusammenstellen und daraus eine begründete Bewertung entwickeln.
einordnen ■■	Einen Sachverhalt auf der Grundlage einzelner Gesichtspunkte in einen Zusammenhang stellen.

entwickeln ■■■
Vorschläge und Maßnahmen vorstellen, die zu einer weiterführenden oder anderen Betrachtung eines Sachverhalts beitragen.

erarbeiten ■■
Aus Texten und Bildern Sachverhalte herausfinden, die nicht klar benannt sind, und Zusammenhänge zwischen ihnen herstellen.

erklären ■■
Ursachen und Folgen bestimmter Sachverhalte in einen Zusammenhang bringen und deuten.

erläutern ■■
Sachverhalte auf der Grundlage verschiedener Informationen verdeutlichen.

erörtern ■■■
Einen Sachverhalt unter Abwägen von Pro- und Kontra-Argumenten klären und abschließend eine eigene begründete Meinung entwickeln.

interpretieren ■■■
Materialien (Texte, Karten, Bilder) auswerten, Zusammenhänge verdeutlichen, den Sinn erfassen und Schlussfolgerungen ziehen.

lokalisieren ■
Finden eines Raumbeispiels (Stadt, Staat) auf einer Karte und Beschreibung der Lage (z. B. Himmelsrichtung auf einem Kontinent, in der Nähe großer Flüsse oder Gebirge).

nennen, benennen ■
Sachverhalte oder Informationen ohne Erklärung wiedergeben.

prüfen, überprüfen ■■■
Aussagen auf der Grundlage eigener Kenntnisse oder mithilfe zusätzlicher Materialien auf ihre Angemessenheit und Richtigkeit hin untersuchen.

Stellung nehmen ■■■
Auf der Grundlage von Fachkenntnissen und der Analyse von Materialien einen Sachverhalt einschätzen und eine sachlich begründete eigene Meinung darlegen.

vergleichen ■■
Gemeinsamkeiten und Unterschiede zwischen zwei oder mehreren Sachverhalten oder Räumen erfassen und verdeutlichen.

Klimatabellen

Land / Monat		J	F	M	A	M	J	J	A	S	O	N	D	Jahr
Athen (Griechenland)	°C	9	10	11	15	20	25	28	27	24	19	15	11	18
107 m ü. M.	mm	62	36	38	23	23	14	6	7	15	51	56	71	402
Barcelona (Spanien)	°C	9	10	12	15	18	22	24	24	22	18	14	10	17
95 m ü. M.	mm	33	42	46	47	52	43	29	48	77	80	49	47	593
Belgrad (Serbien)	°C	0	2	6	12	17	21	23	22	18	13	7	3	12
132 m ü. M.	mm	48	46	46	54	75	96	60	55	50	55	61	55	701
Bergen (Norwegen)	°C	2	1	3	6	10	13	15	15	12	8	6	3	8
45 m ü. M.	mm	179	139	109	140	83	126	141	167	228	236	207	203	1958
Berlin (Deutschland)	°C	0	1	4	8	14	17	18	17	14	9	5	1	9
58 m ü. M.	mm	43	37	38	42	55	71	53	65	46	36	50	55	589
Brest (Frankreich)	°C	6	6	8	9	12	14	16	16	15	12	9	7	11
98 m ü. M.	mm	133	96	83	69	68	56	62	80	87	104	138	150	1126
Budapest (Ungarn)	°C	-1	2	6	12	17	20	22	21	17	12	6	2	11
120 m ü. M.	mm	41	38	34	41	61	68	45	55	39	34	59	48	563
Bukarest (Rumänien)	°C	-3	-1	5	12	17	21	23	23	18	12	6	0	11
82 m ü. M.	mm	43	36	35	47	69	87	55	49	30	44	43	41	579
Cádiz (Spanien)	°C	12	13	15	16	19	22	24	25	23	20	18	13	18
14 m ü. M.	mm	57	93	113	53	39	10	0	1	14	96	67	98	641
Catania (Italien)	°C	11	12	13	15	19	23	27	27	24	20	16	13	18
45 m ü. M.	mm	93	54	102	60	37	8	3	12	41	171	113	92	786
Hamburg (Deutschland)	°C	1	2	4	8	13	15	17	17	14	9	5	3	9
15 m ü. M.	mm	65	42	63	46	54	77	75	73	68	64	69	78	774
Helsinki (Finnland)	°C	-6	-7	-3	3	9	14	17	16	11	5	1	-3	5
45 m ü. M.	mm	57	42	36	44	41	51	68	72	71	73	68	66	689
Innsbruck (Österreich)	°C	-3	-1	5	9	14	17	18	17	15	9	3	-1	9
582 m ü. M.	mm	57	52	43	55	77	114	140	113	84	71	57	48	911
Istanbul (Türkei)	°C	5	6	8	12	17	21	23	23	20	15	12	8	14
40 m ü. M.	mm	99	67	62	49	31	22	19	26	41	71	89	122	698
Mont Ventoux (Frankreich)	°C	-4	-3	-2	1	5	9	11	11	9	4	0	-3	3
1212 m ü. M.	mm	72	41	72	67	94	75	38	74	102	131	115	95	976
Tromsø (Norwegen)	°C	-4	-4	-3	0	4	9	12	11	7	3	0	-2	3
115 m ü. M.	mm	96	79	91	65	61	59	56	80	109	115	88	95	994
Wolgograd (Russland)	°C	-10	-9	-3	8	17	21	24	23	16	8	0	-6	8
42 m ü. M.	mm	23	20	18	19	27	40	33	23	27	23	34	31	31

Bildnachweis

abracus GmbH, Köln: 188 M1, 191 M2; action press, Hamburg: 297 M4 (Nibor); Ärzte für die Dritte Welt e.V., Frankfurt/Main: 284 M1; akg-images, Berlin: 9 M3, 20 M2, 20 M3, 27 M5 (British Library), 36 M2, 106 M2, 117 M3 li., 118 M3, 4 a und 120/121, 122 M1 (Marc Deville), 123 M3 (Erich Lessing), 126 M3, 129 M3 und 138 re.o. und 315 2.v.u., 132 M1 Locke, 132 M1 Voltaire, 132 M2 (E. Lessing), 133 M4 (Erich Lessing), 135 M3, 136 M1 und 138 li.u. (VISIOARS), 138 li.o. li., 140 M1, 140 M2, 4 b und 146/147, 149 M4, 150 M2, 153 M2, 153 M5, 154 M2, 156 M1, 277 M7 li., 277 M7 re.; alamy images, Abingdon/Oxfordshire: 197 M3 (Andrew Holt), 223 M3 (Kumar Sriskandan); Anzenberger Agentur für Fotografen, Wien: 247 M4 (Riedler); Appenzeller, Holger, Stuttgart: 268 M1; Archiv der sozialen Demokratie der Friedrich-Ebert-Stiftung (AdsD), Bonn: 151 M3 (Archiv Achten), 273 M5 A; argus Fotoagentur, Hamburg: 177 M7 (Hartmut Schwarzbach), 261 M3 (Markus Scholz), 274 M2 (Schwarzbach); Artothek, Weilheim: 90 M2 (J. Blauel); Askani, Bernhard, Schwetzingen: 13 M3, 16 M1, 24 M1; Baaske Cartoons, Müllheim: 214 M2 (Gerhard Mester), 301 M8 (Renate Alf); BARMER GEK Hauptverwaltung, Wuppertal: 180 u.; Behnsen, Frank, Frankfurt/M.: 264 M2; Bibliothèque nationale de France, Paris: 130 M1 und 139 u.; Bibliothèque royale de Belgique, Brüssel: 23 M3; Bildarchiv Peter W. Engelmeier, München: 3d und 88/89; Bilderberg, Hamburg: 208 M1 (Fischer); Bismarck-Museum, Friedrichsruh: 142 M1; Blickwinkel, Witten: 3 c und 66/67 (A. Hartl); Bloedt, Emanuel, Dortmund: 169 M3; bpk - Bildagentur für Kunst, Kultur und Geschichte, Berlin: 12 M1, 14 M1, 14 M2, 33 M5, 33 M6 (Lutz Braun), 93 M4 (Gemäldegalerie, Kaiser Friedrich-Museum-Verein/SMB/J.P. Anders), 98 M1 (Lutz Braun), 101 M7, 106 M1 (Knud Petersen), 110 M1 und 314 2.v.u., 111 M2, 132 M1 Kant (Lutz Braun), 132 M1 Rousseau (L. Braun), 134 M1 und 138 u.re., 134 M2, 142 M2, 158 M1, 264 M1, 276 M1; Brameier, Ulrich, Hamburg: 9 M4, 41 M7, 164 M1, 165 M4, 189 M3, 222 M1; Bridgeman Art Library Ltd., Berlin: 32 M2 li., 32 M2 m., 32 M2 re. (Giraudon), 37 M3, 96 M2 (Louvre, Paris/P. Willi), 123 M5 (Girandon), 125 M2 (Giraudon), 126 M1 (Giraudon), 131 M6, 139 o. (Musee de la Ville de Paris, Musee Carnavalet, Paris/Lauros/Giraudon); Buchegger, S., Tübingen: 272 M4; Bundeszentrale für politische Bildung, Bonn: 269 M3; BÜNDNIS 90/DIE GRÜNEN, Berlin: 273 M5 D; Caro Fotoagentur, Berlin: 4c und 172/173 (R. Oberhaeuser), 174 M1 (Bastian), 285 M5 (Andreas Muhs); CDU-Bundesgeschäftsstelle, Berlin: 273 M5 C; CERN , Geneva 23: 159 M3; Christlich-Soziale Union, München: 273 M5 F; City of London Corporation: 197 M6; Corbis, Düsseldorf: 240/241 (Jorge Silva/Reuters); Dagli Orti, Giovanni , Paris: 101 M5; ddp images, Hamburg: 231 M8 (AP), 244 M1 (AP/Arturo Rodriguez), 246 M1 (AP), 255 M3 (Hartmann); Delphin Verlag, München: 91 M4 (aus: Claphan/Franklin „Atlas der Geschichte"); Demmrich, André, Berlin: 86.2, 107 M5; Deutsche Lufthansa AG, Frankfurt/Main: 163 M1 g (Rolf Bewersdorf); Deutscher Bundestag, Berlin: 266/267 (Marc-Steffen Unger); Deutscher Fußball-Bund: 249 M3; Deutscher Wetterdienst (DWD), Offenbach: 77 M3, 77 M4, 77 M5 (Roman Reske); Deutsches Historisches Museum , Berlin: 94 M3; DIE LINKE, Berlin: 273 M5 E; DLR Deutsches Zentrum für Luft- und Raumfahrt, Weßling, OT Oberpfaffenhofen : 76 M2; DOMID, Köln: 250 M2; Domkapitel Aachen: 15 M5 (Ann Münchow); Dorling Kindersley Limited, London: 18/19 M1; dreamstime.com, Brentwood: 30 M3 (Harald Bolten), 53 M3 (Sergey Uryadnikov), 53 M6 (Sergey Uryadnokov), 53 M7 (Sergey Uryadnikov), 55 M6 (Edwardje), 72 M1 (Isselee), 93 M6 (Yehuda Bernstein), 116 M1 (Kasparart), 161 M6 (Juan Manuel Robledo), 171 M6 (Minh Tang), 183 M5 (Bellaniko), 195 M4 (Casadphoto), 197 M4 li.o. (Yuri Arcurs), 198 M1 a (Midhun Menon), 198 M1 b (Alickli), 199 M1 c (Ajay Bhaskar), 199 M1 d (Nan Li), 199 M1 e (Slickspics), 202/203 (Prashant Vaidya), 216 M1 (Jeremyrichards), 220 M4 (Jjspring), 239 M4 c (Arindom Chowdhury), 275 M4 (Ginasanders), 287 M6 (Salih Külcü); Druwe & Polastri, Cremlingen/Weddel: 162 M1 d, 163 M1 e, 163 M1 f, 166 M1, 253 M6, 298 M1; Eck, Thomas, Berlin: 212 M1; ESA/ESOC, Darmstadt: 76 M1 (D. Ducros 2002); Eulenspiegel Verlagsgesellschaft, Berlin: 115 M2; FDP, Berlin: 273 M5 B; Focus Photo- u. Presseagentur, Hamburg: 71 M3 (Nicholl/Katz Pictures), 104 M3 (H.W. Silvester), 104 M4 (H.W. Silvester); Folhapress, BRA-São Paulo: 194 M1; fotolia.com, New York: 4d und 186/187 (The Photos), 44 M1 re. (erectus -), 44 M2 re. (Bernard Breton), 197 M4 li.u. (Yuri Arcurs), 197 M4 re.o. (Yuri Arcurs), 197 M4 re.u. (Yuri Arcurs), 245 M5 (Jeanette Dietl), 281 M6 (Max), 288/289 (Kalle Kolodziej), 290 M1 (Frank-Peter Funke); Freie und Hansestadt Hamburg/Behörde für Stadtentwicklung und Umwelt, Hamburg: 170 M3; Frey, Peter, F-Pernes les Fontaines: 60 M2; Gaffga, Peter, Eggenstein-Leopoldshafen: 86.3; Gartung, Werner, Heppenheim: 86.1; Gawora, D., Kaufungen: 60 M3; Germanisches Nationalmuseum, Nürnberg: 152 M1; Getty Images, München: Titelbild (AFP/Huguen); Greenpeace Deutschland e.V., Hamburg: 56 M1 (Alberto César); Gruber, Bernhard, A-Neuhofen an der Krems: 59 M3; Hafen Hamburg Marketing e.V.: 222 M2; Haitzinger, Horst, München: 171 M4, 175 M6, 214 M1; Hanel, Walter, Bergisch Gladbach: 313 u.; HANHUA Chinesisch-Schule e.V., Hamburg: 223 M4; Harrer, Heinrich, Hüttenberg: 62 M1; Hauck, Angelika, Großostheim: 260 M1, 261 M2; Haus der Geschichte, Bonn: 181 M4 (Jupp Wolter/Künstler); Hell, Essen: 69 M5; Herzog Anton Ulrich-Museum, Braunschweig: 95 M6 (B.-P. Kaiser); Hinz&Kunzt GmbH, Hamburg: 179 M3; Hinzmann, Bettina, Bochum: 239 M4 a, 239 M4 b, 239 M4 d, 239 M4 e; Historisches Archiv Krupp, Essen: 148 M2 li., 148 M2 re., 150 M1; IG Metall Unterelbe, Elmshorn: 303 M6; Image & Design - Agentur für Kommunikation, Braunschweig: 168 M1; iStockphoto.com, Calgary: 3b li. und 42 (Tropical_Imaging), 3b re. und 43 (Nouk), 44 M1 o.li. (DmitryND), 44 M1 u.li. (plinney), 44 M2 o.li. (Lazareva), 44 M2 u.li. (MogensTrolle),

51 M5 (Petershort), 58 o.li. (junial), 61 M7 (FernandoPodolski), 63 M3 (LUke1138), 64/65 M1 (JohanSjolander), 68 M1 (Manuel Gutjahr), 71 M5 (hadynyah), 80 M2 (pixzzle), 81 M5 (Daniel Fernandez), 81 M6 (guenterguni), 86.5 (SoopySue), 104 M2 (rviard), 115 M4 (PaoloGaetano), 116 M2 (Thomas-canon), 162 M1 a (sdigzps), 162 M1 b (kzenon), 163 M1 h (EdStock), 165 M6 (kzenon), 174 M3 (art-4-art), 182 M3 (Silvia Jansen), 182 M4 (justhavealook), 183 M6 (RapidEye), 183 M7 (xavierarnau), 196 M2 (majaiva), 200 M1 (whitemay), 200 M2 (typo-graphics), 206 M1 (peeterv), 209 M4 (filmlandscape), 210 M1, 213 M7 (splain2me), 220 M1 (iPandastudio), 220 M3 (tunart), 221 M5 (craftvision), 226/227 (michaeljung), 228 Flagge (Steve Corrigan), 228 u.li. (EdStock2), 236 M1 li. (Astalor), 236 M1 re. (Airbus346), 237 o.re (funky-data), 253 M4 (wakila), 253 M5 (JH-Photo), 270 M1 (archives), 277 M6 li. (ozgurdonmaz); JOKER: Fotojournalismus, Bonn: 178 M1; Kesper, Ingrid, Salzkotten: 35 M2, 91 M5, 100 M2, 105 M7, 119 M4, 127 M4, 260 o.; Kirch, Peter, Koblenz: 97 M3, 263 M2; Klaer, W., Mainz: 85 Tropen Dornstrauchsav. und Feuchtsav.; Kloster St. Johannis, Hamburg: 28 M2 (Luis Konitzer); Konopka, Hans-Peter, Herne: 205 o.; Kopp, F., Dorfen: 193 M4; Kracke, Burkhard, Hannover: 38 M1, 39 M3, 40 M1, M2 und M4, 41 M5 und M6; laif, Köln: 47 M5 (Arcticphoto), 57 M2 (Ulutuncok), 211 M3 (Imaginechina), 258 M1 (Michael Meyborg); Latz, Wolfgang, Linz: 75 M3, 112 M1, 212 M3; Levi Strauss Museum , Buttenheim: 242 M2; Lotos Film, Kaufbeuren: 103 M4; mauritius images, Mittenwald: 73 M4 (Mitterer), 84 Polarzone (Meissner), 84 gemäß. Zone Wald (Mayer); Mercedes-Benz South Africa, Pretoria: 229 M4; Monteath, C., Christchurch: 48 M1; Museum August Kestner Hannover: 21 M4; Mussil, Felix , Frankfurt/Main: 272 M3; Musée Carnavalet, Paris: 128 M1; Möhle, A., Braunschweig: 300 M1 li.; National Maritime Museum, London: 90 M1; Nebel, Jürgen, Muggensturm: 113 M6, 220 M2, 221 M6; Nitsche, Julia, Helmstedt: 277 M6 re.; Nowosti, Berlin: 46 M3; Nußbaum, Dennis, Koblenz: 312 o.; Österreichische Nationalbibliothek, Wien: 25 M3; OKAPIA-Bildarchiv, Frankfurt/Main: 51 M4 (Mercieca); Ostkreuz Bildagentur, Berlin: 178 M2, 237 o. li. (Dawin Meckel); Panther Media GmbH, München: 192 M1 (Michael Weidemann); Paul Glaser Pressefotografie, Berlin: 174 M2; Perry, D., Branchport: 51 M3; Peter Wirtz Fotografie, Dormagen: 248 M1; Pflügner, Matthias, Berlin: 238 M1; Philipp, Eckhard, Berlin: 86.4; Picture Press Bild- und Textagentur, Hamburg: 61 M4 (Schmitt/STERN); Picture-Alliance, Frankfurt/Main: 13 M4 (Federico Gambarini), 49 M4 (Hans-Christian Wöste), 113 M5 (dpa), 156 M3 (akg-images), 158 M2 (dpa), 161 M5 (dpa), 176 M2 (ZB/W. Grubitzsch), 179 M5 (Globus), 180 M1, 181 M3 (Globus), 185 M6 (dpa/Holger Hollemann), 211 M2 (Koch), 218 M1 (Imaginechina/Wang Yunlong), 219 M3 (epa AFP Stephan Shaver), 219 M5 (epa Photocome), 228 M2 (Kim Ludbrook), 252 M2 (Augenklick/Rauchensteiner), 252 M3 (akg-images), 256 M1 (H.Hollemann), 259 M3 (dpa/Schindler), 271 M5, 280 M2 (dpa/Rainer Jensen), 283 M4 (Deck), 284 M3, 300 M1 re., 303 M7 (ZB/P. Pleul); Plaßmann, Thomas, Essen: 167 M6; Poma de Ayala: 105 M5, 105 M6, 107 M4; Raach, Merzhausen: 47 M6; Reinke-Kunze, Hamburg: 48 M3; Reuters, Berlin: 232 M1 (Mike Hutchings); Rheinisches Bildarchiv, Köln: 93 M5 li., 114 M1; Rieger, K.-H., Köln: 22 M1; Rizzoli, Mailand: 20 M1, 21 M6; Rother, K., Passau: 84 Gemäß. Zone Steppe; Rüttger, Edgar, Langlingen: 314 m., 314 u., 315 u.; Sauerländer Verlag, Düsseldorf: 31 M6 (aus: Müller, Jörg, Auf der Gasse und hinter dem Ofen. Eine Stadt im Spätmittelalter); Scala Archives, Bagno a Ripoli/Firenze: 92 M1, 93 M5 re.; Schaadt, H., Oldenburg: 144 M1; Schulthess, Emil, Forch/Zürich: 46 M2; Schäfer, Jutta, Euskirchen: 293 M5, 294 M1, 296 M1; Schönauer-Kornek, Sabine, Wolfenbüttel: 55 M4, 117 M4, 222 u., 262 M1 Illus, 262 o.li., 275 M3, 278 M1, 282 M1, 312 2.v.u., 313 o., 315 2.v.o.; Schöpper, Rudolf, Münster: 185 M5; SLAVICA Fotografie, München: 257 M2 o. (Dein SPIEGEL), 257 M2 u.; Staatsarchiv Hamburg: 250 M1 (Sammlung Conti-Press); Stadtbibliothek Nürnberg: 36 M1; Steffens Bildarchiv, Mainz: 107 M6 (Bridgeman Art Library/Privatsammlung); Stiftung Internationaler Karlspreis zu Aachen: 13 u.re.; Tekülve, R., Essen: 65 M4, 65 M5, 201 M3; THE AMERICAN DREAM, Berlin: 243 M4; Thomas Hilfen für Körperbehinderte GmbH & Co Medico KG, Bremervörde: 162 M1 c; Tonn, Dieter, Bovenden-Lenglern: 118 M2; ullstein bild, Berlin: 54 M1 (Bunge), 92 M2 (Archiv Gerstenberg), 136 M2 (Archiv Gerstenberg), 138 li.o.re. (Archiv Gerstenberg), 154 M1, 242 M1, 276 M2; UN Photo Library, New York: 196 M1 (Devra Berkowitz); UNICEF Deuschland, Köln: 207 M3, 265 M5 (Chiasson); Universitätsbibliothek Heidelberg: 17 M3, 17 M4; Verkehrsverein Hildesheim: 33 M3 (A. Hartmann); Visum Foto GmbH, Hamburg: 3 a und 6/7 (euroluftbilde.de); Weidner, Walter, Altlußheim: 170 M1; Weltfriedensdienst, Berlin: 254 o. (sabisa); Westfälisches Schulmuseum, Dortmund: 34 M1; wikimedia.commons: 79 M2 (R. Mehra/GNU-Lizenz für freie Dokumentation); wikipedia.org: 125 M4; WindowsOnOurWorld.com: 216 M3.

Weitere an diesem Buch beteiligte Autoren sind:

Hanne Auer, Andreas Bremm, Bernhard Detsch, Werner Eckert-Schweins, Timo Frambach, Peter Gaffga, Michael Gollert, Angela Harperscheidt, Angelika Hauck, Rainer Lacler, Wolfgang Latz, Martin Lücke, Friedrich Pauly, Jochen Rademacher, Thomas Rößner, Rita Tekülve, Uta Usener, Christoph Weigert, Carmen Weiß, Roland Widmann, Klaus Wohlt und Karin Zumpfort.